LUCIANA DADALTO

TESTAMENTO VITAL

QUINTA EDIÇÃO

EDITORA FOCO

2020 © Editora Foco
Autora: Luciana Dadalto
Diretor Acadêmico: Leonardo Pereira
Editor: Roberta Densa
Assistente Editorial: Paula Morishita
Revisora Sênior: Georgia Renata Dias
Capa Criação: Leonardo Hermano
Diagramação: Ladislau Lima
Impressão miolo e capa: VIENA GRÁFICA E EDITORA LTDA

Dados Internacionais de Catalogação na Publicação (CIP) de acordo com ISBD

D121t

Dadalto, Luciana

Testamento Vital / Luciana Dadalto. - 5. ed. - Indaiatuba, SP : Editora Foco, 2020.

200 p. ; 17cm x 24cm.

Inclui bibliografia e índice

ISBN: 978-85-8242-415-5

1. Direito. 2. Testamento Vital. I. Título.

2019-1602 CDD 340 CDU 34

Elaborado por Vagner Rodolfo da Silva – CRB-8/9410

Índices para Catálogo Sistemático:

1. Direito 340 2. Direito 34

NOTAS DA EDITORA:

Atualizações e erratas: A presente obra é vendida como está, atualizada até a data do seu fechamento, informação que consta na página II do livro. Havendo a publicação de legislação de suma relevância, a editora, de forma discricionária, se empenhará em disponibilizar atualização futura.

Bônus ou Capítulo *On-line*: Excepcionalmente, algumas obras da editora trazem conteúdo no *on-line*, que é parte integrante do livro, cujo acesso será disponibilizado durante a vigência da edição da obra.

Erratas: A Editora se compromete a disponibilizar no site www.editorafoco.com.br, na seção Atualizações, eventuais erratas por razões de erros técnicos ou de conteúdo. Solicitamos, outrossim, que o leitor faça a gentileza de colaborar com a perfeição da obra, comunicando eventual erro encontrado por meio de mensagem para contato@editorafoco.com.br. O acesso será disponibilizado durante a vigência da edição da obra.

Impresso no Brasil (10.2019) – Data de Fechamento (09.2019)

Rua Nove de Julho, 1779 – Vila Areal
CEP 13333-070 – Indaiatuba – SP

E-mail: contato@editorafoco.com.br
www.editorafoco.com.br

E é, ainda, a vida
que transfigura das tuas mãos nodosas...
essa chama de vida – que transcende a própria vida....
e que os Anjos, um dia, chamarão de alma.
Mário Quintana

Ao Pe. Leo Pessini
In memorian.

AGRADECIMENTOS

Sempre serei grata ao Professor Walsir Edison Rodrigues Júnior, orientador da minha dissertação de mestrado, que aceitou o desafio de me orientar neste tema, na ocasião, ainda desconhecido no Brasil, e possibilitou o desenvolvimento do trabalho com suas ponderações sempre pertinentes.

Minha eterna gratidão à Professora Maria de Fátima Freire de Sá, minha orientadora de iniciação científica e de monografia, responsável por despertar em mim o interesse pela Academia, pela pesquisa e pelo estudo do Biodireito e da Bioética.

Ao Professor Diaula Costa Ribeiro, que junto ao meu orientador e à professora Maria de Fátima Freire de Sá, compôs a Banca da defesa da minha dissertação, e contribuiu sobremaneira para o enriquecimento do trabalho.

No dia da defesa da minha dissertação conheci o verdadeiro sentido da palavra generosidade, que me foi apresentado pelo Professor Nelson Rosenvald. A ele devo este livro e todas as suas edições.

Aos professores Dirceu Bartolomeu Greco e Unai Tupinambás, pelas profícuas discussões no doutorado, que me fizeram amadurecer no tema.

Aos professores José Eduardo Siqueira, Maria Elza Mello, Reinaldo Ayer de Oliveira e Pe. Leo Pessini, pelas críticas construtivas na minha banca de doutorado. Sou uma pesquisadora melhor depois delas.

A todos os paliativistas do Brasil, pela luta diária em prol da garantia da autonomia dos pacientes em fim de vida.

Dizem que Deus coloca anjos em nossa vida. Na esfera profissional, meu anjo se chama Ana Carolina Brochado Teixeira. A ela devo a escolha do tema, a paixão pela advocacia e pela produção acadêmica.

À Cláudia Burlá, Maria Goretti Maciel, Ana Fernandes, Cristiana Savoi, Cláudia Inhaia, médicas que, na vivência diária com o fim da vida, trouxeram novas reflexões para meus estudos – e para minha vida.

À Bruna de Cássia Ferreira Gomes, minha estagiária e parceira da Bioética e na advocacia, pela cuidadosa revisão do texto.

À minha madrinha de batismo, Anelise Pulshen, e à minha madrinha do coração,

Juliana Barros Carneiro, pelas indispensáveis informações e ponderações médicas.

Aos pesquisadores do Grupo de Estudos e Pesquisas do Centro Universitário Newton Paiva (GEPBio), por me fazerem crescer como pesquisadora todos os dias.

Ao meu marido e ao meu filho, pelo apoio incondicional aos meus sonhos.

"não tenho medo da morte
mas medo de morrer, sim
a morte e depois de mim
mas quem vai morrer sou eu
o derradeiro ato meu
e eu terei de estar presente
assim como um presidente
dando posse ao sucessor
terei que morrer vivendo
sabendo que já me vou"

(*Gilberto Gil*)

SUMÁRIO

NOTA DA AUTORA

Quando revisei esse livro para a quarta edição eu tinha certeza de que uma próxima demoraria alguns anos. Acreditei que o tema atrai ainda pouca atenção no Brasil e que muitas pessoas se cansariam das minhas palavras. Mas, mais do que isso, na minha cabeça, só fazia publicar uma nova edição depois da aprovação de uma lei no Brasil.

Ainda não aprovamos essa lei, mas tivemos avanços com a proposta de um projeto de lei federal e com a aprovação e proposição de projetos de lei estaduais.

Paralelo a isso, aprofundei meus estudos sobre autonomia do paciente em fim de vida e, especialmente, na intrincada questão terminológica. Desde a publicação da resolução CFM 1995/2012 eu me questiono a razão da utilização do termo diretivas antecipadas de vontade e, por mais que eu soubesse desde sempre que tinha algo a ver com a inadequada tradução de living will continuava fazendo pouco sentido. Então, passei o ano de 2018 debruçada na literatura internacional para compreender melhor a questão. Busquei compreender como se dá a utilização do testamento vital nos casos de eutanásia e suicídio assistido, nos países em que tais práticas são legalizadas, inclusive visitando duas das mais conhecidas organizações que auxiliam o suicídio assistido na Suíça.

Observo que as questões sobre fim de vida estão pungentes na sociedade brasileira. Ao mesmo tempo em que vivemos uma era conservadora, com retrocessos nas discussões sobre questões como liberdade sexual e reprodutiva, é cada vez mais comum encontrar pessoas que afirmam não desejarem ser objeto de obstinação terapêutica.

Livros e filmes com a temática da morte digna e Cuidados Paliativos têm se multiplicado no Brasil e no mundo. O número de profissionais de saúde se capacitando em Cuidados Paliativos tem aumentado em perspectivas exponenciais o que não significa, necessariamente, que estamos melhorando a qualidade de morte no Brasil.

A meu ver, estamos no ápice de uma transformação cultural. O paternalismo médico tem, vagarosamente, sido substituído pela autonomia do paciente. O entendimento de que a obstinação terapêutica, quando feita sem autorização do paciente, o torna objeto de desejo de pessoas e, portanto, o desumaniza, tem aumentado. E, em contrapartida, temos visto profissionais de saúde venderem a ideia de que a morte é boa.

No segundo semestre de 2018 fui convidada para ser speaker do TEDxFCCMG e escolhi falar refletir sobre a importância de reconhecermos que a morte é um fato e um mistério que precisa ser experimentado por todos nós: "a consciência da morte é o que nos faz humanos". Ela não é um problema e nem uma coisa maravilhosa. É apenas um fato: a morte. Que nos define enquanto seres humanos. E sobre a qual devemos pensar, não para torná-la mais bonita ou mais fácil, mas para nos permitir viver com mais consciência de nossas ações e omissões.

Hoje, entendo que o testamento vital é um instrumento de autoconhecimento. Mais do que um documento jurídico. Mais do que um papel que vincula os profissionais de saúde. É a possibilidade de nos reconhecermos mortais e de nos enquadrarmos dentro das estatísticas mundiais: temos mais chances de morrer com de câncer ou de doença crônica avançada do que morrer de morte violenta. Temos mais chances de precisarmos de cuidados do que de morrermos subitamente.

Daqui da minha casa, em Belo Horizonte-MG, percebo que os países mais desenvolvidos têm compreendido esse cenário. O aprofundamento das discussões sobre testamento vital e sobre limites da autonomia do indivíduo é nítido na literatura e nos eventos internacionais. Procurei deixar isso claro nessa nova edição.

Belo Horizonte, inverno de 2019.

LUCIANA DADALTO

Doutora em Ciências da Saúde pela faculdade de Medicina da UFMG. Mestre em Direito Privado pela PUCMinas. Sócia da Luciana Dadalto Sociedade de Advogados – Direito da Saúde. Administradora do portal www.testamento vital.com.br

PREFÁCIO À 5ª EDIÇÃO

Com muito orgulho, recebi de Luciana Dadalto, autora da obra que o leitor agora tem em mãos, o gentil e honroso convite para elaborar-lhe o prefácio. A tarefa é, a um só tempo, gratificante e árdua: ao longo dos últimos anos, a autora vem se consolidando, particularmente no cenário das letras jurídicas brasileiras, a maior autoridade em matérias como o direito à morte digna e as diretivas antecipadas de vontade. Daí decorre a dificuldade de se esboçar um texto prembular que se ponha à altura dos inúmeros méritos deste livro, fruto do bravo e inquieto espírito de sua mentora.

A formação multidisciplinar da autora – Mestre em Direito Privado pela Pontifícia Universidade Católica de Minas Gerais e Doutora em Ciências da Saúde pela Faculdade de Medicina de Minas Gerais – lhe permite um olhar distinto e aguçado sobre o fenômeno que se convencionou designar como *testamento vital*, que cuida de conferir a todo e qualquer indivíduo o direito de indicar, para um tempo vindouro, a quais tipos de atos médicos pretende ou não se sujeitar, caso se encontre impossibilitado de prestar seu consentimento. Trata-se, no preciso conceito formulado pela autora, de "um documento redigido por uma pessoa no pleno gozo de suas faculdades mentais, com o objetivo de dispor acerca dos cuidados, tratamentos e procedimentos que deseja ou não ser submetida quando estiver com uma doença ameaçadora da vida, fora de possibilidades terapêuticas e impossibilitado de manifestar livremente sua vontade".

Tratar do testamento vital implica cuidar, como premissa elementar, dos delicados debates concernentes ao consentimento informado e à autonomia do paciente, tema este que assume contornos ainda mais tétricos quando se tratar de enfermos em fim de vida. Afinal, qual o sentido a imprimir à ideia de "morte digna"? Permitir que seja a própria pessoa a determinar quando pôr termo à sua própria existência? Impor à pessoa, ainda que contra sua vontade, viver os derradeiros instantes de sua vida, até que venha a morte ao seu encontro? Com o trato sensível que tais temas demandam, a autora desbrava o árido terreno sobre o qual se travam intermináveis debates sobre a eutanásia, a ortotanásia e a distanásia, jamais se furtando de apresentar suas próprias perspectivas – sempre ancoradas em sólidas bases científicas – a respeito dos graves problemas que se apresentam nestes domínios.

Ao tratar especialmente sobre as diretivas antecipadas de vontade – gênero que abarca a figura que protagoniza as linhas tracejadas nesta magnífica obra, o testamento vital –, apresentam-se acuradas impressões sobre assuntos como ordens de não reanimação, doença terminal e estado vegetativo persistente, entre outras matérias que encerram verdadeiras hipóteses de *hard cases* no âmbito particular da temática que orienta esta obra.

Nos dois derradeiros capítulos do livro, debruça-se a autora, com notável capacidade argumentativa, sobre as experiências estrangeiras relativas ao reconhecimento do testamento vital e sua admissibilidade no ordenamento jurídico brasileiro. A análise comparativa entre os sistemas normativos do Brasil e de países vizinhos, como o Uruguai e a Argentina – nos quais a matéria já foi devidamente regulamentada – apenas serve para demonstrar que, nas searas da Bioética e do Biodireito, a atividade legiferante no país é inexplicavelmente atrasada e lacunosa. Particularmente no tocante ao testamento vital, coube ao Conselho Federal de Medicina, no Brasil, estabelecer bases normativas que, se não possuem o condão de vigorarem como lei *stricto sensu*, têm força vinculante em relação à classe médica.

A inexistência de leis que cuidem do testamento vital no Brasil não é, todavia, empecilho para o melhor entendimento sobre a matéria. Aliás, é antes o contrário: precisamente em razão desse fato, a autora lança luzes sobre este tema, que, quanto à generalidade dos cidadãos brasileiros – incluindo-se aí os juristas, formados ou em formação –, costuma passar ao largo de debates mais densos. Este é, a propósito, talvez o maior contributo deste livro: demonstrar cabalmente que a não regulamentação do testamento vital no país não é fator impeditivo ao reconhecimento de sua plena validade e eficácia. Para tanto, a autora apresenta os elementos imprescindíveis para que se dê a regular confecção de testamentos vitais, concernentes tanto à forma quanto ao conteúdo do instrumento e, ainda, ao necessário discernimento de seu autor.

Ousei, há alguns anos, dedicar-me também a estudos centrados nos temas que ocupam as páginas desta obra. Ao publicar meu próprio livro sobre o direito de morrer com dignidade e as diretivas antecipadas de vontade, esbocei traçar, já nas linhas introdutórias, algumas palavras que pautam as inquietações que esta temática suscita, e o fiz valendo-me das seguintes palavras:

> Tratar do direito à vida implica tratar dela em toda a sua extensão, no início, no desenvolvimento, até o fim.
>
> A morte é o termo necessário e final da existência humana, *certus an, incertus quando*: certa quanto à sua ocorrência, incerta quanto ao instante de sua anunciação. A finitude é, pois, essência da vida.
>
> (...)
>
> O diagnóstico de terminalidade da vida, quando informado pela equipe médica ao paciente, dá novo sentido à sua vida, que agora, sabidamente, vai se aproximando do fim. Não se projetam mais os sonhos, desejos e ambições do porvir: breve, a pessoa deixará de sê-lo. Restam as memórias de seu passado, ficam seu legado, sua biografia, as marcas de seus passos, sua história. O presente é efêmero, o futuro já não é, nem será. Defronta-se o indivíduo com seu fatal destino, que o chama para acolhê-lo em definitivo.
>
> (...)
>
> Quando já não há meios para curar o enfermo, ainda cumpre, enfim, acalentar seu sofrimento, confortar seu espírito e fazer com que a morte, sombria, temida e dramática – o fim inexorável da condição humana – se torne um digno momento de partida e de abertura à sublimidade.

Desde então, mesmo tendo atingido minhas próprias conclusões (mesmo que eventualmente se revelem mutáveis com o passar do tempo) sobre os temas em apreço, constantemente me vejo acuado por meu próprio pensamento: mas afinal, como fazer com que o fim da vida atinja este ideal de representar, para o moribundo e os seus, um elevado momento de despedida? Se a elaboração deste prefácio se revelou tarefa árdua, como salientado no início destas notas, ainda mais difícil é cogitar o nome de qualquer autor que pudesse responder a este questionamento com tamanha propriedade e sabedoria como o faz Luciana Dadalto. E, assim, ao ler esta obra – já conhecedor e admirador confesso das edições que a precederam –, encontro, mais e mais, os caminhos que me conduzem às melhores soluções acerca das delicadas matérias que preenchem o conteúdo deste livro.

Por tudo isso, a obra que ora se apresenta é um símbolo do pensamento sempre altivo de sua autora; trata-se de leitura obrigatória, sobretudo em relação aos profissionais que atuam nos âmbitos sanitário e jurídico.

João Pessoa, agosto de 2019.

Adriano Marteleto Godinho

Doutor em Ciências Jurídicas pela Universidade de Lisboa. Mestre em Direito Civil pela Universidade Federal de Minas Gerais. Professor do curso de graduação e do Programa de Pós-Graduação "stricto sensu" na Universidade Federal da Paraíba.

PREFÁCIO À 4ª EDIÇÃO

Corre o mês de março, hemisfério sul e hemisfério norte encontram-se neste equinócio – para uns a primavera, para outros o outono. Em todo o caso, um ponto de equilíbrio perfeito em que a luz do dia corresponde na exata medida à sombra da noite. Neste encontro está também um diálogo de culturas bioéticas e jurídicas de mútua aprendizagem e reflexão. Se os dilacerantes temas do fim de vida aparentemente tiveram os seus primeiros impulsos a norte – seja no movimento de "morte com dignidade" da Califórnia, estado pioneiro da lei do testamento vital (1976), e que em 2015 aceitou o suicídio assistido, a verdade é que já em 1934 a jurisprudência penal do Uruguai introduziu a figura do "homicídio piedoso", o que colocou este país, definitivamente, no mapa da compreensão pluralista do fim de vida no direito biomédico.

No trabalho de Luciana Dadalto encontramos essa pesquisa aturada de tom universalista e um empenho no debate lúcido destes temas sempre controversos e renovadamente dialéticos. Se no início deste século, no Brasil como em Portugal, parecia utópico ou extravagante reconhecer a autonomia lá onde a pessoa já não podia comunicar, chegamos a 2018 com uma afirmação clara e quase unânime de que a pessoa livre, adulta, consciente e informada pode escrever o seu testamento vital e/ou designar o seu procurador de cuidados de saúde.

Este *consentimento informado antecipado,* como lhe chama o fundador do Centro de Direito Biomédico, Guilherme de Oliveira – representa uma afirmação da cidadania numa sociedade medicalizada. Perante a ameaça de um totalitário "biopoder", só um grito da liberdade pode garantir a dignidade da pessoa humana – alfa e ómega de todo o sistema jurídico.

André Gonçalo Dias Pereira

PREFÁCIO À 3ª EDIÇÃO

No auge dos seus 87 anos, o Sr. Antônio, que já acumulava a falência do seu sistema urinário e dependia de hemodiálise, descobriu-se portador de um câncer no estômago, que dificultava a sua alimentação. Duas filhas cuidadoras o protegiam do nome de sua doença. Mas, ele sabia muito bem que tinha uma ferida no estômago que estava crescendo, que não tinha tratamento e nem cirurgia para se livrar dela e que certamente aquele seria o fim da sua vida.

Seu Antônio comparece alinhado nas consultas, andando com ajuda de uma bengala, sempre sorridente e calmo. Completamente lúcido. O primeiro desafio era conversar com ele sobre a sua vontade na condução do final da sua vida, sem ferir o jogo do "faz de conta que eu não sei" que ele mesmo orquestrava, posto que não fazia perguntas e não demonstrava interesse em saber além do que sabia muito bem. Estava satisfeito com a sua vida. Numa das consultas a oportunidade surgiu (como sempre acontece) no acaso de um comentário dele sobre estar cansado e pouco satisfeito com as limitações da sua alimentação, que precisava ser processada.

Um paliativista não perde a chance. Perguntei-lhe sobre como ele gostaria de ser tratado no caso de sua doença o impedir de comer. A resposta veio imediata, fruto de quem já refletira bastante sobre o assunto: "Daí... só a morte. Já estou dando hora extra, minha doutora. Não quero que me passem sondas." Nova pergunta: E quanto a procedimentos mais invasivos como UTI, aparelho para respirar, diálises mais constantes? "Por favor... não desejo nada disso. Quero sair em paz desta vida".

Na prática e na vida real, é desta forma que os doentes constroem o registro dos seus desejos. Conversando, sendo acolhidos, sentindo-se seguros e confiantes em alguém que vai ser o guardião de sua vontade, porque vai ter oportunidade de acompanha-lo no final de sua vida. Anotação registrada no prontuário da forma como ele falou, sinalizada para facilitar a leitura, filhas alertadas. Tudo o que poderia ser feito naquele momento e que tem validade segundo a resolução 1995/12 do Conselho Federal de medicina – CFM.

Ainda assim, há sempre um grande risco do Seu Antônio chegar a um Pronto Socorro e ser invadido por procedimentos que já havia escolhido evitar.

O grande desafio da Diretiva Antecipada da Vontade de um doente está acima da lei, do respeito do médico assistente, da aceitação da família. Fico imaginando como seria, depois de uma consulta empática e acolhedora e que lhe arrancou a confissão de uma decisão, ter que enviar este senhor a um estranho notorial e solicitar, nos termos legais, que se diga sabedor de um câncer terminal, de uma insuficiência renal terminal e com o desejo de não prolongar sua vida diante de um agravo que o levaria à morte. Foi o que ele disse, na singeleza de suas palavras. Mas, dizer o mesmo com termos mais técnicos e formais teria para ele algum impacto negativo? Difícil avaliar.

Porém, o registro em prontuário é suficiente? Outros profissionais vão respeitar a vontade deste senhor? Ele manifestará o mesmo desejo se um dia acontecer de não conseguir se alimentar e ainda se sentir forte o bastante para viver?

Acontece que histórias como a do Seu Antônio são o cotidiano de médicos que ao menos já se habituaram a conversar francamente sobre a possibilidade da morte, a piora da doença e as diferentes formas de tratar da vida em seu final. Porém, para as especialidades médicas mais tradicionais que a medicina Paliativa, esta conversa ainda representa um imenso tabu.

E se não há esta conversa, como respeitar a vontade do doente na fase final da vida? Ou mesmo no curso da doença e do tratamento?

São questões, ao meu ver, ainda sem respostas absolutas. E que me dão a certeza cotidiana de que temos um longo caminho a trilhar. Porque entre o direito à autonomia e as diferentes maneiras de um ser humano encarar sua doença e a possibilidade de sua morte existe uma infinidade de detalhes e de modos diferentes de ser e viver. E que nunca se esgotarão numa norma.

Exige uma nova formação dos profissionais da medicina. Exige mudanças de atitude, de condicionamentos muito antigos como o paternalismo e o poder médico. Pensar em saídas conjuntas, criativas e adaptadas a cada um exige também uma condição diferenciada de trabalho. E muitas parcerias dentro do conjunto de prestadores da atenção à saúde.

Muito além do âmbito da saúde entendida em stricto sensu, decidir sobre sua vida exige informação sobre este direito. Canais de comunicação devem estar sempre alertas e dispostos a levar esta mensagem à sociedade. Profissionais do direito muito bem informados, não apenas das possibilidades frias da lei, mas do que se passa no âmbito do relacionamento entre profissionais de saúde e doentes e seus familiares. Do quanto dói a alguém expressar desejos relativos ao final de sua vida. Assim como da atribuição de cada elo na cadeia da assistência à saúde.

No limiar de uma doença avançada, terminal, nenhuma pessoa precisa ser condenada a viver seus dias em um hospital. Por outro lado, o desejo da morte em casa precisa ter por detrás a garantia da assistência adequada à prevenção e alívio de eventuais sofrimentos.

E se o doente deseja e clama por tratamentos prolongados, caros, que sabidamente não lhe trará o benefício esperado? E se isto estiver registrado em cartório como a vontade expressa do doente? Pode o profissional executar o procedimento? Até quando?

Livros como o da Luciana Dadalto, que abrem o diálogo possível entre o direito e o saber médico, são absolutamente necessários. Os problemas do adoecimento, da morte e do morrer são por demais complexos e não se esgotam em nenhuma área de conhecimento.

A cada doente, um leque de possibilidades de diálogo, de diferentes caminhos que podem ser escolhidos, de interferências que podem estar além da vontade como a estrutura da rede de saúde, da família e de todos os profissionais envolvidos na condução de um caso clínico.

É necessário pensar em saídas possíveis, na garantia dos direitos do doente, em como tornar pública a vontade do doente ao mesmo tempo preservando-lhe a confidencialidade e a singularidade da comunicação possível.

De carreira brilhante e muito a contribuir a este debate, Luciana desponta com uma impressionante curiosidade e abertura ao diálogo, à troca necessária de conhecimentos e, sobretudo, ao bem de pessoas doentes ou não, que precisam ser vistas como detentoras do direito a se manifestarem sobre suas vidas, sua doença e sua morte.

Oxalá Luciana contamine a muitos.

São Paulo, agosto de 2014.

Maria Goretti Sales Maciel

Médica de Família com atuação em Cuidados Paliativos desde 2000 no Hospital do Servidor Público Estadual de São Paulo, onde dirige o Serviço de Cuidados Paliativos. Diretora do instituto Paliar. Presidente da Academia Nacional de Cuidados Paliativos. Membro da Câmara Técnica sobre Terminalidade da Vida e Cuidados Paliativos do CFM. Doutoranda em Bioética pelo Centro Universitário São Camilo.

PREFÁCIO À 2ª EDIÇÃO

A Declaração Prévia de Vontade para o fim da vida é hoje uma realidade discutida no âmbito jurídico e das ciências da saúde. A aprovação da Resolução 1.995 do Conselho Federal de Medicina em agosto de 2012 colocou em debate na sociedade a possibilidade da própria pessoa, detentora de autonomia e consciência, fazer as escolhas sobre o próprio destino, caso ocorram situações de doença nas quais ela não mais tem condições de optar. Logo, o que está subjacente à validade de tal documento é a amplitude da autonomia privada e a validade de sua projeção para o futuro, principalmente em se tratando de escolhas de grande relevância para o ser humano.

Essa possibilidade de escolha está inserida em um espaço exclusivo para decisões pessoais, tutelado pela Constituição Federal, imune a interferências externas normatizadas. Autonomia consiste no autogoverno, em manifestação da subjetividade, em elaborar as leis que guiarão a sua vida e que coexistirão com as normas externas ditadas pelo Estado. Significa o reconhecimento da livre decisão individual, racional e não coagida, sobre seus próprios interesses sempre que não afete terceiros. Ela é possível na contemporaneidade porque "o sujeito moderno é concebido enquanto ser que se autodetermina, que decide livremente sobre a sua vida, com vistas ao autodesenvolvimento da personalidade, já que este possui capacidade de dominar a si e à natureza através da razão".[1]

Atualmente, no Estado Democrático de Direito brasileiro, a Constituição Federal previu um catálogo aberto de direitos fundamentais para que todos possam, de forma livre, exercê-los. Trata-se de possibilidades atribuídas a cada indivíduo, para que ele escolha a melhor forma de se realizar, por meio do viés existencial da autonomia privada. No âmbito dos direitos fundamentais, pode a pessoa agir de acordo com o que entende ser melhor para si, principalmente no que tange às decisões referentes a si mesma, ao seu corpo, à sua individualidade, desde que sua ação seja responsável, que tenha plenas informações sobre os efeitos dos seus atos.

Em questões de maior intimidade, o fio norteador exclusivo deve ser a autonomia privada, pois a vontade individual é a única legítima a guiar tais decisões, não a imposição do Estado ou de terceiros. Conforme afirma Stefano Rodotà,[2] trata-se de um espaço *indecidibile per il legislatore*, ou seja, um espaço no qual a decisão da

1. FACHIN, Luiz Edson. Fundamentos, limites e transmissibilidade. Anotações para uma leitura crítica, construtiva e de índole constitucional da disciplina dos direitos da personalidade no Código Civil brasileiro. *Revista da EMERJ*, v. 8, n. 31, 2005, p. 62.
2. RODOTÀ, Stefano. Politici, liberateci dalla vostra coscienza. Disponível em: http://daleggere.wordpress.com/2008/01/13/stefano-rodota-%C2%ABpolitici-liberateci-dalla-vostra-coscienza%C2%BB/. Acesso em: 20.3.13.

pessoa é a única verdadeiramente legítima, quando estiver em jogo questões afetas à sua personalidade. É um espaço delimitado pelo constituinte e, dentro desse limite, o Estado autorizou *apenas* a ação do particular, o que exclui médicos, familiares etc.

Afirma ainda o autor italiano que a liberdade de consciência da pessoa sempre deve ser considerada, em matérias "eticamente sensíveis" e que se referem a decisões individuais, referentes a ela mesma. Por isso, decisões de foro íntimo, de repercussão apenas na esfera pessoal, não podem ser tomadas de antemão por um terceiro, mesmo que seja o legislador, uma vez que a Constituição Federal qualificou como direitos fundamentais liberdade (art. 5º, *caput*), intimidade e privacidade (art. 5º, X). Desta forma, as decisões que envolvam circunstâncias que se refiram ao próprio corpo também estão no âmbito desta esfera de intimidade e de liberdade, pois dizem respeito à essencialidade da própria existência da pessoa humana, o que denominamos cerne da pessoalidade. Tais situações são inerentes ao moderno conceito de privacidade, que se perfaz no controle das informações sobre si mesmo e, principalmente, de construção da vida privada, que se faz, juridicamente, pelo livre desenvolvimento da personalidade.[3]

Diante dessa premissa, autonomia se constrói por meio da privacidade, pois nesse espaço para a vida privada que o legislador constituinte reservou para a pessoa existe legitimidade constitucional apenas para ações autônomas, já que este é o ambiente propício para a realização dos direitos de personalidade de forma coerente com o estilo de vida eleito por determinado indivíduo. Isso porque a tutela constitucional da privacidade e da intimidade em termos de inviolabilidade significa que o espaço da construção da vida privada do indivíduo pertence apenas a ele mesmo, sendo inviolável perante terceiros que "queiram determinar, em seu lugar, os destinos e as opções que digam respeito à sua intimidade e à sua vida privada. Assim, através da noção de inviolabilidade, a Constituição reafirma, mais uma vez, que somente a pessoa tem o poder de autodeterminar-se no que se refere à sua vida privada."[4]

Esse é o pano de fundo que nos autoriza afirmar a existência da autonomia corporal. O que se pode fazer no interior deste espaço pessoal é uma decisão que compete apenas à própria pessoa. Permissões ou proibições normativas estão vedadas, por se tratar de manifestações heterônomas, que se tornam ilegítimas perante a tutela da pessoa humana e de seus direitos fundamentais, que devem ser exercidos como expressão de liberdade do seu titular, sem imposições culturais ou normativas, sob pena de flagrante desrespeito à concepção de vida boa adotada por cada um. Isso não significa que não haja ingerências externas que influenciam no conceito individual de autonomia, já que essa noção é construída nos espaços compartilhados de intersubjetividade.

3. Sobre o tema, seja consentido remeter ao nosso Saúde, corpo e autonomia privada. Rio de Janeiro: Renovar, 2010.
4. BODIN DE MORAES, Maria Celina. *Parecer sobre o alegado comprometimento da liberdade individual dos fumantes em virtude de dependência causada pelo consumo de cigarros e a eventual responsabilidade civil decorrente*. Rio de Janeiro, 2007, p. 15, mimeo.

Dessa forma, existe um núcleo vinculado a questões existenciais que concerne à própria pessoa, principalmente quando esta decisão interfere apenas em sua própria esfera jurídica existencial, sem se referir a terceiros. A construção autônoma dessas escolhas é que acarreta legitimidade das mesmas, pois em matéria de tanta intimidade e de construção da vida privada, não é possível conceber-se imposições heterônomas, mesmo que essas venham do Estado ou do legislador. A imposição autoritária nesse espaço individual nega de forma veemente a autonomia e a responsabilidade individuais. Por isso, não é o médico, os familiares ou o legislador quem devem indicar como a experiência do morrer deve ser experienciada por cada pessoa... é ela própria, na maior medida possível, quem deve fazer escolhas sobre esse momento de despedida.

Tendo a autonomia como pano de fundo, a Profª. Luciana Dadalto desenvolve de forma coerente argumentos justificadores da validade das Declarações Prévias de vontade para o fim da vida – DAV no ordenamento jurídico brasileiro. Para tanto, parte do desenvolvimento da autonomia de pacientes no final da vida em "situações limite", que pode ser expressa por meio do consentimento livre e esclarecido, no âmbito da relação médico/paciente. É nesse contexto, somado à experiência estrangeira que também foi objeto da pesquisa, que a autora dessa obra que se apresenta ao público em sua segunda edição defende a validade da projeção futura da autonomia privada para opções do fim da vida, em caso de impossibilidade da tomada de decisões naquele momento.

Bem desenvolvidas as premissas, é no capítulo 5 que a obra tem o seu auge, na medida em que, de forma corajosa, a autora defende, objetivamente e independente de iniciativa legislativa, a validade das Declarações Prévias de Vontade para o fim da vida. No âmbito médico, tal fato já é uma realidade, na medida em que a Resolução 1.995 do CFM autoriza e valoriza a manifestação de vontade do paciente. Com base nessa orientação das Ciências da Saúde atrelada à concepção de autonomia, a Profª. Luciana sugere uma delimitação do conteúdo aceitável das DAVs no Brasil, tomando como referência os ordenamentos estrangeiros, no que se refere às disposições de recusa e/ou aceitação de tratamentos que prolonguem a vida artificialmente, doação de órgãos e a nomeação de um representante.

Demonstrando seu cuidado com o tema e, ao mesmo tempo, a profundidade da pesquisa desenvolvida, a Profª. Luciana Dadalto estrutura um projeto de lei, a fim de pacificar quaisquer dúvidas que poderiam surgir a respeito da viabilidade do instituto das DAVs no ordenamento jurídico brasileiro, o que se justifica em face da nossa herança positivista. Além disso, também propõe as linhas mestras para um modelo de DAV, que possa abarcar de forma mais ampla possível os desejos autônomos sobre o próprio corpo projetados para o futuro, que desejos e valores do paciente, decisões sobre o fim da vida, outras disposições sobre esse momento, diretrizes para a equipe médica e revogação do documento.

Logo, a autora defende a possibilidade da própria pessoa definir como será o final da sua vida caso esteja gravemente doente e sem condições de manifestar escolhas, de forma condizente com as próprias concepções, pois se configuraria ilegítima a decisão de um terceiro sobre aspectos atinentes à identidade que singulariza cada pessoa humana, já que violaria o comando normativo do respeito à pessoa humana, intrínseco à dignidade. Logo, a dignidade –conceito intimamente relacionado com a autonomia – tem como função limitar a atuação do legislador, do juiz, do médico, da família e de outras entidades intermediárias em situações existenciais, para que seja garantido tal espaço único de decisão pessoal, principalmente quando afetas à própria saúde. Afinal, o princípio moderno da dignidade exige que todos os indivíduos sejam igualmente respeitados em suas liberdades, para que possam, autonomamente, construir-se a si mesmos, a agir segundo seus próprios valores. Isso significa que uma vez existente uma DAV, é ela que deverá conduzir o tratamento – ou a ausência deste – bem como o destino da pessoa no momento do morrer.

Em face da delicadeza e importância do tema, é louvável o esforço da autora em se embrenhar em seara de notório interesse social, principalmente em virtude do envelhecimento da população e do proliferamento de doenças tidas como incuráveis. Prova disso foi o término acelerado da primeira edição desse livro, que demonstra a relevância do conteúdo aqui tratado.

A obra é fruto das reflexões feitas quando da dissertação de mestrado da autora, que não se deu por satisfeita com a pesquisa concluída à época, vez que a Profª. Luciana continua a estuda-lo, agora no âmbito do seu doutorado na Faculdade de Medicina da UFMG. Estou certa que ainda teremos outros desdobramentos deste estudo, para que comunidades jurídica e médica possam desenvolver ainda mais o debate sobre o assunto.

Fico orgulhosa por ter acompanhado o expressivo desenvolvimento profissional da autora, principalmente no âmbito acadêmico, que jamais se contentou com respostas simplistas às suas mais variadas questões de interface entre Direito e Medicina. Foi essa curiosidade e o instinto de pesquisadora – iniciado no ambiente familiar e incentivado pelos seus pais – que têm motivado a Profª. Luciana a galgar novos passos, cujo objetivo primordial é contribuir para uma realidade mais inclusiva e humanitária em situações tão difíceis e delicadas, inerentes à nossa finitude.

Belo Horizonte, março de 2013.

ANA CAROLINA BROCHADO TEIXEIRA

Doutora em Direito Civil pela UERJ. Mestre em Direito Privado pela PUC Minas. Pesquisadora do Centro de Estudos em Biodireito – CEBID. Professora de Direito Civil. Advogada.

PREFÁCIO À 1ª EDIÇÃO

"O homem inventou as eternidades e o futuro para escapar da morte, porém cada um destes inventos foi uma armadilha mortal. O agora nos concilia com nossa realidade: somos mortais. Só diante da morte nossa vida é realmente vida. No agora nossa morte não está separada de nossa vida: são a mesma realidade, o mesmo fruto". Paulo Mendes Campos não foi um poeta fúnebre ou mórbido, tal como Augusto dos Anjos, mas foi um daqueles que na literatura questionou quando a vida deixa de ser vida e passa a ser outra coisa.

A terminalidade da vida sempre foi tratada pelo direito privado em seu enfoque patrimonial na lógica do indivíduo abstraído como polo de relações jurídicas. A preocupação do ordenamento jurídico com a pessoa humana "moribunda" se limitava à descrição de regras que lhe garantissem a elaboração de um negócio jurídico unilateral e solene, o testamento. Criam-se, assim, as condições necessárias para a tranquila transmissão de bens e direitos para herdeiros e legatários.

Em seu début literário, a Professora e Mestre em Direito Civil Luciana Dadalto enfoca a terminalidade da vida sobre um outro viés. O ser humano, sujeito de situações existenciais, exercita a sua liberdade para praticar um ato de declaração prévia de vontade, no qual manifesta diretivas antecipadas sobre os tratamentos a que deseja ser submetido caso seja portador de uma doença terminal e não possua nesse instante a consciência para exercitar um ato de autonomia.

A nomenclatura living will surge nos Estados Unidos, sendo adotada em diversas legislações, ora como testamento vital ou como testamento biológico. No Brasil não há legislação ferindo a temática, daí a essencialidade e o pioneirismo deste trabalho, cujo mérito é discutir sobre a vida e a morte a luz da ética, em termos de persuasão, adotando-se a retórica como forma de exortação do direito à diferença em uma sociedade plural e democrática, considerando-se cada pessoa em sua concretude, na plenitude do exercício do consentimento em consonância aos seus projetos de vida. Esta é a premissa de um ordenamento jurídico comprometido com a dignidade da pessoa humana.

A autora inicia os seus estudos abordando a autonomia privada nas situações de terminalidade da vida. Adotando a concepção de Dworkin do Direito como Integridade, demarca a existência de limites ao poder de autodeterminação para a emissão da declaração prévia de vontade do paciente terminal, sobremaneira a sua conformação à ordem pública e, em uma perspectiva Habermasiana, à intersubjetividade, manifestada em ação comunicativa através do consentimento informado.

Para tanto, crucial é a distinção entre os modelos jurídicos da eutanásia – ativa e passiva, distanásia, suicídio assistido e ortotanásia. As diretivas antecipadas do paciente que venha a ser privado de potência guardam conexão com a prática da ortotanásia, método que privilegia a autonomia do paciente terminal e capaz, assegurando-lhe cuidados paliativos e a opção da dispensa de tratamentos fúteis e desproporcionais.

Verticalizando a temática da autonomia existencial às situações de risco médico e de terminalidade, a autora minudencia o consentimento informado na relação médico- paciente como processo de diálogo e colaboração, consubstanciado no esclarecimento para a tomada de livre decisão por parte do ser humano portador de discernimento. Em contrapartida, nas diretivas antecipadas – objeto central da obra – não há de se falar em aceitação a uma determinada proposição médica, erige-se um documento vazado em instruções acerca dos futuros cuidados médicos aceitos por uma pessoa incapaz de expressar sua vontade ao tempo da terminalidade. Recomenda-se a coexistência entre a declaração prévia de vontade do paciente terminal com a nomeação de um procurador de saúde, pela via de um mandato duradouro, a fim de que uma pessoa próxima ao paciente possa funcionar como decisor substituto em todas as situações em que aquele não tenha condições de consentir, mesmo que temporariamente. Valioso é o debate sobre o conteúdo da declaração prévia de vontade, distinguindo- se os tratamentos ordinários para amenizar o sofrimento, daqueles tidos como extraordinários e que remetem à distanásia.

Uma construção desbravadora invariavelmente demanda um olhar crítico sobre a experiência estrangeira no trato das diretivas antecipadas. Luciana Dadalto investiga a prática pioneira norte-americana bem como legislações e doutrina da Espanha, Itália, Portugal e Argentina.

A seguir a doutrinadora realiza valoroso exame sobre a validade da declaração prévia de vontade do paciente terminal no ordenamento jurídico brasileiro. A primeira abordagem é centrada na avançada Resolução n. 1.805/06 do Conselho Federal de Medicina, norma que defere ao médico a limitação consentida de tratamentos desproporcionais, preservados os cuidados paliativos. Não se olvida ainda de considerar o novo Código de Ética Médica, que defere ao médico a realização da ortotanásia, sendo esta a escolha de seu paciente. Por fim, a autora evidencia com êxito a desnecessidade de norma específica para a validação e eficacização da declaração prévia de vontade do paciente terminal em nosso sistema jurídico. Os princípios da dignidade da pessoa humana e a proibição de tratamento desumano são arcabouços suficientes para a legitimação desta modalidade de diretrizes antecipadas.

A nota de operabilidade surge na parte derradeira do trabalho, momento em que é sugerida uma norma específica sobre o tema. Investe-se aqui no conteúdo e na forma de um projeto de lei para instituir as Diretivas Antecipadas no Brasil, restringindo-se o documento as disposições concernentes à recusa de tratamentos fúteis por parte de pessoa portadora de discernimento – sem prazo de validade –, lavrado por escritura pública em Cartório de Notas, com a criação de um banco nacional de declarações de vontade de pacientes terminais, tendo como marco de eficácia a inscrição da declaração prévia no prontuário médico do paciente.

A grande contribuição da obra Testamento vital consiste na desmistificação do excesso terapêutico e na afirmação da autonomia existencial do ser humano para eleger, dentre os seus projetos de vida, o desejo de que a natureza possa agir naquilo que a medicina não possa remediar. Em sua obra "Domínio da vida", Ronald Dworkin diferencia o dogma da santidade (intocabilidade) da vida, da sacralidade da vida, como princípio laico que assegura o valor moral da existência humana. "A maioria das pessoas trata a vida como uma responsabilidade sagrada, e essa responsabilidade parece mais intensa quando elas refletem sobre a morte, tanto a sua própria quanto a dos outros. Os que desejam uma morte prematura e serena para si mesmos ou para seus parentes não estão rejeitando ou denegrindo a santidade da vida; ao contrário, acreditam que uma morte mais rápida demonstra mais respeito para com a vida do que uma morte protelada".

A obra está lançada, indubitavelmente, uma bela contribuição da jovem autora Luciana Dadalto e da Editora em prol do elevado debate acadêmico.

Belo Horizonte, Janeiro de 2010

Nelson Rosenvald

Doutor e Mestre em Direito Civil – PUC/SP. Professor de Direito Civil do Curso Praetorium. Procurador de Justiça do Ministério Público de Minas Gerais.

1
INTRODUÇÃO

A presente obra tem por objetivo apresentar o testamento vital sob a perspectiva jurídica, bioética e médica. Para tanto, debruça-se no que temos de mais relevante e atual na literatura nacional e internacional sobre a temática, inclusive, nas novas formas de entender as diretivas antecipadas de vontade.

Se outrora, a morte era encarada como um processo natural, atualmente, este processo – ainda que natural – é tido como uma derrota, um acontecimento que demonstra a fragilidade da Medicina e a fraqueza dos profissionais de saúde.

Em razão dessa mudança de perspectiva, o Direito tem-se defrontado, quotidianamente, com questionamentos acerca dos direitos dos pacientes, especialmente dos pacientes em fim da vida. De tais, emerge o "direito de morrer", o "direito à morte digna" e o "direito à boa morte" nomenclaturas que amparam, ao mesmo tempo, os defensores da eutanásia, do suicídio assistido e da ortotanásia.

Nesse cenário, a manifestação de vontade do paciente assume especial relevância para a garantia de seu projeto individual de vida e de morte boa. E é nesse contexto que o testamento vital se insere, como espécie do gênero de documentos de manifestação de vontades chamado de *diretivas antecipadas de vontade* (DAV).

E é assim que o testamento vital é tratado nessa obra: não como sinônimo de DAV, pois não o é, mas como uma espécie de DAV que tem especial relação com a terminalidade da vida, posto que trata-se do documento redigido por uma pessoa no pleno gozo de suas faculdades mentais, com o objetivo de dispor acerca dos cuidados, tratamentos e procedimentos que deseja ou não ser submetida quando estiver com uma doença ameaçadora da vida, fora de possibilidades terapêuticas e impossibilitado de manifestar livremente sua vontade.

Nas duas primeiras edições o termo *testamento vital* foi substituído por Declaração Prévia de Vontade do Paciente Terminal, na primeira, e Declaração Prévia de Vontade para o fim da vida, na segunda. Tais substituições foram amparadas, à época, pela errônea tradução literal l de "living will", denominação primeva deste instituto, que surgiu no EUA, em 1967, presente também nos outros idiomas latinos: *testamento biológico/biotestamento* (italiano), *testament de vie* (francês) e *instrucciones previas* (espanhol).

Na verdade, o estudo detalhado desse instituto provoca o questionamento da tradução literal de "living will", pois o dicionário Oxford apresenta como traduções de *will* três substantivos, quais sejam, vontade, desejo e testamento. Por outro lado, a tradução de *living* pode ser o substantivo sustento, o adjetivo vivo ou o verbo vivendo. Assim, é possível perquirir se a tradução literal mais adequada seria "desejos de vida", ou ainda "disposição de vontade de vida", expressão que também designa testamento – vez que este nada mais é do que uma disposição de vontade. Posto isso, torna-se questionável se, originalmente, esse instituto foi realmente equiparado a um testamento ou se tal confusão foi provocada por um erro de tradução para outro idioma, que foi perpetuado.

Nesse contexto, é preciso reconhecer que *testamento vital* não é a melhor denominação, vez que remete ao instituto do testamento, negócio jurídico unilateral de eficácia *causa mortis*[1]. Todavia, a crítica à nomenclatura, ao invés de fazer surgir um consenso em um novo nome, à exemplo do que fez a Espanha com as *instrucciones previas*, acabou por equiparar o testamento vital à DAV, caminho mais fácil para aqueles que desconheciam a origem e a história do instituto e queriam apenas "resolver" o problema da nomenclatura.

Infelizmente, é comum hoje ler artigos científicos, artigos de opinião e decisões judiciais tratando os dois institutos como sinônimos, afinal, assim o fez o Conselho Federal de Medicina na Resolução 1.995/2012. Portanto, para evitar maiores confusões e reafirmar que testamento vital e diretivas antecipadas de vontade não são sinônimos, essa edição, à exemplo da anterior, não trabalhará mais com os nomes outrora utilizados para substituir testamento vital.

Ultrapassada a questão terminológica, este trabalho, atento à escassez legal, doutrinária e jurisprudencial do tema no Brasil, pretende apresentar os fundamentos principiológicos, formais e materiais do testamento vital nos países em que este instituto já está regulamentado por lei a fim de pormenorizar as questões afetas a este e verificar a aplicação do testamento vital no ordenamento jurídico brasileiro.

Para tanto, torna-se indispensável a análise da autonomia privada nas situações de fim da vida, bem como os estados clínicos que geram estas situações. Prioriza-se, nesta obra, a evolução da autonomia no ordenamento jurídico brasileiro com a finalidade de entender como se dá, atualmente, a aplicação desta no Brasil para, por fim, trabalhar a autonomia privada dos pacientes terminais, enfocando conceitos médicos e jurídicos, o que trará a este estudo o arcabouço teórico necessário para o entendimento da validade do testamento vital.

O segundo capítulo partirá da autonomia privada do paciente em fim da vida – cunhada no primeiro – para delinear como essa se manifesta no âmbito do consentimento livre e esclarecido e das diretivas antecipadas. Na primeira parte, analisar-se-á como se dá a relação médico-paciente e os deveres que advêm desta, pesquisar-se-á como o Conselho Federal de Medicina (CFM) tem trabalhado o consentimento livre e esclarecido e a utilização deste instituto como protetor da autonomia do paciente. Na

1. Em verdade, estes documentos assemelham-se, pois ambos são negócios jurídicos, unilaterais, personalíssimos, gratuitos e revogáveis, todavia, distanciam-se deste em duas características essenciais, a produção de efeitos *post mortem* e a solenidade.

segunda, verificar-se-á a diferença entre consentimento livre e esclarecido e diretivas antecipadas e analisar-se-ão as modalidades de diretivas antecipadas – procuração para cuidados de saúde e testamento vital –, a fim de verificar como se dá o exercício da autonomia privada do paciente terminal.

No terceiro capítulo, será apresentada a experiência estrangeira, no que tange ao testamento vital. Para tanto, analisar-se-ão a legislação, a doutrina e a jurisprudência dos EUA, da Austrália, da Espanha, de Portugal, da Itália, da Argentina, do Uruguai e da Colômbia bem como a Convenção de Direitos Humanos e Biomedicina, com o escopo de fornecer subsídios para a análise da validade do testamento vital no Brasil.

Por fim, o quarto e último capítulo partirá das premissas estabelecidas nos capítulos anteriores com o intuito de alcançar o objetivo geral deste estudo, qual seja, verificar a validade do testamento vital no ordenamento jurídico brasileiro.

Nesse ponto, discutir-se-á as Resoluções do CFM n. 1.805 e 1.995 e suas implicações na garantia da autonomia dos pacientes em fim de vida, bem como a validação do testamento vital no ordenamento jurídico brasileiro, sem olvidar das situações médicas que envolvem a temática. Posto isso, verificar-se-á se a ausência de norma específica no Brasil impede a validade do testamento vital neste país, e sob quais fundamentos normativos esse instituto poderia ser considerado válido. Com a finalidade de contribuir para o debate, apresentar-se-á, ao final, uma proposta legislativa sobre o tema e um modelo de testamento vital e da procuração para cuidados de saúde.

Enfim, o que se propõe nesta pesquisa é uma análise apurada do testamento vital no ordenamento jurídico brasileiro, por meio de uma interpretação crítica e construtiva deste instituto perante o atual complexo normativo brasileiro.

2
AUTONOMIA DO PACIENTE NAS SITUAÇÕES DE FIM DA VIDA

"É preciso que tenhamos o dom de sermos capazes de construirmos escolhas de fim-de-vida que defendam nossos melhores interesses, e não os de uma religião ou um partido, compondo uma história aberta à diversidade de opiniões e convicções que existem na nossa sociedade, de modo a que um dia possamos ir embora de acordo com o modo como nos fomos sabendo construir ao longo dessa vida."

Laura Ferreira dos Santos

2.1. EVOLUÇÃO DA AUTONOMIA NO ORDENAMENTO JURÍDICO BRASILEIRO

A origem etimológica da palavra autonomia é latina, *auto* – para si; *nomos* – norma. Trata-se da norma que o próprio indivíduo estabelece para si, estando, portanto, desde os primórdios, atrelada à subjetividade individual, mas também à fluidez dos aspectos sociais, culturais e religiosos que nos moldam.

A autonomia não é um fenômeno eminentemente jurídico, mas sim uma característica do ser humano com repercussões jurídicas.[1] A fim de balizar essas repercussões, tem sido, historicamente, tratada como um princípio jurídico. No Estado Liberal, convencionou-se utilizar o termo *autonomia da vontade* para tratar da esfera jurídica de autonomia do indivíduo tendo em vista que preponderava a vontade do sujeito. Frise-se que esse modelo estatal "estabeleceu-se sobre a base da justiça formal, ou seja, estando formalmente garantida em lei, não importava ao Estado que, material ou concretamente, a justiça não existisse".[2] A pouca interferência estatal favorecia a realização de negócios jurídicos entre particulares, de modo que estes eram livres para decidir o conteúdo destes negócios bem como os parceiros contratuais. Assim, o Estado não tinha como objetivo proteger os indivíduos, partia-se do pressuposto de que todos eram autônomos e tinham condições de se autorregularem.

---

1. A autonomia é um tema recorrente na filosofia, na psicologia, na sociologia e na antropologia, entre outras ciências. Recentemente, os estudos de neurociência têm questionado a existência da autonomia como nós, operadores do Direito, estudamos e defendemos. Daniel Eagleman afirma que "em nossa atual compreensão da ciência, não podemos encontrar o hiato físico em que se encaixa o livre arbítrio – o causador sem causa – porque não parece haver nenhuma parte da maquinaria que não siga uma relação causal com outras partes." (EAGLEMAN, David. *Incógnito:* as vidas secretas do cérebro. Rio de Janeiro: Rocco, 2012. p.179).
2. FARIA, Roberta Elzy Simiqueli de. Autonomia da Vontade e Autonomia Privada: uma distinção necessária. In: FIUZA, César; NAVES; Bruno Torquato de Oliveira; SÁ, Maria de Fátima Freire. *Direito Civil:* Atualidades II. Belo Horizonte: Del Rey, 2007. p. 57.

Entretanto, após a Primeira Guerra Mundial, com o aumento da industrialização, o Estado aumentou sua intervenção na esfera privada, objetivando a justiça material, de modo que essas relações começaram a ser regidas por princípios como a função social. Por esta razão, a autonomia da vontade começou a ser superada pela autonomia privada.

> Na realidade, não há o abandono da autonomia da vontade, mas sim uma releitura desse princípio, em face das mudanças sociais ocorridas nos últimos séculos, que conduziram a uma modificação na análise dos principais institutos e princípios do Direito Civil.[3]

Quanto a essas duas vertentes da autonomia, Ferri[4] afirma que a autonomia da vontade está ligada a uma vontade psicológica dos sujeitos, de modo que os adeptos dessa nomenclatura entendem que essa vontade é causa dos efeitos jurídicos, enquanto a autonomia privada está ligada com a manifestação de vontade objetiva, como fonte dos efeitos jurídicos.[5] No Brasil, é essa também a opinião de Amaral.[6]

Para Habermas, a autonomia tem por fundamento a liberdade do indivíduo, liberdade esta que se respalda "na garantia de uma formação abrangente da vontade e da opinião, processo no qual cidadãos livres e iguais chegam a um entendimento em que objetivos e normas se baseiam no igual interesse de todos".[7]

Entretanto, deve-se verificar que esse conceito se distancia do conceito trazido por Ferri[8] e por Amaral,[9] vez que, enquanto para estes autores o conceito de autonomia privada é permeado pelo aspecto econômico, a conformação do conceito habermasiano ao Estado Democrático de Direito impõe a verificação dos aspectos existenciais da autonomia, bem como a intersubjetividade e o exercício do discurso entre os sujeitos.[10]

---

3. FARIA, Roberta Elzy Simiqueli de. Autonomia da Vontade e Autonomia Privada: uma distinção necessária. In: FIUZA, César; NAVES; Bruno Torquato de Oliveira; SÁ, Maria de Fátima Freire. *Direito Civil:* Atualidades II. Belo Horizonte: Del Rey, 2007. p. 60-61.
4. FERRI, Luigi. *La Autonomía Privada.* Granada: Editora Comares, 2001.
5. Igualmente criticável me parece a opinião que prefere falar da autonomia da vontade melhor do que autonomia privada. As duas expressões poderiam parecer, à primeira vista, sinônimas, mas não o são. Quem fala de autonomia da vontade desconhece o problema da autonomia privada e dá relevo à vontade real ou psicológica do sujeito que, segundo esta opinião, é a raiz ou a causa dos efeitos jurídicos, em oposição a quem, pelo contrário, vê na declaração ou na manifestação da vontade, como feito objetivo, ou na lei, a fonte dos efeitos jurídicos. (FERRI, 2001, p. 5, tradução nossa). Texto Original: Igualmente criticable me parece la opinión que prefiere hablar de autonomía de la voluntad mejor que de autonomía privada. Las dos expresiones podrían parecer a primera vista sinónimas, pero no lo son. Quien hablan de autonomía de la voluntad en realidad desconocen el problema mismo de la autonomía privada y dan relieve a la voluntad real o psicológica de los sujetos que, según esta opinión, es la raíz o la cauda de los efectos jurídicos, en oposición a quien, por el contrario, ven más bien en la declaración o en la manifestación de voluntad, como hecho objetivo, o en la ley, la fuente de los efectos jurídicos.
6. AMARAL, Francisco. *Direito Civil:* introdução. 6 ed. Rio de Janeiro: Renovar, 2006.
7. HABERMAS, Junger. *Três modelos normativos de democracia.* Cadernos da Escola do Legislativo, Belo Horizonte, v. 3, jan-jun 1995.
8. Op. Cit.
9. Op. Cit.
10. Galuppo em um estudo sobre o Estado Democrático de Direito a partir do pensamento de Habermas, afirma que para este autor a linguagem "é o mecanismo que assume, desde outras, a função de produzir a integração social". Essa integração se dá por meio do agir comunicativo, ou seja, o ato em que uma pessoa procura

A despeito dessas discussões, fato é que a nomenclatura autonomia da vontade foi sendo substituída pela autonomia privada e, atualmente, sob a égide do Estado Democrático de Direito, encontra maior aceitação, razão pela qual é o termo utilizado nesta obra.

Mais importante do que a dicotomia terminológica é a verificação de que o conceito de autonomia é vazio se não for lido e conformado com os conceitos de dignidade e de alteridade. No ordenamento jurídico brasileiro, a dignidade da pessoa humana foi alçada à condição de princípio fundamental da Constituição da República do Brasil.

> O princípio da dignidade da pessoa humana refere-se às exigências básicas do ser humano no sentido de que ao homem concreto sejam oferecidos os recursos de que dispõem a sociedade para a mantença de uma existência digna, bem como propiciadas as condições indispensáveis para o desenvolvimento de suas potencialidades. Assim, o princípio em causa protege várias dimensões da realidade humana, seja material ou espiritual.[11]

Essa necessidade de ler a autonomia privada à luz da dignidade da pessoa humana é, em outras palavras, o entendimento de Habermas[12] sobre a superação da dicotomia "autonomia pública" x "autonomia privada", ou seja, a leitura de que autonomia pública e autonomia privada são princípios co-originários, que se complementam e se inter-relacionam de forma harmônica, não excludente.[13] A autonomia privada está ligada ao agir individual e a autonomia pública relaciona-se com ações coordenadas por meio de leis coercitivas, que limitam este agir individual.

> De um lado, o sistema de direito conduz ao arbítrio dos interesses dos sujeitos singulares que se orientam pelo sucesso para os trilhos de leis cogentes, que tornam compatíveis iguais liberdades subjetivas de ação; de outro lado, esse sistema mobiliza e reúne as liberdades comunicativas de civis, presumivelmente pelo bem comum, na prática da legislação.[14]

Habermas entende a autonomia privada como o poder do sujeito de direito de tomar suas decisões juntamente com outros sujeitos por meio do diálogo, ao que ele nomeia de ação comunicativo. Este autor trabalha com o conceito de liberdade

---

convencer outra de suas pretensões, que, pode ser também denominado de discurso. Por isso, assume que no Estado Democrático de Direito a eficácia das normas jurídicas dependem do consenso, conseguido pelo agir comunicativo. GALUPPO, Marcelo Campos. *Igualdade e diferença:* estado democrático de direito a partir do pensamento de Habermas. Belo Horizonte: Mandamentos, 2002. p. 117.

11. FARIAS, Edílson Pereira de. *Colisão de Direitos:* A honra, a intimidade, a vida privada e a imagem, versus a liberdade de expressão e informação. 2. ed. Porto Alegre: Sérgio Antonio Fabris Editor, 2000. p. 63.
12. HABERMAS, Junger. *Direito e Democracia:* entre facticidade e validade. v. 1, 2 ed., Rio de Janeiro: Tempo Brasileiro, 2003. p. 113-168.
13. A co-originariedade da autonomia privada e pública somente se mostra quando conseguimos decifrar o modelo de autolegislação através da teoria do discurso, que ensina serem os destinatários simultaneamente os autores de seus direitos. (Op. Cit., p. 139). Interessante notar que Barbosa afirma que, para Habermas, "autonomia privada e pública tornam-se lados de uma mesma moeda." BARBOSA, Rogério Monteiro. *O poder familiar e a legitimidade da educação domiciliar:* uma necessária releitura da autonomia privada no marco do estado democrático de direito. 2008. 46 f. Projeto Tese (Doutorado), Pontifícia Universidade Católica de Minas Gerais, Faculdade Mineira de Direito, Belo Horizonte, p. 35.
14. HABERMAS, Junger. *Direito e Democracia:* entre facticidade e validade. v. 1, 2 ed., Rio de Janeiro: Tempo Brasileiro, 2003. p. 167.

comunicativa, que é a "possibilidade de tomar posição frente aos proferimentos de um oponente e às pretensões de validade aí levantadas, que dependem de um reconhecimento intersubjetivo".[15]

Posto isso, a autonomia deve ser entendida sob uma perspectiva dialógica, conformada pela dignidade da pessoa humana e, portanto, dirigida a aspectos públicos e privados, patrimoniais e existenciais. Razão pela qual Naves e Sá afirmam que "autonomia não é autossuficiência, mas relação com os outros e consigo mesmo".[16]

Nota-se, assim, a necessidade de conformação da alteridade e da dignidade humana na autonomia. A alteridade[17] está na intersubjetividade, no que Habermas nomeou de ação comunicativa; a dignidade, por sua vez, está na relação consigo mesmo.

Partindo dessa concepção, é possível verificar o papel da Constituição no Estado Democrático de Direito, vez que, segundo Habermas,[18] os princípios do Estado Constitucional são concebidos como resposta à dúvida quanto à forma de institucionalização das "formas comunicativas de uma formação democrática da vontade e da opinião". Assim, estes princípios devem orientar o exercício da autonomia privada do sujeito, o que reforça a necessidade de se coadunar o seu exercício com a dignidade da pessoa humana.

> A dignidade da pessoa humana está no núcleo de todos os direitos fundamentais, isto é, tanto no cerne dos tradicionais direitos individuais ligados à liberdade, que surgem para impedir a atuação do Estado, como dos direitos que procuram assegurar a igualdade das pessoas por meio da prestação do Estado.(...) Em uma, como explica Ingo Wolfgang Sarlet, em cada direito fundamental está presente um conteúdo ou, ao menos, uma projeção de intensidade variável da dignidade da pessoa humana. A pessoa, considerada como sujeito de direito e nunca como objeto da intervenção do Estado ou de terceiros, forma a essência de todos os direitos fundamentais e deve ser respeitada como tal.[19]

A Constituição da República Federativa do Brasil, promulgada em 5 de outubro de 1988, instituiu no país o Estado Democrático de Direito, conforme o disposto no *caput* do artigo 1º:

> Art. 1º A República Federativa do Brasil, formada pela união indissolúvel dos Estados e Municípios e do Distrito Federal, constitui-se em Estado Democrático de Direito e tem como seus fundamentos:
>
> [...] [20].

---

15. Op. Cit., p. 155.
16. NAVES, Bruno Torquato de Oliveira; SÁ, Maria de Fátima Freire de. Relação médico-paciente e responsabilidade civil do médico. In: NAVES, Bruno Torquato de Oliveira; SÁ, Maria de Fátima Freire de. *Manual de Biodireito.* Belo Horizonte: Del Rey, 2009. p. 87.
17. Acerca da alteridade recomenda-se a leitura de CAMPOS, Diogo Leite de. Nós. *Estudos sobre os direitos das pessoas.* Coimbra: Almedina, 2004.
18. HABERMAS, Junger. Três modelos normativos de democracia. *Cadernos da Escola do Legislativo,* Belo Horizonte, v. 3, jan-jun 1995, p.107.
19. DIAS, Roberto. PIOVESAN, Flávia. Proteção jurídica da pessoa humana e o direito à morte digna. In: DADALTO, Luciana; GODINHO, Adriana Marteleto; LEITE, George Salomão. *Tratado brasileiro sobre o direito fundamental à morte digna.* São Paulo": Almedina, 2017. p. 63-64.
20. BRASIL. *Constituição da República Federativa do Brasil.* Disponível em: [http://www.planalto.gov.br/ccivil_03/Constituicao/Constituicao.htm]. Acesso em: 18.01.2018.

Dias assim conceitua este modelo:

> [...] Tem-se, portanto, um Estado submetido às normas do direito e estruturado por leis, sobretudo a lei constitucional, um Estado no qual se estabeleça estreita conexão interna entre dois grandes princípios jurídicos, *democracia* e *Estado de Direito*, ou seja, um *Estado Constitucional Democrático*.[21]

Sinteticamente, é possivel dizer que o Estado Democrático de Direito é marcado "pela articulação do poder político legitimado pelo povo com a limitação do poder estatal".[22] Neste, o indivíduo torna-se partícipe da Constituição, que agora se volta à proteção de interesses coletivos e de liberdades individuais e, por consequência, do multiculturalismo,[23] garantindo a coexistência de diferentes projetos de vida nas sociedades plurais.[24]

Sob esta perspectiva, os projetos individuais de vida, expressão da autonomia privada, não podem sobrepor-se aos dos demais indivíduos, razão pela qual Habermas afirma que:

> Naturalmente, os projetos individuais de vida não se formam independentemente dos contextos partilhados intersubjetivamente. [...] num Estado constitucional democrático, a maioria não pode prescrever às minorias a própria forma de vida cultural – na medida em que estas se distanciam da cultura política comum do país – como uma suposta cultura de referência.[25]

É possível verificar que a Constituição vigente representa um marco no trato normativo da autonomia privada no ordenamento jurídico brasileiro, vez que coexistem normas públicas e privadas, com a garantia de direitos individuais, como o direito à liberdade, e de direitos sociais, como o direito à saúde.

> [...] a interpenetração do direito público e do direito privado caracteriza a sociedade contemporânea, significando uma alteração profunda nas relações entre o cidadão e o Estado. [...] Daí a inevitável alteração dos confins entre direito público e direito privado, de tal sorte que a distinção deixa de ser qualitativa e passa a ser meramente quantitativa, nem sempre se podendo definir qual exatamente é o território do direito público e qual o território do direito privado.[26]

---

21. DIAS, Ronaldo Betas de Carvalho. *Responsabilidade do Estado pelo Função Jurisdicional*. Belo Horizonte: Del Rey, 2004. p. 99.
22. Op. Cit., p.103.
23. A pluralidade das identidades sociais ou o multiculturalismo é um fenômeno típico da modernidade contemporânea e um dos mais importantes temas do debate político e jurídico atual. No seu sentido mais amplo, o multiculturalismo se expressa de várias formas: pela variedade de estilos de vida e de concepções do "bem viver", pelas distintas opções sexuais, religiosas ou pela diversidade étnico-cultural. VILANI, Maria Cristina Seixas. Cidadania moderna: fundamentos doutrinários e desdobramentos históricos. *Cadernos de Ciências Sociais*, Belo Horizonte, v. 8, n. 11, dez. 2002, p. 58-59.
24. Assim, Habermas afirma que "o direito moderno tira dos indivíduos o fardo das normas morais e o transfere para as leis que garantam a compatibilidade das liberdades de ação". Com isso ele quer dizer que é o direito que garante a integração social, em substituição à 'moral universal'. HABERMAS, Jünger. *Direito e democracia:* entre facticidade e validade. 2. ed. Rio de Janeiro: Tempo Brasileiro, 2003. v. 1, p. 103.
25. HABERMAS, Jünger. *O futuro da natureza humana*. São Paulo: Martins Fontes, 2004. p. 5.
26. TEPEDINO, Gustavo. Premissas metodológicas para a constitucionalização do direito civil. In: TEPEDINO, Gustavo. *Temas de direito civil*. 4. ed. Rio de Janeiro: Renovar, 2008. p. 20.

A coexistência entre esses direitos preserva a autorregulamentação do indivíduo, garantindo seus direitos fundamentais e protegendo os distintos projetos de vida de cada cidadão, proteção esta apenas efetivada quando observado o caráter relacional da autonomia, trabalhado por Naves.[27]

> Desse modo é que a Constituição deverá ser compreendida como a institucionalização de condições processuais para a formação da vontade e da opinião políticas como instância de reconhecimento reflexivo de espaços públicos e privados abertos à interpretação que, presente a tensão entre faticidade e validade, pretendem garantir o exercício das autonomias pública e privada dos coassociados jurídicos.[28]

Posto isso, trabalhar-se-á nessa obra com o conceito de autonomia privada como sendo aquele que legitima a ação do indivíduo, conformada à ordem pública e permeada pela dignidade da pessoa humana e pela alteridade. Ou, em outras palavras, aquela que garante que os indivíduos persigam seus interesses individuais, sem olvidar da intersubjetividade[29] e da alteridade. Significa dizer que autonomia privada não é o poder do indivíduo de fazer tudo o que quiser; não se traduz em uma ampla liberdade,[30] muito pelo contrário, garante ao indivíduo o direito de ter seu próprio conceito de "vida boa" – e, por que não, de "morte boa" – e de agir buscando tal objetivo, direito este que encontra barreiras na alteridade, de modo que a autodeterminação do indivíduo deve ser balizada pelas relações interpessoais[31] e tal balizamento é feito pelas normas jurídicas.

2.2. APLICAÇÃO DO PRINCÍPIO DA AUTONOMIA PRIVADA NO ORDENAMENTO JURÍDICO BRASILEIRO

Hodiernamente, a doutrina entende que as normas jurídicas são gênero do qual são espécies as regras e os princípios.[32] Dworkin apresenta a distinção entre

---

27. NAVES, Bruno Torquato de Oliveira. *Relacionalidade e autonomia privada:* o princípio da autonomia privada na Pós-Modernidade. 2003. 138f. Dissertação (Mestrado), Pontifícia Universidade Católica de Minas Gerais, Faculdade Mineira de Direito, Belo Horizonte.
28. OLIVEIRA, José Ricardo de. *Bioética e atenção ao paciente sem perspectiva terapêutica convencional:* estudo sobre o morrer com dignidade. 2007. 147f. Dissertação (Mestrado), Universidade Federal de Minas Gerais, Faculdade de Medicina, Belo Horizonte. p. 117.
29. A autonomia deve ser compreendida, portanto, como de natureza social, e o indivíduo só pode apreender o seu significado a partir da interação social com os demais. A validação intersubjetiva é necessária para a realização da condição de autonomia. Em face disso, torna-se inadmissível a interpretação da autonomia no sentido de autossuficiência, entendida esta como necessidade do indivíduo isolado e que se autossatisfaz no isolamento. GUSTIN, Miracy B. S. *Das necessidades humanas aos direitos:* ensaio de sociologia e filosofia do direito. Belo Horizonte: Del Rey, 1999. p. 32.
30. A autonomia privada não é só nem principalmente liberdade. Texto original: La autonomía privada no es solo ni principalmente libertad. FERRI, Luigi. *La autonomía privada.* Granada: Editora Comares, 2001.
31. Uma pessoa só é autônoma em relação ao outro justamente quando, através de formas discursivas, for capaz de justificar suas escolhas e decisões de ação perante o outro. Isso porque os indivíduos não nascem autônomos. [...] Ser autônomo é *saber* que se está agindo com um caráter autônomo em relação aos valores e regras do *outro*. Nesse sentido, entende-se que a autonomia é uma necessidade humana que se desenvolve de forma dialógica. GUSTIN, Miracy B. S. *Das necessidades humanas aos direitos:* ensaio de sociologia e filosofia do direito. Belo Horizonte: Del Rey, 1999. p. 31-32.
32. Lúcio Antônio Chamon Júnior, em sua obra Teoria da Argumentação Jurídica, desenvolve a tese de que regras seriam as normas *em abstrato* e os princípios as normas aplicadas *in concreto*, de modo que a distinção

princípios e regras, e aceita ambas as categorias como espécies de normas jurídicas. Sob este enfoque, "as regras são aplicáveis à maneira do tudo-ou-nada"[33] e, portanto, comportam exceções, enquanto os princípios são, *a priori*, aplicáveis a todos os casos, excepcionando-se apenas quando de sua aplicação diante do caso concreto.[34]

Esta sessão se aterá ao estudo dos princípios, especificamente ao princípio da autonomia privada, sob uma perspectiva do Estado Democrático de Direito, razão pela qual, não obstante as vastas discussões acerca da teoria principiológica de Dworkin, em confronto com a teoria da ponderação de Alexy – que se reconhece ser de suma importância –,[35] partir-se-á da concepção de Dworkin, do Direito como Integridade,[36] a fim de analisar a aplicação do princípio da autonomia privada no ordenamento jurídico brasileiro, pois, entende-se ser esta a teoria que melhor se coaduna com a perspectiva democrática e com a pluralidade dos projetos de vida.

> Como princípio jurídico, a autonomia privada é norma jurídica que atribui aos particulares um poder. Impregnada de imperatividade, atua como diretriz para outras normas (plano de justificação) ou como solucionadora direta de problemas jurídicos, com aplicação imediata a um caso concreto, que determinará seu conteúdo.
>
> O princípio da autonomia privada, como todos os princípios jurídicos, não encontra conteúdo previamente definido. O ordenamento jurídico conforma sua aplicação, assim como o de qualquer outra norma (plano da justificação), através de agentes internos. Deste processo dialético surge seu conteúdo.[37]

---

formal entre regras e princípios já está superada. CHAMON JÚNIOR, Lúcio Antônio. *Teoria da argumentação jurídica:* constitucionalismo e democracia em uma reconstrução das fontes no direito moderno. Rio de Janeiro: Lumen Juris, 2008.

33. DWORKIN, Ronald. *Levando os Direitos a Sério.* São Paulo: Martins Fontes, 2002. p. 39.
34. Princípios, ao contrário de regras, são fluidos e abstratos e precisam ser densificados ante o caso concreto por um esforço discursivo-interpretativo, não se aplicando em quaisquer situações que reproduzam suas circunstâncias de aplicação. GALUPPO, Marcelo Campos. *Igualdade e diferença:* estado democrático de direito a partir do pensamento de Habermas. Belo Horizonte: Mandamentos, 2002. p. 191.
35. Sinteticamente, enquanto para Alexy (2008) os princípios são mandados de otimização, de modo que, em um conflito de princípios prevalece o de maior peso, para Dworkin (2003) princípios são normas que, no caso concreto, se excepcionam, assim, havendo conflito entre dois deve-se verificar qual é o mais adequado perante o caso concreto. Sob outro aspecto, a teoria da ponderação leva a uma hierarquização dos princípios, que, por conseguinte, possui vasta carga valorativa, vez que se deve escolher qual é o "melhor" princípio para determinado caso, por conseguinte, a teoria principiológica busca encontrar o princípio mais adequado ao caso, o que não significa atribuir peso ou valor aos princípios, vez que esta adequação deita suas bases em aspectos próprios do caso e não em opiniões valorativas do aplicador do Direito. Sobre o confronto dessas teorias ver DANTAS, Marcus Eduardo de Carvalho. Princípios e regras: entre Alexy e Dworkin. In: MORAES, Maria Celina Bodin de (Coord.). *Princípios do direito civil contemporâneo.* Rio de Janeiro: Renovar, 2006. p. 547-565.
36. O direito como integridade nega que as manifestações do direito sejam relatos factuais do convencionalismo, voltados para o passado, ou programas instrumentais do pragmatismo jurídico, voltados para o futuro. Insiste em que as afirmações são opiniões interpretativas que, por esse motivo, combinam elementos que se voltam tanto para o passado quanto para o futuro; interpretam a prática jurídica contemporânea como uma política em processo de desenvolvimento. Assim, o direito como integridade rejeita, por considerar inútil, a questão de se os juízes descobrem ou inventam o direito; sugere que só entendemos o raciocínio jurídico tendo em vista que os juízes fazem as duas coisas e nenhuma delas. DWORKIN, Ronald. *O império do direito.* São Paulo: Martins Fontes, 2003b. p. 271.
37. NAVES, Bruno Torquato de Oliveira. *Relacionalidade e autonomia privada: o* princípio da autonomia privada na Pós-Modernidade. 2003. 138f. Dissertação (Mestrado), Pontifícia Universidade Católica de Minas Gerais, Faculdade Mineira de Direito, Belo Horizonte, p.85.

Posto isso, é necessário verificar que o princípio da autonomia privada, esse "o poder que os particulares têm de regular, pelo exercício de sua própria vontade, as relações de que participam, estabelecendo-lhes o conteúdo e a respectiva disciplina jurídica",[38] é basilar tanto nas situações jurídicas patrimoniais quanto nas existenciais. E, tendo em vista que o testamento vital é uma situação jurídica existencial, oportuno apresentar conceitos preliminares sobre o tema, a fim de possibilitar a verificação da razão do enquadramento do instituto nessa categoria, bem como as repercussões jurídicas dessa classificação para a presente pesquisa.

Situação jurídica, segundo Castro,[39] "é a situação que de direito se instaura em razão de uma determinada situação de fato, revelada como fato jurídico, e que se traduz na disposição normativa dos sujeitos posicionados perante certo objeto". Amaral afirma que "são conjuntos de direitos ou deveres que se atribuem a determinados sujeitos, em virtude das circunstâncias em que eles se encontram ou das atividades que eles desenvolvem".[40] Para Perlingieri,[41] situação jurídica – que é sinônimo de situações subjetivas – também parte do fato, pois "a eficácia do fato com referência a um centro de interesses, que encontra a sua imputação em um sujeito destinatário, traduz-se em situações subjetivas juridicamente relevantes".

Dessa feita, a situação jurídica é aquela revelada *in concreto*, pois se baseia no momento histórico da sociedade, nas situações fáticas escolhidas pela sociedade, em determinada época, como caras e merecedoras de proteção jurídica. Por essa razão, Teixeira[42] afirma que "o fato revela a motivação, o problema para o qual o Direito constrói a solução. A situação jurídica não trata de indivíduos abstratos, mas de sujeitos concretos".

É possível dividir as situações jurídicas em patrimoniais e existenciais. As primeiras são concebidas como aquelas situações obrigacionais, contratuais, reais e creditícias, enquanto as segundas são aquelas atinentes aos direitos de personalidade, aos direitos de família e, em alguns aspectos, ao direito das sucessões.

As situações patrimoniais, no ordenamento jurídico brasileiro, assim como na maior parte dos ordenamentos jurídicos alienígenas, foram profundamente afetadas pela passagem do princípio da autonomia da vontade para o princípio da autonomia privada, pois, se outrora vigorava o individualismo, o *pacta sunt servanda*[43] e a propriedade absoluta, sob a égide do Estado Democrático de Direito a propriedade é

38. AMARAL, Francisco. *Direito Civil:* introdução. 6. ed. Rio de Janeiro: Renovar, 2006. p. 345.
39. CASTRO, Torquato. *Teoria da Situação Jurídica em Direito Privado Nacional:* estrutura, causa e título legitimário do sujeito. São Paulo: Saraiva, 1985. p. 47.
40. AMARAL, Francisco. *Direito Civil:* introdução. 6. ed. Rio de Janeiro: Renovar, 2006. p.186.
41. PERLINGIERI, Pietro. *Perfis do Direito Civil:* introdução ao Direito Civil Constitucional. 3 ed. Rio de Janeiro: Renovar, 2007.
42. TEIXEIRA, Ana Carolina Brochado. *Família, guarda e autoridade parental.* Rio de Janeiro: Renovar, 2005. p.89.
43. Os pactos devem ser observados VALLE, Gabriel. *Dicionário de expressões jurídicas latim-português.* 3. ed. Campinas: Komedi, 2007.

conformada pela função social, os contratos são balizados pela boa-fé e pela proteção dos vulneráveis.

É nas relações patrimoniais que, historicamente, a autonomia se manifesta. Prata[44] refere-se à autonomia privada como sinônimo de liberdade negocial, pois para ela a noção de autonomia se desdobra em direito subjetivo e liberdade negocial, assim, há sinonímia entre os dois aspectos, e, por isso, opta por utilizar a expressão autonomia privada no que considera ser o sentido mais restrito e divulgado.

Já quanto às situações jurídicas existenciais, é possível afirmar que estas ganharam relevo no ordenamento jurídico brasileiro após a Constituição Federal de 1988, sob a égide do Estado Democrático de Direito, no qual a tutela da pessoa humana adquire *status* prioritário.[45] Nesta perspectiva, Perlingieri[46] afirma que a autonomia privada não se reduz à autonomia contratual, vez que possui fundamentos diversificados, ou seja, funda-se em situações patrimoniais e não patrimoniais, contudo

> [...] encontram um denominador comum na necessidade de serem dirigidos à realização de interesses e de funções que merecem tutela e que são socialmente úteis. E na utilidade social existe sempre a exigência de que atos e atividade não contrastem com a segurança, a liberdade e a dignidade humana.[47]

Por essa razão, Lima afirma que

> [...] a autonomia privada assume novas dimensões, como a luta pelo direito à redesignação sexual, o reconhecimento de diferentes modelos de família (matrimonial, não matrimonial, monoparental etc.), o modelo de filiação voltado antes para a paternidade socioafetiva do que para paternidade apenas biológica, a união homoafetiva, entre outros.[48]

Verifica-se que as situações jurídicas existenciais no ordenamento jurídico brasileiro são tuteladas pelo princípio da autonomia privada que, por sua vez, está intimamente ligado ao princípio da dignidade da pessoa humana, pois o reconhecimento da autonomia privada do indivíduo importa, por consequência, no reconhecimento da dignidade da pessoa humana.

É preciso ter em mente que a dignidade da pessoa humana foi alçada a princípio constitucional, sendo verdadeira cláusula geral de tutela da personalidade humana

---

44. PRATA, Ana. *A tutela constitucional da autonomia privada*. Lisboa: Livraria Almedina, 1982. p. 7-25.
45. É, em outras palavras, o que Gustavo Tepedino denomina de Constitucionalização do Direito Civil, ou seja, a interpretação do direito civil à luz da Constituição, perspectiva que permite a "repontecialização" de institutos civilistas, que agora serão relidos, "de maneira a privilegiar os valores não patrimoniais e, em particular, a dignidade da pessoa humana, o desenvolvimento da sua personalidade [...]". TEPEDINO, Gustavo. Premissas metodológicas para a constitucionalização do direito civil. In: TEPEDINO, Gustavo. *Temas de direito civil*. 4. ed. Rio de Janeiro: Renovar, 2008. p. 1-23.
46. PERLINGIERI, Pietro. *Perfis do Direito Civil:* introdução ao Direito Civil Constitucional. 3. ed. Rio de Janeiro: Renovar, 2007.
47. Op. Cit., p. 19.
48. LIMA, Taísa Maria Macena de. A nova contratualidade na reconstrução do direito privado nacional. *Revista Virtuajus*. Belo Horizonte, ano 3, n. 1, jul. 2004. Disponível em: [http://www.fmd.pucminas.br/Virtuajus/1_2004]. Acesso em: 13.03.2013.

e, portanto, deve permear todas as relações públicas e privadas. Rose Melo Venceslau Menezes afirma que a concretização dessa cláusula se dá com a tutela dos direitos existenciais independentemente de violação de quaisquer destes direitos, de modo que a pessoa terá "garantida pelo ordenamento a promoção da sua própria personalidade através da prática de atos de autodeterminação que podem assumir a forma de qualquer situação subjetiva."[49]

> Consequência imediata do reconhecimento da autonomia privada é o respeito à dignidade humana. Reconhecida a potencialidade da pessoa humana em se autodeterminar como interlocutor numa rede de interlocutores, como merecedores de respeito, é inegável que a adoção de qualquer postura reveladora do exercício de liberdades e não liberdades, argumentativamente construídas, possibilitarão que a dignidade seja evidenciada.[50]

Assim, questões que envolvam idoso, relações conjugais, técnicas de reprodução assistida, filiação, biotecnologia, direito de morrer e direito ao corpo, entre outras, estão no âmbito das situações jurídicas existenciais, que passaram a ser mais discutidas pela doutrina brasileira após a Constituição de 1988 e após a entrada em vigor do Código Civil de 2002, vez que todas essas situações tutelam a autonomia da pessoa humana em suas mais variadas facetas.

Este trabalho se aterá ao estudo específico da autonomia privada dos pacientes em fim da vida, pois é a partir da análise de como se dá – ou dever-se-ia dar – a tutela desta autonomia é que será possível partir, especificamente, para análise da validade do testamento vital no ordenamento jurídico brasileiro.

2.3. EXERCÍCIO DA AUTONOMIA POR PACIENTES NO CONTEXTO DA RELAÇÃO MÉDICO-PACIENTE

A relação médico-paciente é, historicamente, pautada pela assimetria. Desde o surgimento da Medicina, cabia ao médico, detentor do conhecimento técnico, a prescrição dos medicamentos e a escolha dos tratamentos e procedimentos aptos a curarem o paciente. Ao paciente, cabia confiar no profissional e se submeter às suas indicações, em um modelo conhecido com paternalismo médico.[51]

Carvalho e Dadalto[52] exemplificam a postura paternalista com Joean Louis Faure, médico que, em 1929 afirmou que: "Eu penso que há até o direito de se operar sempre. Até contra vontade do doente. Penso e tenho-o feito. (....) Por duas vezes

49. MENEZES, Rose Melo de Venceslau. *Autonomia privada e dignidade humana.* Renovar: 2009, p. 58.
50. MOUREIRA, Diogo Luna. O reconhecimento e a legitimação da autonomia privada: instrumento de afirmação da Pessoalidade no Direito Privado. In: FIUZA, César; NAVES, Bruno Torquato de Oliveira; SÁ, Maria de Fátima Freire de. *Direito Civil:* Atualidades III. Belo Horizonte: Del Rey, 2009. p. 82.
51. SIQUEIRA, José Eduardo. Considerações éticas sobre a relação médico-paciente. In: BRAGA, Reinaldo; SOUSA, Filipe. (Org.). *Compliance na saúde:* Presente e futuro de um mercado em brusca da autorregulação. Salvador, Sanar, 2016. p. 158.
52. CARVALHO, Carla Vasconcelos; DADALTO, Luciana. A autonomia em face do direito ao próprio corpo do paciente: em busca de harmonização. In: CARDOSO, Renato C., et. al. *Livre-arbítrio:* uma abordagem interdisciplinar. Belo Horizonte, Artesã, 2017. p. 61.

no hospital fiz adormecer doentes contra sua vontade, mantidos à força pelos seus vizinhos válidos. Operei-os e salvei-os (...)."

É possível que muitos se escandalizem com essa postura na atualidade, mas deve-se ter em mente que a Medicina remonta a tempos antes de Cristo e a mencionada afirmação tem menos de um século. Ou seja, durante muitos e muitos séculos o paternalismo médico era tido como natural.

A verdade é que esse modelo só começa a sofrer modificações na segunda metade do século XX. Justifica-se historicamente essa data com o período pós Segunda Guerra Mundial, em que a comunidade científica, absorta com as atrocidades cometidas pelos experimentos nazistas em seres humanos, começou a criar parâmetros normativos a fim de impedir novas atrocidades.

O mais conhecido destes é o Código de Nuremberg, documento internacional datado de 1947 que reúne os postulados estabelecidos no julgamento dos criminosos nazistas pelo Tribunal de Nuremberg, em 9 de dezembro de 1946. Neste, vinte médicos foram julgados e condenados como criminosos de guerra pelos experimentos com seres humanos realizados durante a Segunda Guerra Mundial.

O artigo 1º deste diploma legal dispõe:

> 1. O consentimento voluntário do ser humano é absolutamente essencial. Isso significa que as pessoas que serão submetidas ao experimento devem ser legalmente capazes de dar consentimento; essas pessoas devem exercer o livre direito de escolha sem qualquer intervenção de elementos de força, fraude, mentira, coação, astúcia ou outra forma de restrição posterior; devem ter conhecimento suficiente do assunto em estudo para tomar uma decisão. Esse último aspecto exige que sejam explicados às pessoas a natureza, a duração e o propósito do experimento; os métodos segundo os quais será conduzido; as inconveniências e os riscos esperados; os efeitos sobre a saúde ou sobre a pessoa do participante que eventualmente possam ocorrer devido à participação no experimento. O dever e a responsabilidade de garantir a qualidade do consentimento repousam sobre o pesquisador que inicia ou dirige um experimento ou se compromete nele. São deveres e responsabilidades pessoais que não podem ser delegados a outrem impunemente.

André Dias Pereira[53] afirma que os programas de esterilização forçada, de tratamento compulsório e de instrumentalização da pessoa humana nos campos de concentração e em hospitais psiquiátricos alertaram a sociedade e a doutrina jurídica a dar primazia aos interesses de cada ser humano. O indivíduo, a partir do liberalismo, tomou consciência do direito à autodeterminação do próprio corpo que, aliada ao constante avanço da Medicina, gerou a valorização do consentimento do paciente nas intervenções médicas.

Com a elevação do consentimento informado à categoria de indispensável à prática da Medicina, várias decisões jurisprudenciais ao redor do mundo foram

53. PEREIRA, André Gonçalo Dias. *O consentimento informado na relação médico-paciente*. Coimbra: Coimbra Editora, 2004.

consolidando o direito do paciente a consentir antes da realização de qualquer procedimento.

Também foram surgindo novas leis supranacionais que dispunham sobre o tema, como, por exemplo, o Pacto das Nações Unidas sobre Direitos Civis e Políticos (1966), a Declaração de Helsinque, a Convenção Europeia de Direitos Humanos e Biomedicina e a Carta dos Direitos Fundamentais da União Europeia.

Segundo Beauchamp e Childress[54] o consentimento informado pode ser justificado como uma maneira de minimizar os danos sofridos pelos sujeitos da pesquisa ou ainda como instrumento de proteção da escolha autônoma do sujeito e é sob essa segunda perspectiva que o presente trabalho se baseia, vez que é essa justificação que melhor se coaduna com o consentimento informado na relação clínica entre médico e paciente.

> A finalidade maior do consentimento informado é a concretização (ou não) de um acordo sobre o escopo, as finalidades e os limites da atuação médica. Além disso, consiste no único meio possível de definir, num caso concreto e unicamente aplicável a esse, aquilo que possa ser considerado como 'bom' para o interessado.[55]

A partir de então, aprofundou-se os estudos acerca da autonomia do paciente e criou-se o consentimento informado como instrumento de proteção do paciente.

2.3.1. Do consentimento informado ao consentimento livre e esclarecido

O Dicionário Houaiss apresenta quatro acepções da palavra consentimento.

> 1. manifestação favorável a que (alguém) faça (algo); permissão, licença;
> 2. manifestação de que se aprova (algo); anuência, aquiescência, concordância;
> 3. tolerância, condescendência;
> 4. uniformidade de opiniões, concordância de declarações, acordo de vontade das partes para se alcançar um objetivo comum. (HOUAISS, 2001).

Destas, é possível inferir que o consentimento, em linhas gerais, é expressão da manifestação da vontade do sujeito. Na esfera do Direito Privado, especificamente no âmbito dos negócios jurídicos, Casabona[56] atrela o conceito de consentimento ao de autonomia, vez que o consentimento seria a materialização da vontade. Tal entendimento é bastante plausível, principalmente porque a autonomia pressupõe, como já visto no capítulo anterior, uma vontade livre.

---

54. BEAUCHAMP, Tom L; CHILDRESS, James F. *Princípios de ética biomédica*. Trad. Luciana Pudenzi. São Paulo: Loyola, 2002.
55. Rüger, André. *Conflitos familiares em genética humana:* o profissional da saúde diante do direito de saber e do direito de não saber. Belo Horizonte, 2007. Disponível em: [http://www.biblioteca.pucminas.br/teses/Direito_RugerA_1.pdf]. Acesso em: 13.03.2013. p.160.
56. CASABONA, Carlos María Romeo. O consentimento informado na relação entre médico e paciente: aspectos jurídicos. In: CASABONA, Carlos María Romeo; QUEIROZ, Juliane Fernandes (Coord.). *Biotecnologia e suas implicações ético-jurídicas*. Belo Horizonte: Del Rey, 2005. p. 128-172.

Interessa-nos, aqui, o consentimento livre e esclarecido, espécie do gênero consentimento, que pressupõe que o indivíduo que consentirá na realização do negócio jurídico seja autônomo e tenha o esclarecimento necessário sobre o negócio.

O consentimento livre e esclarecido é uma evolução jurídica do consentimento informado surgido pós Segunda Guerra Mundial, pois conforma a autonomia do paciente ao direito à informação e aos direitos do consumidor.

O direito à informação está previsto no artigo 5º, XIV, da Constituição da República,[57] e trata-se do direito de todo cidadão brasileiro ter acesso à informação, resguardado o sigilo da fonte, quando necessário ao exercício profissional.

Esse dispositivo constitucional tem caráter geral e se refere a qualquer tipo de informação. Aqui interessa a informação médica, especificamente, o dever do médico de esclarecer/informar o paciente.

A relação entre médico e paciente é uma relação consumerista, segundo interpretação do artigo 14, § 4º,[58] da Lei 8.078, de 11 de setembro de 1990 (Código de Defesa do Consumidor),[59] assim, o direito de informação do paciente está também regulado pelo artigo 6º, III, deste diploma legal, que dispõe:

> Artigo 6º São direitos básicos do consumidor
>
> [...]
>
> III – a informação adequada e clara sobre os diferentes produtos e serviços, com especificação correta de quantidade, características, composição, qualidade e preço, bem como sobre os riscos que apresentem.[60]

O Código de Ética Médica em vigor[61] prevê em seu artigo 34 que é vedado ao médico "deixar de informar ao paciente o diagnóstico, o prognóstico, os riscos e objetivos do tratamento, salvo quando a comunicação direta possa lhe provocar dano, devendo, nesse caso, fazer a comunicação a seu responsável legal".

Assim, resta claro que o médico tem o dever de informar o paciente acerca do tratamento a que deverá ser submetido. Agora, não basta mais que o médico explique ao paciente o que será feito, é necessário que ele informe as opções terapêuticas, esclareça os prós e contras e deixe que o paciente, livremente, tome sua decisão.

---

57. É assegurado a todos o acesso à informação e resguardado o sigilo da fonte, quando necessário ao exercício profissional.
58. O fornecedor de serviços responde, independentemente da existência de culpa, pela reparação dos danos causados aos consumidores por defeitos relativos à prestação dos serviços, bem como por informações insuficientes ou inadequadas sobre sua fruição e riscos. § 4º a responsabilidade pessoal dos profissionais liberais será apurada mediante a verificação de culpa.
59. Frise-se que tal entendimento é contestado pelo Conselho Federal de Medicina e pela mais abalizada doutrina nacional em Direito Médico, notadamente pelos professores Miguel Kfouri Neto e Eduardo Dantas.
60. BRASIL. Presidência da República. *Lei n.8.078, de 11 de setembro de 1990.* Dispõe sobre a proteção do consumidor e dá outras providências. Diário Oficial da União, Brasília, 19 set. 1990. Disponível em: [http://www.planalto.gov.br/ccivil_03/leis/ l8078.htm]. Acesso em: 18.01.2018.
61. Resolução CFM 2.217, de 27 de setembro de 2018, modificada pelas Resoluções CFM 2.222/2018 e 2.226/2019.

> [...] o ato de consentir tem que ser qualificado, ou seja, livre de qualquer ingerência externa capaz de viciar a decisão do paciente. [...] Os defensores desse consentimento qualificado entendem que sua validade não se atém à liberdade de escolha frente à informação e exigem que essa informação seja um esclarecimento pleno sobre todas as implicações inerentes ao tratamento.[62]

André Dias Pereira[63] ressalta que nos EUA exige-se que a informação seja transmitida em linguagem inteligível ao paciente, de modo que não é necessário que se averigue se o paciente compreendeu a informação, mas apenas se ela lhe foi passada de modo compreensível.

A diferença entre informação e esclarecimento pode parecer, em um primeiro momento, insignificante, entretanto, Magno[64] afirma que o esclarecimento pressupõe o diálogo entre médico e paciente, enquanto para a informação há apenas uma introdução ao diálogo. Importante mencionar um exemplo dado por este autor que ajuda a entender tal distinção:

> Se o médico disser ao paciente: – Você deve ser submetido a uma tomografia computadorizada com uso de contraste. Está de acordo? Provavelmente o paciente responderá que sim, automaticamente. Isto porque foi apenas informado do exame.
>
> Entretanto, se o médico 'esclarecer' ao paciente o que é tomografia computadorizada, o que é contraste e os efeitos adversos que pode causar ao paciente, provavelmente este vai querer discutir com o médico a possibilidade de realizar outros exames em substituição à tomografia, ou até de não se submeter a exame nenhum. Esta é a grande diferença entre 'informar' e esclarecer'. [65]

É preciso ter em mente que o dever de esclarecimento não cerceia a autonomia profissional do médico, pois se de um lado há o dever de o médico esclarecer/informar o paciente, de outro há o dever de agir com cautela ao repassar a informação, sopesando qual é o melhor momento para informar e quais informações são imprescindíveis para que o paciente possa consentir de modo livre e esclarecido e quais provocarão sofrimento e dor desnecessários a este.[66]

---

62. MATOS, Gilson Ely Chaves de. Aspectos jurídicos e bioéticos do consentimento informado na prática médica. *Revista Bioética*, Brasília, v. 15, n. 2, 2007, p. 201.
63. PEREIRA, André Gonçalo Dias. *O consentimento informado na relação médico-paciente*. Coimbra: Coimbra Editora, 2004.
64. MAGNO, Helio Antonio. A responsabilidade civil do médico diante da autonomia do paciente. In: GUERRA, Arthur Magno e Silva (Coord.) *Biodireito e bioética:* uma introdução crítica. Rio de Janeiro: América Jurídica, 2005. p. 315-345.
65. Op. Cit., p.319.
66. Talvez o limite mais controvertido no direito ao consentimento informado não provenha do paciente e sim do profissional de saúde. O médico ou a enfermeira podem decidir não revelar a informação ao paciente e não buscar sua participação na tomada de decisões. Essa exceção recebe o nome de privilégio médico ou terapêutico. [...]. Se um médico determina que proporcionar informação ao paciente e buscar sua participação causará dano a este, o princípio compensatório da beneficência e não maleficência justifica o rechaço do direito do paciente ao consentimento informado. Se o médico está convencido de que dar as informações causará um dano ao paciente, está dispensado desta obrigação pela obrigação de nunca causar dano. Texto original: Tal vez el límite más controvertido al derecho del consentimiento informado no provenga del paciente sino del profesional médico. El médico o la enfermera pueden decidir no revelar información al paciente y no buscar su participación en la tomada de decisiones. Esta excepción recibe el nombre de privilegio médico o terapéutico. [...]. Si un médico determina que proporcionar información al paciente y buscar su participación le causará daño a este, el principio compensatorio de beneficencia y no

2.3.2. O consentimento livre e esclarecido na relação médico-paciente

O consentimento livre e esclarecido pode ocorrer em várias situações que envolvam aspectos médicos, sem, contudo, configurar uma relação médico-paciente, como, por exemplo, o consentimento necessário para pesquisas que envolvam seres humanos. Tal ressalva é importante pois há autores[67] que tratam o consentimento livre e esclarecido como se este se referisse exclusivamente à relação médico-paciente, o que não é verdade.

Contudo, em razão do objeto de estudo da presente obra, optou-se aqui por tratar do consentimento apenas na relação médico-paciente, mas, frise-se, não por ser esta a única relação jurídica à qual este documento se refere e, sim, porque o tema desta obra está adstrito a essas relações.

Até porque, Barreto e Braga[68] apresentam uma diferenciação conceitual entre o consentimento com finalidades terapêuticas – entendido neste trabalho como na relação médico-paciente – e o consentimento em experimentação humana.

> O consentimento informado pode, assim, ser definido como o ato pelo qual o paciente autoriza o médico a avaliar, medicar e praticar os procedimentos necessários para um tratamento específico; trata-se do consentimento com finalidades terapêuticas. Pode, também, ser conceituado como o ato dado por um indivíduo ou grupo de indivíduos para que seja submetido a *testes terapêuticos* com vistas a averiguar a eficácia de um medicamento, ou, então, para serem objetos de pura investigação científica.[69]

Sanchez[70] afirma que o consentimento livre e esclarecido na relação médico-paciente é resultado da conversão do paciente em sujeito ativo, em ser autônomo capaz de decidir sobre questões que lhe concernem diretamente. Assim, deve conhecer sua real situação, ser adequadamente informado e prestar seu consentimento antes de qualquer intervenção.[71]

Trabalha-se, nessa obra, a relação jurídica existente entre médico e paciente como uma relação contratual, ou seja, uma relação jurídica em que há acordo de vontade

---

maleficencia justifica el rechazo del derecho del paciente al consentimiento informado. Si el médico está convencido de que dar el consentimiento informado dañará al paciente, está dispensado de la obligación de autonomía sobre la base de la obligación de nunca hacer daño. DRANE, James F. *El cuidado del enfermo terminal:* ética clínica y recomendaciones prácticas para instituciones de salud y servicios de cuidados domiciliarios. Washington: Organización Panamericana de la Salud, 1999. p. 74, tradução nossa.

67. MAGNO, Helio Antonio. A responsabilidade civil do médico diante da autonomia do paciente. In: GUERRA, Arthur Magno e Silva (Coord.) *Biodireito e bioética:* uma introdução crítica. Rio de Janeiro: América Jurídica, 2005. p. 315-345.
68. BARRETO, Vicente de Paulo; BRAGA, Renata. Consentimento informado. In: BARRETO, Vicente de Paulo (Coord.) *Dicionário de filosofia do direito*. Rio de Janeiro: Renovar, 2006. p. 139-144.
69. Op. Cit., p.141.
70. SÁNCHEZ, Cristina López. *Testamento vital y voluntad del paciente:* conforme a la Ley 41/2002, de 14 de noviembre. Madrid: Dykinson, 2003.
71. Tanto si firma el consentimiento como si no, la consecuencia inmediata será la aceptación o el rechazo del tratamiento, lo cual guarda cierta semejanza con el llamado testamento vital. SÁNCHEZ, Cristina López. *Testamento vital y voluntad del paciente:* conforme a la Ley 41/2002, de 14 de noviembre. Madrid: Dykinson, 2003, p. 21.

entre as partes, no caso, entre médico e paciente,[72] contudo, neste caso, trata-se de "uma relação que objetiva um valor existencial e encontra-se submetida e informada pelo princípio da dignidade"[73], ou, como Sá[74] afirma, "muito mais que negócio jurídico, a relação médico-paciente apresenta-se como base da ciência médica e tem como objetivo o comprometimento para com a saúde, o bem-estar e a dignidade do indivíduo". Assim, a natureza contratual da relação médico-paciente não significa que essa relação é meramente patrimonial e nem mesmo consumerista, vez que a relação contratual se rege também pelo princípio da dignidade da pessoa humana que, por sua vez, possui caráter eminentemente existencial.

Há entre os médicos resistência em aceitar a relação médico-paciente como contratual, tendo em vista que essa se pauta em valores éticos. Azevedo[75] menciona que o tratamento dessa relação como contratual aproxima-se do paternalismo médico[76] pois presume que o paciente, ao procurar o médico, transfere ao profissional o direito de tratá-lo, e este "tem a obrigação de empregar todos os meios de que dispõe para diagnosticar e combater a doença, meios que lhe são prerrogativas exclusivas".[77] Em contrapartida, Naves e Sá afirmam que

> No âmbito jurídico não é verdadeiro afirmar que a relação contratual é diferente das demais relações contratuais porque permeada por valores éticos, extraídos do Código de Ética Médica e expostos como metajurídicos. Não é só o contrato de prestação de serviços médicos que é permeado por valores éticos, todos os contratos são. Entretanto não são quaisquer valores e não são valores metajurídicos. A relação contratual em foco, como qualquer outra, é informada pelos princípios da boa-fé contratual, da justiça contratual e da autonomia da vontade.[78]

Desse modo, entende-se aqui que o consentimento livre e esclarecido na relação médico-paciente tem papel de princípio basilar, pois é informador desse contrato, e, juntamente com o princípio da dignidade da pessoa humana, "é elemento central na relação médico-paciente, sendo resultado de um processo de diálogo e colaboração, visando satisfazer a vontade e os valores do paciente".[79]

---

72. Muito se discute sobre a natureza jurídica desta relação, inclusive essa discussão, *per se*, daria uma dissertação de Mestrado, contudo, o presente trabalho não pretende debater tal tema, razão pela qual recomenda-se a leitura da Seção I, do Capítulo II da obra de José de Aguiar Dias (2006, p. 327-390).
73. NAVES, Bruno Torquato de Oliveira; SÁ, Maria de Fátima Freire de. Da relação jurídica médico-paciente: dignidade da pessoa humana e autonomia privada. In: SÁ, Maria de Fátima Freire de. (Org.). *Biodireito*. Belo Horizonte: Del Rey, 2002. v, 1, p. 115.
74. SÁ, Maria de Fátima Freire de. *Direito de morrer:* eutanásia, suicídio assistido. 2 ed. Belo Horizonte: Del Rey, 2005. p. 35.
75. AZEVEDO, Marco Antônio Oliveira de. *Bioética fundamental*. Porto Alegre: Tomo Editorial, 2002.
76. Sobre o assunto recomenda-se a leitura de Almeida, José Luiz Telles de. *Respeito à autonomia do paciente e consentimento livre e esclarecido:* uma abordagem principialista da relação médico-paciente. [Doutorado] Fundação Oswaldo Cruz, Escola Nacional de Saúde Pública; 1999. 129 p.
77. Op. Cit., p.95.
78. NAVES, Bruno Torquato de Oliveira; SÁ, Maria de Fátima Freire de. Da relação jurídica médico-paciente: dignidade da pessoa humana e autonomia privada. In: SÁ, Maria de Fátima Freire de. (Org.). *Biodireito*. Belo Horizonte: Del Rey, 2002. v. 1, p. 123.
79. SÁ, Maria de Fátima Freire de. *Direito de morrer:* eutanásia, suicídio assistido. 2. ed. Belo Horizonte: Del Rey, 2005. p. 35.

Matos[80] afirma que há quem vislumbre nesse dever médico uma restrição da atuação do profissional, que detém os conhecimentos necessários para buscar o bem do paciente. Todavia, não é possível corroborar com tal posição, vez que o consentimento livre e esclarecido não tem o condão de restringir a atuação do médico, já que ele continuará responsável pelo tratamento e pela informação/esclarecimento. Assim, é imperioso que se reconheça o direito ao consentimento livre e esclarecido como respeito à autonomia privada do paciente e não como uma punição para o médico, pois este, segundo Drane,[81] continua desempenhando seu papel de técnico e de humanista mesmo obrigado ao consentimento livre e esclarecido.

Outro aspecto que gera questionamentos por parte dos médicos é o que diz respeito a uma suposta mitigação do segredo profissional perante o dever de informar o paciente. Entretanto, esses institutos não são excludentes, vez que

> [...] enquanto o segredo médico resguarda o médico da intromissão de quem quer que seja na relação com seu paciente, sendo, portanto, um direito-dever do profissional, de outro lado, o paciente tem o direito de ser informado sobre o seu estado de saúde e os procedimentos sugeridos pelo médico.[82]

Interessante notar, por fim, que Sanchez[83] aproxima o consentimento livre e esclarecido na relação médico-paciente do testamento vital – tema central deste livro – pois, segundo ela, a consequência imediata dos dois documentos é a aceitação ou rejeição de tratamento. Mas, desde já, é importante ressaltar que consentimento livre e esclarecido e testamento vital não são sinônimos, uma vez que o primeiro aplica-se à situação iminente e específica o segundo à situação futura e inespecífica.

2.3.3. O consentimento livre e esclarecido na perspectiva do CFM

O Conselho Federal de Medicina foi criado em 1951 com a finalidade de proceder ao registro profissional do médico e aplicar sanções previstas no Código de Ética Médica. Atualmente, possui atribuições de fiscalização e normatização da prática

80. MATOS, Gilson Ely Chaves de. Aspectos jurídicos e bioéticos do consentimento informado na prática médica. *Revista Bioética*, Brasília, v. 15, n. 2, p. 196-213, 2007.
81. Los médicos y las enfermeras ejercen influencia en virtud de su conocimiento y experiencia. Existe una desigualdad natural entre el profesional y el paciente que las normas éticas y los estatutos legales no pueden alterar. La misma forma en que un profesional le proporciona la información requerida a un paciente influye sobre la decisión de este. En efecto, a menudo los profesionales de la salud tratan de persuadir a los pacientes que escojan una intervención determinada. La influencia y la persuasión en si no violan la libertad e los requerimientos del consentimiento del paciente. La conciencia de la desigualdad de la relación y de la influencia que ejercen puede sensibilizar a los profesionales de la salud un cuento a estas realidades y, por ende, limitad su autoridad. La doctrina del consentimiento informado proporciona protección contra los excesos de una influencia inevitable. DRANE, James F. *El cuidado del enfermo terminal*: ética clínica y recomendaciones prácticas para instituciones de salud y servicios de cuidados domiciliarios. Washington: Organización Panamericana de la Salud, 1999, p.72.
82. BARRETO, Vicente de Paulo; BRAGA, Renata. Consentimento informado. In: BARRETO, Vicente de Paulo (Coord.) *Dicionário de filosofia do direito*. Rio de Janeiro: Renovar, 2006. p. 139.
83. SÁNCHEZ, Cristina López. *Testamento vital y voluntad del paciente*: conforme a la Ley 41/2002, de 14 de noviembre. Madrid: Dykinson, 2003.

médica, atuando ainda na defesa da saúde da população e dos interesses da classe médica. O CFM pauta-se na defesa da boa prática médica, do exercício profissional ético e da formação técnica e humanista.

O Código de Ética Médica atual dispõe sobre o consentimento do paciente no capítulo IV, artigo 22, capítulo XII, artigos 77, 102 e 110.

> Capítulo IV – DIREITOS HUMANOS
>
> É vedado ao médico:
>
> Art. 22. Deixar de obter consentimento do paciente ou de seu representante legal após esclarecê-lo sobre o procedimento a ser realizado, salvo em caso de risco iminente de morte.
>
> Capítulo IX
>
> SIGILO PROFISSIONAL
>
> É vedado ao médico:
>
> Art. 77. Prestar informações a empresas seguradoras sobre as circunstâncias da morte do paciente sob seus cuidados, além das contidas na declaração de óbito, salvo por expresso consentimento do seu representante legal.
>
> Capítulo XII – ENSINO E PESQUISA MÉDICA
>
> Art. 101. Deixar de obter do paciente ou de seu representante legal o termo de consentimento livre e esclarecido para a realização de pesquisa envolvendo seres humanos, após as devidas explicações sobre a natureza e as consequências da pesquisa.
>
> Art. 102. Deixar de utilizar a terapêutica correta quando seu uso estiver liberado no País.
>
> Parágrafo único. A utilização de terapêutica experimental é permitida quando aceita pelos órgãos competentes e com o consentimento do paciente ou de seu representante legal, adequadamente esclarecidos da situação e das possíveis consequências.
>
> Art. 110. Praticar a medicina, no exercício da docência, sem o consentimento do paciente ou de seu representante legal, sem zelar por sua dignidade e privacidade ou discriminando aqueles que negarem o consentimento solicitado.

Até julho de 2019, o CFM editou oito resoluções[84] que versam, exclusivamente, sobre consentimento livre e esclarecido. É possível perceber que nas resoluções mais antigas utiliza-se o termo consentimento informado, enquanto nas mais recentes, notadamente após a edição do Código de Ética Médica de 2010, há preferência pela utilização da nomenclatura consentimento livre e esclarecido.

A primeira Resolução a tratar do consentimento do paciente foi a 671/1975, que regulamenta a pesquisa clínica e considera a Declaração de Helsinque como guia à classe médica em matéria referente ao assunto.

84. No *site* do CFM há a informação de que são seis resoluções. Contudo, a Resolução 1.622/2005 não será objeto de estudo, pois apenas proíbe um procedimento oftalmológico respaldado pelo artigo 123 do Código de Ética Médica.

II – A PESQUISA CLÍNICA COMBINADA COM O CUIDADO PROFISSIONAL

1 – No tratamento da pessoa enferma, o médico deve ser livre para empregar novos métodos terapêuticos, se, em julgamento, eles oferecem esperança de salvar uma vida, restabelecendo a saúde ou aliviando o sofrimento.

Sendo possível, e de acordo com a psicologia do paciente, o médico deve obter o livre consentimento do mesmo, depois de lhe ter sido dada uma explicação completa. Em caso de incapacidade legal, o consentimento deve ser obtido do responsável legal; em caso de incapacidade física, a autorização do responsável legal substitui a do paciente.

[...]

III – A PESQUISA CLÍNICA NÃO TERAPÊUTICA

[...]

3a – A pesquisa clínica em um ser humano não pode ser empreendida sem seu livre consentimento, depois de totalmente esclarecido; se legalmente incapaz, deve ser obtido o consentimento do responsável legal.

3b – O paciente da pesquisa clínica deve estar em estado mental, físico e legal que o habilite a exercer plenamente seu poder de decisão.

3c – O consentimento, como é norma, deve ser dado por escrito. Entretanto, a responsabilidade da pesquisa clínica é sempre do pesquisador; nunca recai sobre o paciente, mesmo depois de ter sido obtido seu consentimento.[85]

Em 1999, foi editada a Resolução 1.544, que versa sobre obtenção de amostras de sangue de cordão umbilical e de placenta. É a primeira resolução do CFM que traz em seu bojo um modelo de termo de consentimento esclarecido. Esse modelo deverá ser aplicado pela equipe multidisciplinar, coordenado por um médico antes da doação do material.[86]

No ano de 2002, o CFM editou três resoluções em que há expressa previsão da necessidade do consentimento informado. A Resolução 1.640 é bastante específica,

---

85. CONSELHO FEDERAL DE MEDICINA. *Resolução 1931/2009*. Disponível em: [http://www.portalmedico.org.br/novocodigo/integra.asp]. Acesso em: 13.03.2013.

86. "O Termo de Consentimento Informado, da forma como tem sido utilizado na área assistencial, pode ser comparado a um Contrato de Adesão, visto que possuem características semelhantes, quais sejam: sujeito ativo e sujeito passivo na relação; capacidade civil das partes; ausência de coerção ou liberdade de aceitação; predisposição das cláusulas pelo fornecedor do serviço (médico ou hospital) a serem aderidas pelo paciente; manifestação de vontade do aderente (paciente) sumamente reduzida; uma parte predisponente, considerada forte, e outra aderente, considerada fraca; comprometimento da liberdade contratual. Ocorre que, desta maneira, não se desenvolverá o Processo de Consentimento Informado. Para que este seja válido é necessário, entre outros, a comunicação eficaz entre o médico e o paciente, onde aquele explicará a este o procedimento a que irá submetê-lo, riscos e benefícios do tratamento com uma linguagem acessível e da forma mais didática possível, e somente depois dessa etapa emitir um Termo de Consentimento que contenha todo o processo realizado de forma escrita. Porém, se for fornecido ao paciente um documento pré-formatado pelo estabelecimento hospitalar, com texto genérico e de linguagem inacessível não se concretizará o Processo de Consentimento Informado." FERNANDES, Carolina Fernandéz; PITHAN, Lívia Haygert. O consentimento informado na assistência médica e o contrato de adesão: uma perspectiva jurídica e bioética. *Revista do Hospital das Clinicas de Porto Alegre*, Porto Alegre, v. 27, n. 2, 2007, p.81.

pois trata sobre a eletroconvulsoterapia,[87] tratamento realizado em pacientes psiquiátricos e que deve ser precedido de consentimento informado, segundo o artigo 3º da resolução.

> Art. 3º O consentimento informado deverá ser obtido do paciente, por escrito, antes do início do tratamento.
>
> § 1º Nas situações em que o paciente não apresentar condições mentais e/ou etárias necessárias para fornecer o consentimento informado, este poderá ser obtido junto aos familiares ou responsáveis pelo mesmo.
>
> § 2º Nas situações em que não houver possibilidade de se obter o consentimento informado junto ao paciente, sua família ou responsável, o médico que indicar e/ou realizar o procedimento tornar-se-á responsável pelo mesmo, devendo reportar-se ao diretor técnico da instituição e registrar o procedimento no prontuário médico.[88]

A Resolução 1.643/2002 disciplina a prestação de serviços por intermédio da "TeleMedicina",[89] mencionando, textualmente, o consentimento livre e esclarecido. Esta resolução prevê

> [...] que as informações sobre o paciente identificado só podem ser transmitidas a outro profissional com prévia permissão do paciente, mediante seu consentimento livre e esclarecido e sob rígidas normas de segurança capazes de garantir a confidencialidade e integridade das informações.[90]

Já a Resolução 1.653/2002 disciplina sobre as demonstrações cirúrgicas ao vivo, dispondo acerca do dever de informar e de esclarecer o paciente.

> O médico tem o dever de informar e esclarecer ao paciente o diagnóstico, o prognóstico, os riscos e objetivos do tratamento, obtendo dele o consentimento prévio para o tratamento e que o cirurgião que realizará o procedimento, convidado para o evento, é de notório saber e reconhecimento científico para efetuá-lo;
>
> [...]

---

87. "A ECT (eletroconvulsoterapia) é um tipo de tratamento biológico para transtornos mentais altamente eficaz e extremamente seguro. Em alguns casos pode salvar a vida de uma pessoa (alguém com ideação suicida ou que esteja definhando por falta de alimentação, por exemplo). [...] O tratamento consiste na aplicação de uma carga elétrica no cérebro, com o paciente anestesiado (é induzida uma anestesia geral com duração em torno de 5 minutos). Esta carga elétrica produz uma descarga do cérebro, originando uma convulsão (daí o nome eletroconvulsoterapia). Esta convulsão é bastante diferente da que ocorre nas pessoas com epilepsia, pois é administrada ao paciente, juntamente com a medicação anestésica, uma medicação que promove um relaxamento muscular. Durante a aplicação, é feito um controle do funcionamento cardíaco (com monitorização através de ECG) e da oxigenação do sangue (através de um oxímetro, uma espécie de dedal que avalia se a quantidade de oxigênio no sangue está adequada) além de um controle da pressão arterial." Disponível em: [http://www.hcnet.usp.br/ipq/eletroconvulsoterapia.html]. Acesso em: 13.03.2013.
88. CONSELHO FEDERAL DE MEDICINA. *Resolução 1.640/2002b*. Disponível em: [http://www.portalmedico.org.br/resolucoes/cfm/2002/1640_2002.htm]. Acesso em: 13.03.2013.
89. Art. 1º Definir a Telemedicina como o exercício da Medicina através da utilização de metodologias interativas de comunicação audiovisual e de dados, com o objetivo de assistência, educação e pesquisa em Saúde. (Resolução 1.643/2002).
90. CONSELHO FEDERAL DE MEDICINA. *Resolução 1.643/2002c*. Disponível em: [http://www.portalmedico.org.br/resolucoes/cfm/2002/1643_2002.htm]. Acesso em: 13.03.2013.

> Art. 4º Os pacientes que serão submetidos aos atos cirúrgicos de demonstrações devem ser informados que participam deste tipo de evento e que na ausência do cirurgião convidado terão a assistência garantida na figura do cirurgião responsável residente na cidade, e devem dar por escrito suas autorizações e ciência desses fatos.[91]

A partir da resolução 2.056/2013,[92] o CFM adota a nomenclatura consentimento livre e esclarecido. A referida norma trata da autorização e da fiscalização de funcionamento dos serviços médicos e cria roteiros para anamnese, perícias médicas e organização de prontuário de pacientes. E deixa claro, em seu artigo 30, a necessidade de o paciente consentir antes da realização de qualquer tratamento.

> Art. 30. Nenhum tratamento será administrado a qualquer pessoa sem o seu consentimento esclarecido, salvo quando as condições clínicas não permitirem sua obtenção ou em situações de emergência, caracterizadas e justificadas em prontuário.
>
> Parágrafo único. Na impossibilidade de obter-se o consentimento esclarecido do paciente, ressalvada a condição prevista na parte final do *caput* deste artigo, deve-se buscar o consentimento do responsável legal.

Já a Resolução 2.057/2013,[93] tem por condão consolidar as resoluções anteriores da área de psiquiatria, deixando claro, em seu artigo 14, a necessidade de obtenção do consentimento esclarecido do paciente com doença mental. Saliente-se que o referido artigo segue a redação do artigo 30 da Resolução 2.056/2013, diferenciando-se desta apenas por deixar claro o quadro de doença mental.

> Art. 14. Nenhum tratamento será administrado à pessoa com doença mental sem consentimento esclarecido, salvo quando as condições clínicas não permitirem sua obtenção ou em situações de emergência, caracterizadas e justificadas em prontuário, para evitar danos imediatos ou iminentes ao paciente ou a terceiro.
>
> Parágrafo único. Na impossibilidade de se obter o consentimento esclarecido do paciente, ressalvada a condição prevista na parte final do *caput* deste artigo, deve-se buscar o consentimento do responsável legal.

Por fim, a Resolução 2.136/2015[94] – a mais recente resolução a versar sobre consentimento – disciplina o procedimento de monitorização neurofisiológica intraoperatória e traz, em seu bojo, um modelo de termo de consentimento livre e esclarecido.

Percebe-se, pelo exposto, que o consentimento, seja informado ou esclarecido, foi alçado pelo Conselho Federal de Medicina à categoria de indispensável no cuidado médico em um claro reconhecimento da importância da participação do paciente no

91. CONSELHO FEDERAL DE MEDICINA. *Resolução 1.653/2002d*. Disponível em: [http://www.portalmedico.org.br/resolucoes/cfm/2002/1653_2002.htm]. Acesso em: 16.01.2018.
92. CONSELHO FEDERAL DE MEDICINA. Resolução 2056/2013. Disponível em: [https://sistemas.cfm.org.br/normas/visualizar/resolucoes/BR/2013/2056]. Acesso em: 16.01.2018.
93. CONSELHO FEDERAL DE MEDICINA. Resolução 2057/2013. Disponível em: [https://sistemas.cfm.org.br/normas/visualizar/resolucoes/BR/2013/2057]. Acesso em: 16.01.2018.
94. CONSELHO FEDERAL DE MEDICINA. Resolução 2136/2015. Disponível em: [https://sistemas.cfm.org.br/normas/visualizar/resolucoes/BR/2015/2136]. Acesso em: 16.01.2018.

processo de tomada de decisões sobre a sua saúde, reconhecimento este presente nos considerandos do Código de Ética Médica aprovado em novembro de 2018.

2.4. AUTONOMIA PARA CONSENTIR

Como visto, a autonomia é uma característica indelével do ser humano estudada por diversas ciências. No âmbito jurídico, a autonomia tem sido protegida pelos ordenamentos e reconhecida, principalmente, como um direito subjetivo "por permitir que o sujeito exerça as demais faculdades que a lei lhe confere com relação aos seus bens e condutas."[95]

Nota-se, contudo, que a noção de autonomia pode causar confusões com o instituto – esse sim, eminentemente jurídico –, da capacidade. Primeiramente, insta salientar que a capacidade, de *per se*, é um tema desafiador e propiciador das mais diversas discussões. Entretanto, o presente estudo se aterá às discussões acerca da necessidade da capacidade para se obter o consentimento, não obstante as inúmeras celeumas do tema, pois o que se pretende aqui não é tecer uma profunda e complexa discussão acerca deste e, sim, apresentar os pontos que são importantes para o raciocínio desenvolvido.

Entende-se que capacidade é gênero do qual são espécies a capacidade de direito e a de fato. Em linhas gerais, pode-se dizer que a primeira se refere à aquisição de direitos e deveres, e a segunda ao exercício destes, de modo que a capacidade de direito é inerente ao ser humano, conforme se depreende do artigo 1º do Código Civil de 2002,[96] e a capacidade de fato depende do discernimento. Assim, "o regime das incapacidades foi concebido como sistema que busca proteger aqueles sujeitos que não têm discernimento suficiente para formar e exprimir vontade válida".[97]

No que tange ao consentimento, discute-se acerca da capacidade para consentir do paciente, ou seja, se o paciente tem discernimento para consentir com determinado tratamento. Matos[98] trata a capacidade como requisito essencial da validade do consentimento, sem o qual este seria nulo.

Todavia, Naves e Sá afirmam que

> O paciente precisa ter discernimento para a tomada de decisão. Discernimento significa estabelecer diferença; distinguir, fazer apreciação. Exige-se que o paciente seja capaz de compreender a situação em que se encontra. Em direito, a capacidade de fato (ou capacidade para o exercício)

95. CARVALHO, Carla Vasconcelos; DADALTO, Luciana. A autonomia em face do direito ao próprio corpo do paciente: em busca de harmonização. In: CARDOSO, Renato C., et. al. *Livre-arbítrio:* uma abordagem interdisciplinar. Belo Horizonte, Artesã, 2017, p. 58.
96. "Art.1º Toda pessoa é capaz de direitos e deveres na ordem civil."
97. RODRIGUES, Renata de Lima. *Incapacidade, curatela e autonomia privada:* estudos no marco do Estado Democrático de Direito. 2005. 200f. Dissertação (Mestrado), Pontifícia Universidade Católica de Minas Gerais, Faculdade Mineira de Direito, Belo Horizonte, p. 27.
98. MATOS, Gilson Ely Chaves de. Aspectos jurídicos e bioéticos do consentimento informado na prática médica. *Revista Bioética*, Brasília, v. 15, n. 2, p. 196-213, 2007.

normalmente se traduz em poder de discernimento, no entanto, diante do quadro clínico, o médico deverá atestar se o nível de consciência do paciente permite que ele tome decisões.[99]

Significa dizer que, no âmbito das situações jurídicas que envolvam médicos e pacientes, capacidade de fato não é, sempre, sinônimo de discernimento. No direito brasileiro essas questões se tornaram ainda mais pungentes com a Lei 13.146, sancionada em 06 de julho de 2015, com vacância de 180 dias, entrando em vigor em janeiro de 2016. A referida lei, nomeada de Lei Brasileira de Inclusão da Pessoa com Deficiência, é mais conhecida como Estatuto da Pessoa com Deficiência (EPD) e altera sobremaneira a teoria das capacidades no Brasil, dispondo que, agora, apenas os menores de 16 anos serão absolutamente incapazes e que nenhum tipo de deficiência gerará perda de capacidade de direito no Brasil.[100]

Assim, no caso concreto, quando o médico esteja diante de um paciente civilmente capaz, mas constate que o mesmo não possui condições de, autonomamente, tomar decisões sobre sua saúde, deve-se questionar se este terá capacidade para consentir e, se for o caso, buscar suprimento judicial para esse consentimento. Em verdade, capacidade civil e capacidade para consentir são institutos diferentes que, portanto, necessitam de tratamento jurídico diferente – que não ocorre no Brasil. O que se questiona na capacidade para consentir é a condição do paciente de tomar uma decisão e de entender as informações que serão prestadas pelo médico, e não a capacidade deste moldada ao Código Civil de 2002.

> Um paciente ou sujeito é capaz de tomar uma decisão caso possua a capacidade de entender a informação material, fazer um julgamento sobre a informação à luz de seus próprios valores, visar um resultado determinado e comunicar livremente seu desejo àqueles que o tratam ou que procuram saber qual é a sua vontade.[101]

E, no contexto dessa obra entende-se que a capacidade para consentir, também nomeada de discernimento é requisito essencial para a validade do consentimento prestado, uma vez que não há liberdade nem esclarecimento suficientes quando o paciente for incapaz de entender a informação prestada, dialogar com o médico e, livremente, decidir.

A capacidade civil, por sua vez, é mera formalidade, não devendo ser levada em conta para aferir a validade do consentimento do paciente, pois, no caso concreto, deve-se verificar se à época da manifestação do consentimento o paciente estava em

99. NAVES, Bruno Torquato de Oliveira; SÁ, Maria de Fátima Freire de. Da relação jurídica médico-paciente: dignidade da pessoa humana e autonomia privada. In: SÁ, Maria de Fátima Freire de. (Org.). *Biodireito*. Belo Horizonte: Del Rey, 2002. v. 1, p. 119-120.

100. Acerca do tema recomenda-se a leitura de MENEZES, Joyceanne Bezerra. O direito protetivo no Brasil após a Convenção sobre a Proteção da Pessoa com Deficiência: impactos do novo CPC e do Estatuto da Pessoa com Deficiência. Rio de Janeiro, a. 4, n. 1, jan.-jun./2015. Disponível em: [http://civilistica.com/o-direito-protetivo-no-brasil/]. Acesso em: 18.01.2018.

101. BEAUCHAMP, Tom L; CHILDRESS, James F. *Princípios de ética biomédica*. Trad. Luciana Pudenzi. São Paulo: Loyola, 2002. p. 154.

pleno gozo de suas funções cognitivas e não se este se enquadrava no conceito de pessoa capaz civilmente.

Nessa perspectiva, Iara Antunes de Souza[102] defende que os curatelados podem, desde que comprovado seu discernimento, manifestar sua vontade por meio de uma das espécies de DAV.

Interessante notar que André Dias Pereira[103] classifica a capacidade para consentir/discernimento como uma nova espécie de capacidade, ao lado da capacidade de fato e de direito. Essa, segundo o autor, seria estabelecida pelo médico, contudo, estaria sujeita ao controle jurisdicional, por meio do ajuizamento de uma ação questionando a capacidade do paciente. Questão importante e atrelada à diferenciação entre capacidade civil e discernimento, é aquela referente ao critério etário objetivo para definição da capacidade utilizada pelo Código Civil brasileiro, tendo em vista as inúmeras críticas[104] que se faz a este por não levar em conta fatores subjetivos, como o ambiente em que vive o sujeito. Isso porque será discutida posteriormente a validade do testamento vital por uma pessoa menor de idade, que, de acordo com a lei civil brasileira, não possui capacidade de fato e, portanto, em tese, não possui capacidade para consentir.

Neste tópico interessa apenas a verificação da indispensabilidade de que o paciente possua discernimento para que possa consentir, ou, em outras palavras, a constatação de que o discernimento e não a capacidade de fato é um requisito essencial do consentimento livre e esclarecido.[105]

---

102. SOUZA, Iara Antunes de. As Diretivas Antecipadas de Vontade diante da curatela: (Im)possibilidade de exercício da autonomia privada do incapaz. DADALTO, Luciana. *Diretivas antecipadas de vontade:* ensaios sobre o direito à autodeterminação. Belo Horizonte: Letramento, 2013. p. 231-245.

103. PEREIRA, André Gonçalo Dias. *O consentimento informado na relação médico-paciente*. Coimbra: Coimbra Editora, 2004.

104. Com efeito, deve-se levar em consideração que os parâmetros de incapacidade firmados no Código Civil não são suficientes para traduzir o grau de discernimento de que é dotado o indivíduo, para dar-lhes ou não autonomia. Assim, pode haver supressão da subjetividade da pessoa menor que, detentora de discernimento, pode ter seu âmbito de atuação suprimido, em função dessas regras. SALES, Ana Amélia Ribeiro; SOUZA, Maria Aparecida Freitas de; TEIXEIRA, Ana Carolina Brochado. Autonomia privada da criança e do adolescente: uma reflexão sobre o regime das incapacidades. *Revista Brasileira de Direito das Famílias*, Belo Horizonte, v.00, out./nov. 2007, p. 60.

105. Sobre o assunto, recomenda-se: DADALTO, Luciana. Capacidade *versus* Discernimento: quem pode fazer Diretivas Antecipadas de Vontade? In: DADALTO, Luciana. *Diretivas antecipadas de vontade:* ensaios sobre o direito à autodeterminação. Belo Horizonte: Letramento, 2013. p. 223-230.

3
AUTONOMIA DO PACIENTE EM FIM DE VIDA

3.1. DIREITO DE MORRER

Pessini[1] afirma que os progressos tecnológicos da Medicina instituíram a preocupação com a imortalidade. Se outrora os indivíduos encaravam a morte como inevitável e fruto da vontade divina, atualmente a morte é vista como fato a ser evitado, de modo que o sofrimento "deixa de ser aceito como contrapartida de cada êxito do homem na sua adaptação ao meio, e cada dor é um sinal de alarme que apela para uma intervenção exterior a fim de interrompê-la".[2]

Assim, pode-se inferir que a Medicina passa a ser vista como ciência que se contrapõe à vontade divina, na verdade, o médico é encarado como substituto da divindade, pois a ele pertence o poder de perpetuar a vida.[3]

> Tal atitude conduziu a hiperutilização da UTI. De início essas unidades destinavam-se a tratar traumas e alguns casos pós-operatórios, não pacientes terminais. No entanto, hoje as UTIs estão repletas de idosos com doenças fatais, como câncer, e pacientes que já perderam a função cerebral. Tais pessoas não se beneficiarão da concentração de tecnologia médica nestas unidades, e muitas delas não aprovariam procedimentos que limitassem sua liberdade e sua dignidade, se estivessem em condições de escolher.[4]

Por esta razão, Kovács[5] afirma que o paciente com doença terminal é produto do século XX, tendo em vista a "cronificação das doenças", fruto do avanço tecnológico da Medicina. Todavia,

---

1. PESSINI, Leo. *Eutanásia*: por que abreviar a vida? São Paulo: Loyola, 2004.
2. Op. Cit, p. 68.
3. Sem dúvida, atualmente contamos com a capacidade tecnológica para manter os sinais vitais de qualquer enfermo por períodos intermináveis de tempo, mas nem sequer pensamos se é digno e desejável ao paciente o que fazemos. Em nossa luta passional e enraizada pela longevidade, temos esquecido o que fazer para que as pessoas terminem seus dias com dignidade. (Fundamento do projeto de lei "Declaração de Vontade Antecipada", 18 de agosto de 2004, de autoria do deputado Luis Alberto Bruni, da Câmara dos Deputados da província de Buenos Aires, *tradução nossa)* Texto original: Sin duda, actualmente contamos con la capacidad tecnológica para mantener los signos vitales de cualquier enfermo por período interminables de tiempo, pero ni siquiera tomamos algo de tiempo para pensar si es digno y deseable a los ojos del paciente lo que hacemos. En nuestras lucha pasional y encarnizada por la longevidad, hemos olvidado qué hacer para que la gente culmine sus días con dignidad.
4. PESSINI, Leo. *Eutanásia:* por que abreviar a vida? São Paulo: Loyola, 2004. p. 77.
5. KOVÁCS, Maria Júlia. Autonomia e o direito de morrer com dignidade. *Revista Bioética*, Brasília, v. 6, n. 1, p. 61-69, 1998.

> O objectivo último da Medicina já não deve ser percepcionado como a manutenção da vida a qualquer custo, mas sim a promoção do bem-estar e eliminação do sofrimento. Ainda que salvar vidas continue a ser o princípio condutor máximo, este deve dar precedência à compaixão e ao respeito pelo direito à autodeterminação do paciente.[6]

Esse quadro tem levado à reflexão acerca dos direitos do paciente em fim de vida.[7] Questiona-se, contemporaneamente, a existência de um direito de morrer, ou de "viver a própria morte".[8]

A autonomia privada, como já mencionado, garante aos indivíduos que persigam seus interesses individuais. Todavia, tais interesses devem estar conformados ao princípio da dignidade da pessoa humana, uma vez que "a dignidade humana reside na possibilidade de autodeterminação: dizer de seus próprios desígnios e poder escolher seus objetivos é que faz da vida humana um bem precioso a ser protegido".[9]

Assim, é preciso questionar se a autonomia decisória do paciente em fim de vida se conforma com o princípio da dignidade da pessoa, ou seja, se o paciente em fim da vida, antes do diagnóstico, e em razão do direito à vida digna, pode aceitar ou recusar cuidados, tratamentos e procedimentos.

> O direito de um doente em estágio terminal (cuja morte é inevitável e iminente),[10] de recusar receber tratamento médico, bem como, o de interrompê-lo, buscando a limitação terapêutica no período final da sua vida, de modo a morrer de uma forma que lhe parece mais digna, de acordo com suas convicções e crenças pessoais, no exercício de sua autonomia, encontra-se plenamente amparado e reconhecido pela nossa Constituição.[11]

Nesse contexto, sob a perspectiva do Estado Democrático de Direito é imperioso assegurar o direito à vida digna, direito este que será exercido pelo indivíduo autônomo. Por isso, Sá[12] entende que a vida não pode ser vista como mais importante do que a liberdade e a dignidade. Ademais, trata-se de um conceito aberto, discursivo, que deve levar em conta os diferentes projetos de vida de cada indivíduo. Partindo dessa premissa, Habermas[13] afirma que no contexto democrático todos devem formar uma concepção pessoal do que seja "vida boa", segundo critérios próprios, que não

---

6. FERREIRA, Nuno. A eutanásia: entre o debate jurídico e a evolução da opinião pública. *Lex Medicinae: Revista Portuguesa de Direito da Saúde*, Coimbra, Ano. 3, n. 6, 2006, p. 151.
7. Para uma ênfase na ética médica recomenda-se a leitura de Martin (1999).
8. PESSINI, Leo. *Eutanásia:* por que abreviar a vida? São Paulo: Loyola, 2004. p. 75.
9. RODRIGUES, Renata de Lima. *Incapacidade, curatela e autonomia privada*: estudos no marco do Estado Democrático de Direito. 2005. 200f. Dissertação (Mestrado), Pontifícia Universidade Católica de Minas Gerais, Faculdade Mineira de Direito, Belo Horizonte, p. 151.
10. Por tudo o que foi exposto até o presente momento, não é correto afirmar que a iminência da morte é característica do paciente terminal, já que segundo definição do Dicionário Houaiss, iminente é imediato. Neste caso, a morte é inevitável, mas não iminente, vez que é possível que a situação de terminalidade se perdure no tempo, inclusive quando não há nenhum procedimento artificial que mantém a vida (sobre essa hipótese ver caso Nancy Cruzan, no capítulo 3).
11. MOLLER, Letícia Ludwig. *Direito à morte com dignidade e autonomia.* Curitiba: Juruá, 2007. p. 144.
12. SÁ, Maria de Fátima Freire de. *Direito de morrer:* eutanásia, suicídio assistido. 2 ed. Belo Horizonte: Del Rey, 2005.
13. HABERMAS, Jünger. *O futuro da natureza humana.* São Paulo: Martins Fontes, 2004.

devem ser submetidos à prescrição da maioria. A partir do pensamento habermasiano poder-se-ia ainda questionar se no contexto democrático seria possível defender que todos tenham o direito de formar uma concepção individual do que seja "morte boa", segundo critérios próprios.

No que tange à discussão da autonomia privada do paciente em fim de vida no Brasil, essa colocação de Habermas assume especial relevância, pois a sociedade brasileira pauta-se, em grande parte, por valores religiosos, segundo os quais a vida é valor supremo e apenas Deus tem o direito de cessá-la.[14-15]

Entretanto, como já mencionado, vive-se no Brasil sob o Estado Democrático de Direito, modelo que preserva a pluralidade de projetos de vida e, sob este viés, argumentos morais e religiosos devem ser mitigados do âmbito jurídico. É preciso reconhecer que nesse paradigma, há um espaço decisório próprio do indivíduo, atrelado às decisões afetas à sua personalidade, chamado por Stefano Rodotà[16] de

---

14. Interessante notar que o Papa João Paulo II, pela Encíclica *Envangelium Vitae*, reconheceu o direito do paciente de não ser submetido às formas de esforço terapêutico "76 Distinta da eutanásia é a decisão de renunciar ao chamado "excesso terapêutico", ou seja, a certas intervenções médicas já inadequadas à situação real do doente, porque não proporcionadas aos resultados que se poderiam esperar ou ainda porque demasiado gravosas para ele e para a sua família. Nestas situações, quando a morte se anuncia iminente e inevitável, pode-se em consciência "renunciar a tratamentos que dariam somente um prolongamento precário e penoso da vida, sem, contudo, interromper os cuidados normais devidos ao doente em casos semelhantes". 77 Há, sem dúvida, a obrigação moral de se tratar e procurar curar-se, mas essa obrigação há-de medir-se segundo as situações concretas, isto é, impõe-se avaliar se os meios terapêuticos à disposição são objetivamente proporcionados às perspectivas de melhoramento. A renúncia a meios extraordinários ou desproporcionados não equivale ao suicídio ou à eutanásia; exprime, antes, a aceitação da condição humana defronte à morte. 78 Na medicina atual, têm adquirido particular importância os denominados "cuidados paliativos", destinados a tornar o sofrimento mais suportável na fase aguda da doença e assegurar ao mesmo tempo ao paciente um adequado acompanhamento humano. Neste contexto, entre outros problemas, levanta-se o da licitude do recurso aos diversos tipos de analgésicos e sedativos para aliviar o doente da dor, quando isso comporta o risco de lhe abreviar a vida. Ora, se pode realmente ser considerado digno de louvor quem voluntariamente aceita sofrer renunciando aos meios lenitivos da dor, para conservar a plena lucidez e, se crente, participar, de maneira consciente, na Paixão do Senhor, tal comportamento "heroico" não pode ser considerado obrigatório para todos. Já Pio XII afirmara que é lícito suprimir a dor por meio de narcóticos, mesmo com a consequência de limitar a consciência e abreviar a vida, "se não existem outros meios e se, naquelas circunstâncias, isso em nada impede o cumprimento de outros deveres religiosos e morais". 79 É que, neste caso, a morte não é querida ou procurada, embora por motivos razoáveis se corra o risco dela: pretende-se simplesmente aliviar a dor de maneira eficaz, recorrendo aos analgésicos postos à disposição pela medicina. Contudo, "não se deve privar o moribundo da consciência de si mesmo, sem motivo grave": 80 quando se aproxima a morte, as pessoas devem estar em condições de poder satisfazer as suas obrigações morais e familiares, e devem, sobretudo poder-se preparar com plena consciência para o encontro definitivo com Deus." JOÃO PAUO II, Papa. *Evangelium vitae*. Vaticano, 1995. Disponível em: [http://www.vatican.va/holy_father/john_paul_ii/encyclicals/documents/hf_jp-ii_enc_25031995_evangelium-vitae_po.html]. Acesso em: 13.01.2018.
15. Em abril de 2017 a Kaiser Foundation publicou uma pesquisa sobre os desejos de fim de vida realizada nos Estados Unidos da América, no Brasil, na Itália e no Japão. O Brasil foi o país que mais valoriza o prolongamento artificial da vida, inclusive, sobrepondo este ao controle da dor. A referida pesquisa está disponível no link: [https://www.kff.org/other/report/views-and-experiences-with-end-of-life-medical-care-in-japan-italy-the-united-states-and-brazil-a-cross-country-survey/]. Acesso em: 16.01.2018.
16. RODOTÀ, Stefano. Politici, liberateci dalla vostra coscienza. Disponível em: [http://daleggere.wordpress.com/2008/01/13/stefano-rodota-%C2%ABpolitici-liberateci-dalla-vostra-coscienza%C2%BB/]. Acesso em: 06.12.2017.

indecibile per il legislatore, ou seja, um espaço, delimitado pelo constituinte, para o exercício da autonomia privada do indivíduo.

Nessa perspectiva, deve-se ter em mente que o chamado direito à morte digna no Brasil deve interpretado sob a perspectiva constitucional. Deve, a autonomia da pessoa em fim de vida ser preservada, garantindo ao paciente o direito de manifestar sua opinião sobre os cuidados, tratamentos e procedimentos a que deseja ou não ser submetido, inclusive, sobre a possiblidade de abreviar sua vida aderindo à eutanásia ou ao suicídio assistido.

Sob uma perspectiva habermasiana, é indispensável a intersubjetividade para a conformação da autonomia privada e, no caso destes pacientes, essa se manifesta com o consentimento livre e esclarecido, pois "a subordinação ao consenso transforma a ação orientada por considerações egocêntricas em ação comunicativa".[17] Ademais, este interesse individual se coaduna com o Estado Democrático de Direito na medida em que persegue uma existência digna, garantida pelo princípio da dignidade da pessoa humana, e garante coexistência de todos os projetos de vida, até o do paciente em fim de vida.

Hodiernamente, as discussões jurídicas em torno do chamado *direito de morrer* têm se materializado nos institutos da eutanásia, do suicídio assistido, da ortotanásia, da distanásia e da mistanásia.

O conceito de eutanásia sofreu inúmeras modificações ao longo da História e foi, paulatinamente, conformado à realidade sociocultural de cada povo. Leo Pessini[18] apresenta a evolução histórica do conceito, dividindo-o em três etapas:

a) Eutanásia ritualizada: remonta à civilização greco-romana, na qual a eutanásia era tida como a morte boa. Daí, inclusive, vem a origem etimológica da palavra, eu (boa) – thanatos (morte). Nesse momento a morte era tida como um ritual e, portanto, seu rito fazia parte da cultura dos povos.

b) Eutanásia medicalizada: é produto do surgimento da medicina, na Grécia Antiga, e sua derrocada ocorreu na Segunda Guerra Mundial. A ideia hipocrática é de que o foco na medicina é a cura das enfermidades e que quando não há mais cura é possível abreviar a vida do doente, assim, quando o paciente estava desenganado, o médico não tinha mais nada o que fazer. Com o Cristianismo, a eutanásia passou a ser uma prática combatida e um ilícito religioso, moral e legal.

No período do Renascimento, Francis Bacon reaviva o termo, afirmando que "os médicos devem adquirir habilidades e prestar atenção em como o moribundo pode deixar a vida mais fácil e silenciosamente. A isso eu chamo a pesquisa sobre a eutanásia externa ou morte fácil do corpo." E, a partir de então, renasce a ideia de que a eutanásia é a abreviação da vida de um moribundo, por compaixão.

---

17. Op. Cit., p. 73.
18. PESSINI, Leo. *Eutanásia:* por que abreviar a vida? São Paulo: Loyola, 2004.

Em meados do século XX, o Nazismo trouxe um novo significado ao termo, dessa vez associando-o à eugenia, ou seja, a morte provocada com a função precípua de prevenir enfermidades hereditárias. Tal fato gerou uma nova onda contrária à eutanásia no mundo.

c) Eutanásia autônoma: após a Segunda Guerra Mundial o paciente – em qualquer estágio de adoecimento – começa a ser visto como um sujeito de direitos cuja autonomia precisa ser respeitada.

É preciso entender o contexto técnico-científico dessa época. Ao mesmo tempo em que a autonomia do paciente estava em ascensão, ascendia também a tecnogização da medicina, com a descoberta de novos medicamentos, novos procedimentos e novos aparelhos que permitiam que a morte não fosse mais um evento natural, mas, sim, um evento controlado pelos médicos.

Assim, se outrora não existia controle sobre a morte porque ela viria no tempo certo, na contemporaneidade é possível controlá-la, mais ainda, é possível lutar contra ela com todo o aparato tecnológico disponível e, em uma perspectiva futurista, os pesquisadores da imortalidade acreditam que a morte é um problema a ser resolvido.

Nesse cenário, surge a eutanásia autônoma que coloca o paciente no centro. É ele quem não deseja mais estar vivo. É ele quem pede a morte. É ele quem causa a compaixão no profissional.

Fato é que "ao longo do tempo, consagrou-se o uso do termo para indicar a morte provocada, antecipada, por compaixão, diante do sofrimento daquele que se encontra irremediavelmente enfermo e fadado a um fim lento e doloroso".[19]

O suicídio assistido, por sua vez, é tido como a abreviação da vida, feita pela própria pessoa que está com uma doença grave, incurável e/ou terminal.[20] Nesse caso, a pessoa é ajudada por outrem (médico ou não), que lhe concede os meios para que possa, por si mesma, abreviar sua vida.

Todos os países que já legalizaram a eutanásia, quais sejam, Holanda, Bélgica Luxemburgo, legalizaram, na mesma lei, legalizaram o suicídio medicamente assistido. A Suprema Corte canadense descriminalizou, em uma mesma decisão, a eutanásia e o suicídio medicamente assistido, nomeando essas duas práticas de morte medicamente assistida. A Colômbia é o único país a descriminalizar a eutanásia mas manter a criminalização do suicídio assistido.

Laura Ferreira dos Santos[21] entende que há uma maior tolerância cultural ao suicídio assistido do que à eutanásia, tanto que essa prática é legalizada em alguns

19. VILLAS-BOÂS, Maria Elisa. Eutanásia. IN: DADALTO, Luciana; GODINHO, Adriano Marteleto; LEITE, George Salomão. *Tratado brasileiro sobre o direito fundamental à morte digna*. Rio de Janeiro: 2017. p. 102.
20. O critério de incurabilidade/terminalidade tem sido mitigado pela organização não governamental suíça intitulada LifeCircle que defende o direito à interrupção voluntária do envelhecimento, ou seja, o direito de acesso ao suicídio assistido por pessoas idosas, sem comorbidades graves.
21. SANTOS, Laura Ferreira dos. *Ajudas-me a morrer?* A morte assistida na cultura ocidental no século XXI. Lisboa: Sextante editora, 2009.

lugares em que a eutanásia continua proibida. São eles: Suíça e alguns estados norte-americanos. Nota-se que Summer[22] afirma que é uma verdadeira hipocrisia legalizar apenas uma dessas práticas, pois para ele, não há diferença moral entre prescrever uma substância letal ou aplicá-la.

Já a ortotanásia é definida por Pessini[23] como "a arte de bem morrer". Garay[24] afirma que a ortotanásia se concretiza com a abstenção, supressão ou limitação de todo tratamento fútil, extraordinário ou desproporcional diante da iminência da morte do paciente, "morte que não se busca (pois o que se pretende é humanizar o processo de morrer, sem prolongá-lo abusivamente) nem se provoca (já que resultará da própria enfermidade de que o sujeito padece)".[25]

Muitos autores brasileiros evidenciam a necessidade de diferenciar a ortotanásia da eutanásia passiva pois, esta "consiste na suspensão ou omissão deliberada de medidas que seriam indicadas naquele caso, de medidas úteis e benéficas ao paciente, com o intuito de antecipar-lhe a morte, enquanto na ortotanásia há omissão ou suspensão de medidas que perderam sua indicação por já resultarem inúteis para aquele indivíduo no grau de doença em que se encontra".[26] Contudo, o termo eutanásia passiva é utilizado como sinônimo de ortotanásia nas línguas anglo-saxãs,[27] uma vez que nesses idiomas inexiste o neologismo *ortotanásia*. Nesse contexto, entende-se essa diferenciação estar ultrapassada e ser maléfica para as discussões uma vez que aumenta o pré-conceito sobre os institutos.

A distanásia é o oposto à ortotanásia. Trata-se do prolongamento artificial da vida e tem entre seus sinônimos a obstinação terapêutica, futilidade terapêutica, tratamentos extraordinários No aspecto da ética médica, praticar a obstinação terapêutica já é infração ética, pois o supracitado artigo 41 do CFM veda expressamente a obstinação terapêutica e o artigo 35 veda ao médico "(...) exceder-se no número de visitas, consultas ou quaisquer outros procedimentos médicos".[28]

A Resolução do CFM 2.156/2016[29] trata sobre os critérios de admissão do paciente em Unidade de Terapia Intensiva e deixa claro que os pacientes "com doença

22. SUMMER, L. W. *Physician-Assisted Death*: what everyone needs to know. Oxford Press, 2017.
23. PESSINI, Leo. *Eutanásia:* por que abreviar a vida? São Paulo: Loyola, 2004.
24. GARAY, Oscar E. *Derechos fundamentales de los pacientes*. Buenos Aires: Ad-Hoc, 2003.
25. [...] – muerte a la que no se la busca (pues lo que se pretende es humanizar el proceso de morir, sin prolongarlo abusivamente) ni se la provoca (ya que resultará de la propia enfermedad que el sujeto padece). Op. Cit., p. 339, tradução nossa.
26. VILLAS-BÔAS, Maria Elisa. Eutanásia passiva e ortotanásia: uma distinção necessária. In: DADALTO, Luciana. *Bioética e diretivas antecipadas de vontade*. Curitiba: Editora Prismas, 2014. p. 226.
27. A título de exemplo, sugere-se a leitura da referida decisão indiana: SUPREMA CORTE DA ÍNDIA. *Writ Petition (Civil)* n. 215 of 2005, on 9 March, 2018.
28. CONSELHO FEDERAL DE MEDICINA. Resolução 1.931/2009. Disponível em: [http://www.portalmedico.org.br/resolucoes/CFM/2009/1931_2009.htm]. Acesso em: 16.01.2018.
29. CONSELHO FEDERAL DE MEDICINA. Resolução 2.156/ 2016. Disponível em: [https://sistemas.cfm.org.br/normas/visualizar/resolucoes/BR/2016/2156]. Acesso em: 16.01.2018.

em fase de terminalidade, ou moribundos, sem possibilidade de recuperação, não são apropriados para admissão em UTI, cabendo ao médico intensivista analisar o caso concreto e justificar em caráter excepcional."

Não obstante a inexistência de tratamento normativo acerca da distanásia no ordenamento jurídico brasileiro, é possível defender a possibilidade de responsabilização civil do médico na prática da distanásia.[30]

Por sua vez, a mistanásia, "é a morte miserável, fora e antes da hora,[31] ou seja, a morte que se dá porque o indivíduo não teve acesso ao sistema de saúde ou, se teve, foi negligenciado.

Percebe-se assim que o chamado *direito de morrer* engloba institutos muito diferentes e com aceitação social controversa. No Brasil, o direito fundamental à morte digna tem sido conformado ao instituto da ortotanásia pela doutrina, pelo Conselho Federal de Medicina (CFM) e pelo Poder Judiciário.

Nehemias Domingos de Melo afima que

> não se trata de jurisdicizar a eutanásia em suas várias formas, nem muito menos normatizar o suicídio assistido, por formas diferentes. Também não se trata de permitir a morte, mas de garantir a autonomia do paciente frente às opções de tratamento oferecidos pelo médico frente a situações em que o tratamento apenas irá prolongar o sofrimento do enfermo e de seus familiares, frente a situações de estado terminal ou incurável de saúde.[32]

Assim, no Brasil atual, a efetividade do direito de morrer está adstrito à implementação do direito à ortotanásia e à manifestação de vontade do paciente por meio do testamento vital, cujo conteúdo não pode ser ilícito. Por essa razão, entende-se, aqui, não ser possível afirmar que há no Brasil o reconhecimento do direito à morte digna, vez que o ordenamento jurídico limita as possibilidades de escolha e, por conseguinte, define aprioristicamente o que seria uma morte digna, impossibilitando o exercício individual desse direito.

3.2. CUIDADOS PALIATIVOS E OBSTINAÇÃO TERAPÊUTICA

Cuidados paliativos é a denominação mais utilizada nas ciências da saúde para se referir aos cuidados com o paciente que objetivam melhorar a qualidade de vida desse e de sua família diante de uma doença ameaçadora da vida.

30. DADALTO, Luciana. Responsabilidade civil do médico na distanásia. *Cadernos da Lex Medicinae*: Saúde, Novas Tecnologias e Responsabilidades, 2019, n. 4, v. II, p. 327-336.
31. SÁ, Maria de Fátima Freire de. *Direito de morrer*: eutanásia, suicídio assistido. 2 ed. Belo Horizonte: Del Rey, 2005. p. 40.
32. MELO, Nehemias Domingos de. O Direito de Morrer com Dignidade. In: DADALTO, Luciana; GODINHO, Adriano Marteleto; LEITE, George Salomão Leite. *Tratado brasileiro sobre o direito fundamental à morte digna*. Rio de Janeiro: Almedina, 2017. p. 98.

Segundo Mccoughlan,[33] "os cuidados paliativos modernos, também conhecidos como *hospice*, têm seu início histórico nos tempos antigos". Surgiram na Europa medieval e estavam vinculados ao trabalho religioso. Com o desenvolvimento dos hospitais, como locais para a prática médica – ciência de curar –, os pacientes com doenças irreversíveis e terminais eram tidos como símbolo de impotência médica, vez que a cura era impossível.

Em 1967, surgiu em Londres a primeira instituição especializada em cuidar desses pacientes, o *St. Christopher Hospice*, na qual o foco era cuidar da dor física, social, espiritual e emocional do paciente.

O primeiro conceito de cuidados paliativos foi cunhado em 1990 pela OMS,[34] e atualizado em 2002 e, mais recentemente, em 2017. Segundo a OMS, trata-se de

> uma abordagem de melhora da qualidade de vida dos pacientes (adultos ou crianças) e de seus familiares, que enfrentam problemas associados a doenças que ameaçam a vida. Previne e alivia sofrimento por meio da investigação precoce, avaliação correta e tratamento da dor e de outros problemas 'físicos, psicossociais ou espirituais.[35]

A Associação Internacional de Cuidados Paliativos define essa abordagem como

> cuidados holísticos ativos, ofertados a pessoas de todas as idades que encontram-se em intenso sofrimento relacionados à sua saúde, proveniente de doença grave, especialmente aquelas que estão no final da vida. O objetivo dos Cuidados Paliativos é, portanto, melhorar a qualidade de vida dos pacientes, de suas famílias e de seus cuidadores.[36]

---

33. MCCOUGHLAN, Marie. A necessidade de cuidados paliativos. In: BERTACHINI, Luciana; PESSINI, Leo. *Humanização e cuidados paliativos*. 3. ed. São Paulo: Loyola, 2004. p. 168.
34. Após a OMS ter assumido a defesa dos cuidados paliativos, o Ministério da Saúde brasileiro, instituiu em 2002, através da portaria GM 19/2002 o Programa Nacional de Assistência à Dor e Cuidados Paliativos reconhecendo a necessidade de adotar os cuidados paliativos no tratamento de pacientes com doenças crônicas, contudo, ainda hoje este programa não foi implementado no Brasil. No dia 11.10 é comemorado em todo o mundo o Dia Mundial dos Cuidados Paliativos. O tema da comemoração este ano foi "Cuidados Paliativos: Um Direito Humano", o que significa dizer que os cuidados paliativos são também um tema de interesse jurídico, vez que tem sido reconhecido por vários países, como os EUA, Itália, França, Inglaterra, e organizações supranacionais, como a OMS, como um direito humano, ou, no entendimento de Sarlet (2007) aquele direito reconhecido por documentos de direito internacional, que refere-se àquelas posições jurídicas que se reconhecem ao ser humano como tal e que, por seu caráter supranacional, aspiram à validade universal, para todos os povos e tempos. Significa dizer que, mesmo com o descaso no Ministério da Saúde sobre o tema e a inexistência de norma legal sobre o mesmo, os cuidados paliativos devem ser encarados como um problema médico, social e jurídico, que necessita de políticas públicas, de leis garantidoras deste direito, pois, antes de ser um direito privado do paciente é um direito público, que deve ser encarado pelos publicistas como tal, a fim de garantirem a implementação das políticas garantidoras deste direito. Note-se, entretanto, que a presente pesquisa atém-se aos reflexos privatistas dos cuidados paliativos, vez que analisa um instrumento garantidor da autonomia privada, o testamento vital.
35. WORLD HEALTH ORGANIZATION. Paliative care. Disponível em: [http://www.who.int/mediacentre/factsheets/fs402/en/]. Acesso em: 16.01.2018.
36. ACADEMIA BRASILEIRA DE CUIDADOS PALIATIVOS. Definição de Cuidados Paliativos. Disponível em: [https://paliativo.org.br/wp-content/uploads/2019/02/Defini%C3%A7%C3%A3o-de-Cuidados-Paliativos-da-IAHPC-traduzido-Portugu%C3%AAs-BR.pdf]. Acesso em: 30.05.2019.

Sob este enfoque, os cuidados paliativos voltam-se para a qualidade de vida do paciente sem possibilidades de tratamento terapêutico curativo com o objetivo de diminuir o sofrimento destes, mediante trabalhos transdisciplinares, aliando diminuição da dor física, alívio espiritual e cuidados com a família. Burlá e Py[37] afirmam que, ao contrário do que muitos pensam,

> os Cuidados Paliativos não rejeitam a biotecnologia. Ao contrário, são uma modalidade de tratamento altamente intervencionista, valendo-se, por exemplo, das avançadas propostas da farmacologia para a efetividade do controle de sintomas. Constituem uma resposta ativa aos problemas decorrentes da doença prolongada, incurável e progressiva. Combina harmonicamente a ciência com o humanismo.

Não é possível elencar taxativamente quais cuidados seriam paliativos, mas bioeticistas. Leo Pessini aponta quatro princípios que devem orientar na definição desses cuidados.[38]

O primeiro é o da proporcionalidade terapêutica, segundo o qual existe uma obrigação moral de se implementar todas as medidas terapêuticas que tenham proporção entre os meios empregados e o resultado previsível; o segundo, é o do duplo efeito, que dispõe acerca da necessidade de se averiguar a razão proporcional entre os tratamentos que tenham duplo efeito, como por exemplo, a utilização de morfina; o terceiro, é o da prevenção, em que se deve prever possíveis complicações e sintomas que frequentemente se apresentam a portadores de determinada doença; o quarto, e último, é o do não abandono e do tratamento da dor,[39] segundo o qual o médico não pode abandonar o paciente, exceto em casos de objeção de consciência e deve controlar a dor.

Assim, os cuidados paliativos são, em apertada síntese, todos os cuidados que garantem ao paciente portador de uma doença ameaçadora da vida qualidade de vida até o momento da morte, pois, "inevitavelmente, cada vida humana chega ao seu final. Assegurar que essa passagem ocorra de forma digna, com cuidados e buscando-se o menor sofrimento possível, é missão daqueles que assistem aos enfermos portadores de doença em fase terminal."[40]

37. BURLA, Claudia and PY, Ligia. Cuidados paliativos: ciência e proteção ao fim da vida. In: *Cad. Saúde Pública* [online]. 2014, v. 30, n. 6, p. 1139-1141.
38. Para se ter uma ideia da importância destes cuidados Kress (2008) relata que em 2002 a Áustria aprovou uma lei sobre assistência à família com o objetivo de oferecer melhores condições aos familiares que cuidam de pacientes terminais. Estes familiares possuem apoio financeiro do Ministério Federal de Segurança Social, recebendo mensalmente, durante seis meses, a quantia de 413 euros. Além disso, a lei protege esses familiares de demissões e rescisões trabalhistas bem como regulamenta a exoneração e a diminuição de horas de serviços. Garante aos cuidadores direito a seguro de saúde e previdenciário.
39. Compêndios sobre a terapia da dor descrevem que 'quase todos' ou 'aproximadamente todos' os pacientes com tumor (cerca de 96%) poderiam ter obtido uma diminuição da dor por meio de medicamentos efetivos até pouco antes da morte. KRESS, Hartmut. *Ética Médica*. São Paulo: Loyola, 2008. p. 325.
40. CONSELHO FEDERAL DE MEDICINA. Resolução 1.805/2006. *Diário Oficial da União*, Brasília, 28 nov. 2006. Seção I, p. 169. Disponível em: [http://www.portal medico.org.br/resolucoes/cfm/2007/111_2007.htm]. Acesso em: 11.01.2018. Sobre cuidados paliativos recomenda-se a leitura de: AZEVEDO, Daniel Lima; BURLÁ, Cláudia; PY, Ligia. Cuidados Paliativos. In: DADALTO, Luciana; TEIXEIRA, Ana Carolina Brochado. *Dos Hospitais aos Tribunais*.. Belo Horizonte, 2013. p. 297-312.

Durante muito tempo, o que hoje denominamos de cuidados paliativos era chamado de "tratamentos ordinários" e, atualmente, há quem defenda a necessidade de substituição do termo por cuidados integrais, cuidados de suporte ou suporte avançado,[41] tendo em vista o preconceito que se criou em torno do termo *cuidados paliativos*.

A Enciclopédia de Bioética[42] afirma que a distinção entre tratamento ordinário e extraordinário tem origem na teologia moral da Igreja Católica, onde esses termos eram empregados para distinguir o tratamento obrigatório do tratamento que poderia não ser utilizado.

Os tratamentos fúteis, denominados ainda de tratamentos extraordinários, também não são simples de conceituar. Drane afirma que

> [...] futilidade não equivale a ineficácia provada. É um termo contextualmente específico. O que é útil em um contexto pode não ser em outras circunstâncias. Um tratamento fútil não apresenta benefícios ao paciente e se chega a essa conclusão tendo por parâmetro a situação do paciente, quero dizer, a gravidade da doença, a esperança de vida, a qualidade de vida do paciente, seus interesses e seus projetos.[43]

Segundo Beauchamps e Childress,[44] o tratamento é considerado fútil quando não oferece benefício real ao paciente, pois a morte é inevitável. Assim, percebe-se que, em linhas gerais, o tratamento fútil está diretamente relacionado com o (não) benefício que trará ao paciente.

Percebe-se que a definição é bastante genérica, razão pela qual Garay[45] afirma que se deve observar as circunstâncias particulares de cada caso para definir um tratamento como extraordinário. Como exemplo, ele cita que para uma pessoa que sofre de insuficiência renal, a hemodiálise é um tratamento ordinário e necessário e, em contrapartida, quando a insuficiência é definitiva e o paciente está debilitado e em idade avançada, a hemodiálise pode ser encarada como tratamento extraordinário.

Maria Goretti Sales Maciel[46] afirma que o julgamento do que é ordinário/extraordinário depende mais dos valores do paciente do que da técnica, razão pela

41. BRUERA, Eduardo, et. al. Association Between a Name Change from Palliative to Supportive Care and the Timing of Patient Referrals at a Comprehensive Cancer Center. *The Oncologist*, 2011;16:105-111.
42. POST, S. G. (Ed.) *Encyclopedia of bioethics*. 3 ed. New York: Thomson, 2004. v. 3.
43. Inutilidad no equivale a ineficacia probada. Es un término contextualmente específico. Lo que es inútil en un contexto puede no serlo en otras circunstancias. Un tratamiento inútil no es beneficioso para un paciente y se llega a esta conclusión teniendo en cuenta la situación del paciente y se llega a esta conclusión teniendo en cuenta la situación del paciente, es decir, la gravedad de la enfermedad, la esperanza de vida, la calidad de vida del paciente y sus intereses y proyectos. DRANE, James F. *El cuidado del enfermo terminal*: ética clínica y recomendaciones prácticas para instituciones de salud y servicios de cuidados domiciliarios. Washington: Organización Panamericana de la Salud, 1999. p. 94, tradução nossa.
44. BEAUCHAMP, Tom L; CHILDRESS, James F. *Princípios de ética biomédica*. Trad. Luciana Pudenzi. São Paulo: Loyola, 2002.
45. GARAY, Oscar E. *Derechos fundamentales de los pacientes*. Buenos Aires: Ad-Hoc, 2003.
46. MACIEL, Maria Goretti Sales. Uniformização de nomenclaturas em Cuidados Paliativos. In: DADALTO, Luciana. *Bioética e diretivas antecipadas de vontade*. Curitiba: Editora Prismas, 2014. p. 58.

qual afirma que "o que mais adequado hoje é se considere a proporcionalidade do tratamento a ser preconizado ao doente".

Não obstante a necessidade de se aferir *in concreto* quando determinado procedimento e/ou tratamento torna-se fútil,[47] a literatura aponta a internação em Unidades de Tratamento Intensivo (UTI), a traqueostomia, a ventilação mecânica, a oxigenação extracorpórea, técnicas de circulação assistida, tratamentos medicamentosos com drogas vasoativas, antibióticos, diuréticas, derivados sanguíneos etc., como tratamentos que, via de regra, são considerados fúteis em pacientes em fim de vida.

Há, contudo, alguns procedimentos e tratamentos que despertam intensa discussão na literatura, como a suspensão de nutrição e hidratação artificial, a extubação e a sedação paliativa.

3.2.1. Nutrição e hidratação artificial

Especial atenção deve ser dada aos procedimentos de hidratação e nutrição artificiais devido à grande polêmica que a suspensão destes tratamentos envolve. Fato é que falar em suspensão de hidratação e nutrição remete à ideia de que o paciente morrerá de sede e de fome, situação que gera repulsa na família e conflitos éticos para os médicos.[48] Contudo, é preciso ter em mente que esse dilema é muito pungente quando se fala em pacientes em Estado Vegetativo Persistente (EVP), pois neste caso, o paciente já não é submetido a nenhum tratamento extraordinário, mas continua em EVP, portanto, a única solução para abreviar a morte é a suspensão de hidratação e alimentação artificiais,[49] situação que para muitos é classificada de eutanásia.[50]

---

47. Sobre o tema, recomenda-se a leitura de: REIS, Tereza Cristina da Silva dos; SILVA, Carlos Henrique Debenedito. A futilidade terapêutica nos cuidados ao fim da vida de pacientes oncológicos. In: BARBOZA, Heloisa Helena; MENEZES, Rachel Aisengart; PEREIRA, Tânia da Silva. *Vida, Morte e Dignidade Humana*. São Paulo: GZ Editora, 2010. p. 385-409.
48. Em julho de 2019 teve fim o caso do francês Vincent Lambert que ficou quase onze anos em EVP. A retirada de nutrição de hidratação artificial de Vincent foi discutida por mais de cinco anos no Poder Judiciário francês, em uma batalha judicial que contrapunha os pais e a esposa do paciente. Em 02 de julho de 2019 o suporte vital foi retirado e no dia 11 de julho de 2019 Lambert faleceu.
49. A interrogação termina sempre colocando em xeque a questão do paciente em estado vegetativo persistente. Estes podem viver muitos anos nesta situação e a nutrição artificial pode preservar esta vida por este tempo. Assim, neste caso deve-se questionar se o tratamento não resulta excessivamente gravoso. A resposta que damos é que o paciente em estado vegetativo permanente, pela própria causa do estado, não pode perceber a nutrição artificial como gravosa. Texto original: L'interroganizone, solitamente, termina sempre ponendo la questione dei malati in stato vegetativo permanente. Questo pazienti possono vivere nel loro stato vegetativo per molti anni e la nitruzione artificiali può preservare per molti anii queste vite. Anche in questo caso dobbiamo chiederci, allora: <ill trattamento risulta forse eccessivamente gravoso?>. La risposta che ci danno i medici è che i pazienti in stato vegetativo permamente, proprio a causa del loro stato, non possono percepire la nutrizione artificiale come gravosa. TUROLDO, Fabrizio. Aspetti etico filosofici. In: TUROLDO, Fabrizio; VAZZOLER, Gianfranco. *Il testamentobiológico*. Venezia: Libreria Editrice Cafoscarina, 2005. p. 17-44.
50. Caso emblemático sobre o tema é o de "Terri Schiavo". Em 2005, a Suprema Corte Americana deferiu o pedido feito pelo marido de Terri, que estava em EVP há quinze anos, autorizando a suspensão da hidratação e da alimentação artificial. Este caso gerou grande comoção social, pois os pais de Terri eram contra essa

Na perspectiva de cuidados paliativos como cuidados físicos, psicológicos e espirituais ao paciente e a seus familiares, a suspensão de hidratação e alimentação não é aceita por alguns, em respeito à família, ao que Pessini[51] chama de "significado simbólico". Em contrapartida, Drane[52] afirma que estudos médicos já comprovaram que, em muitos casos, o paciente inconsciente não sente fome nem sede, ou seja, em realidade, o paciente não sofre.

> [...] pacientes agonizantes não experimentam, em geral, desconforto com a retirada de nutrição e hidratação artificial, estas tecnologias não podem ser consideradas como termos sinônimos aos cuidados paliativos e não podem ser utilizadas automaticamente em pacientes que agonizam quando eles repelem a ingestão de comida e bebida.[53]

Correia e Maurício[54] pontuam quatro situações nas quais deve-se suspender a AHA em Cuidados Paliativos, estando em EVP ou em qualquer outro estado clínico.

> (i) o doente, ou na sua incapacidade o seu tutor, depois de terem sido claramente esclarecidos sobre as opções de tratamento, recusam esta intervenção no sentido de respeitar os valores pessoais; (ii) quando o principal objetivo é o alívio dos sintomas advindos da intervenção artificial; (iii) quando o doente está a morrer e a intervenção apenas prolonga o processo de morte e causa sofrimento; (iv) quando a intervenção causa complicações (por exemplo, doentes agitados em que é necessário sedação ou contenção física.

Percebe-se, pelo exposto, que se trata de um verdadeiro dilema bioético, inexistindo resposta correta. Por essa razão, recomenda-se que a iniciação da AHA e/ou a suspensão seja previamente debatida entre paciente e profissionais de saúde e, quando isso não for possível, que os profissionais de saúde decidam tendo por base o melhor interesse do paciente.

3.2.2. Sedação Paliativa

Sedação paliativa é um procedimento médico realizado pela administração de medicamentos sedativos e visa induzir um estado de consciência diminuída ou de

---

medida e pelos argumentos de que é desumano deixar uma pessoa morrer de fome e de sede. Pessini (2004) relata que pessoas em EVP não são capazes de sentir o desconforto da fome e da sede, entretanto, mesmo assim, por questões simbólicas relacionadas com o cuidado e a solidariedade, bem como com o bem-estar da família, não é aconselhável suspender tais procedimentos.

51. PESSINI, Leo. A filosofia dos cuidados paliativos: uma resposta diante da obstinação terapêutica. In: BERTACHINI, Luciana; PESSINI, Leo. *Humanização e cuidados paliativos*. 3. ed. São Paulo: Loyola, 2004. p. 181-208.
52. DRANE, James F. *El cuidado del enfermo terminal*: ética clínica y recomendaciones prácticas para instituciones de salud y servicios de cuidados domiciliarios. Washington: Organización Panamericana de la Salud, 1999.
53. Puesto que los pacientes agónicos no experimentan por lo general incomodidad por el hecho de no comer o porque se les retira la nutrición y la hidratación mecánicas, estas tecnologías no se pueden considerar como términos sinónimos a la paliación o al cuidados compasivo y no se pueden emplear automáticamente en pacientes agónicos cuando declina la ingesta de comida y bebida. DRANE, James F. *El cuidado del enfermo terminal:* ética clínica y recomendaciones prácticas para instituciones de salud y servicios de cuidados domiciliarios. Washington: Organización Panamericana de la Salud, 1999. p. 32, tradução nossa.
54. CORREIA, Maria Isabel Toulson Davisson; MAURÍCIO, Sílvia Fernandes. Suspensão de Nutrição e Hidratação em Cuidados Paliativos. In: DADALTO, Luciana. *Bioética e diretivas antecipadas de vontade*. Curitiba: Editora Prismas, 2014. p. 97.

inconsciência. Tem como objetivo aliviar o sofrimento quando este se torna intolerável e intratável, a fim de preservar o paciente, sua família e amigos.[55]

Sunmer[56] afirma que a sedação paliativa, quando indicada corretamente, não gera nenhuma responsabilização jurídica para o médico. Contudo, esse mesmo autor deixa claro que a possibilidade desse procedimento encurtar a vida do paciente – assim como da suspensão de AHA – causa controvérsia sobre sua utilização.

Essa controvérsia cinge-se a um possível enquadramento da sedação paliativa em conduta tipificadora da eutanásia.[57] E para evitar essa confusão é preciso que o paciente, a família e os profissionais de saúde tenham muito claro o conceito de eutanásia. Na eutanásia o objetivo da conduta é causar a morte do paciente e este não é o objetivo da sedação paliativa, portanto, é possível – e necessário – defender a prática da sedação paliativa, tendo sempre em vista que se trata de uma medida excepcional.

A escola de Medicina de Stanford reconhece a aplicação do princípio bioético do duplo efeito na administração de sedação paliativa, mas aponta a necessidade de se observar alguns fatores antes de se realizar o procedimento. São eles: "a intenção clínica de diminuir o sofrimento do paciente; o consentimento informado do paciente ou de seu representante legal; a intenção do paciente quando da escolha do procedimento e a autonomia para consentir do paciente."[58] Em suma, para que a sedação realizada seja efetivamente o que se chama de sedação paliativa, é indispensável que o objetivo do procedimento esteja claro, qual seja: o alívio do sofrimento. Caso o objetivo seja a morte, fala-se em eutanásia, não em sedação paliativa.

3.2.3. Extubação paliativa

A crescente tecnologização da Medicina provocou a possibilidade de prolongamento artificial da vida biológica do paciente por meio de respirador artificial. Esse prolongamento é desejável e deve ser realizado quando há chances de reversibilidade do quadro do paciente, contudo, a intubação tem sido utilizada também para prolongar artificialmente a vida biológica de pacientes com quadros irreversíveis.

Diante desse cenário, na década de 1980 começam os primeiros estudos norte-americanos acerca da extubação paliativa, estudos estes que ganharam força

55. EUROPEAN SOCIETY FOR MEDICAL ONCOLOGY. ESMO Clinical Practice Guidelines for the management of refractory symptoms at the end of life and the use of palliative sedation. Annals of Oncology 25 (Supplement 3): 2014, iii144.
56. SUMMER, L. W. *Physician-Assisted Death*: what everyone needs to know. Oxford Press, 2017.
57. RIISFELDT, Thomas David. Weakening the ethical distinction between euthanasia, palliative opioid use and palliative sedation. *J Med Ethics* 2018; 0:1-7.
58. STANFORD SCHOOL OF MEDICINE. Ethical Framework of Palliative Sedation: The Principle of Double Effect. Disponível em: [https://palliative.stanford.edu/palliative-sedation/ethical-framework-of-palliative-sedation-the-principle-of-double-effect/]. Acesso em: 17.01.2018.

no início do século XXI nos EUA e na Europa,[59] mas que ainda são insipientes no Brasil.[60]

Extubação paliativa pode ser conceituada como a retirada de ventilação mecânica indicada erroneamente. O objetivo dessa retirada é deixar que a doença tenha sua evolução natural, não tendo a finalidade de gerar a morte do paciente, razão pela qual Coelho e Yankaskas afirmam que "a família deve estar ciente da possibilidade de que, após a extubação paliativa, o paciente pode manter a respiração natural por horas ou dias".[61]

Assim, é preciso deixar claro que esse procedimento não é eutanásia, mas sim a interrupção de uma terapêutica obstinada. Sabe-se que há algumas décadas os estudos comprovaram que o profissional de saúde relata mais facilidade em não iniciar um procedimento do que em suspendê-lo,[62] todavia, sabe-se também que a obstinação terapêutica é uma prática ainda comum,[63] o que gera a necessidade de sua suspensão.

Sem dúvidas, melhor seria que não existisse a necessidade de extubação paliativa, mas para isso é preciso que a intubação sem indicação deixe de ser uma prática corriqueira em pacientes em fim de vida. Enquanto isso, a extubação paliativa precisa ser feita e defendida como um procedimento próprio dos Cuidados Paliativos, sem qualquer relação com eutanásia.

---

59. CAMPBELL, Margaret L. How to Withdraw Mechanical Ventilation: A Systematic *Review of the Literature*. AACN Advanced Critical Care. v. 18, Number 4, p. 397-403.
60. REBELATTO, Gustavo. *Análise descritiva dos pacientes submetidos à extubação paliativa*. [Dissertação de mestrado profissional], Universidade Federal de Santa Catarina, Centro de Ciências da Saúde. Programa de Pós-Graduação em Cuidados Intensivos e Paliativos. Florianópolis, 2015.
61. COELHO, Cristina Bueno Terzi; YANKASKAS, James R. Novos conceitos em cuidados paliativos na unidade de terapia intensiva. *Rev Bras Ter Intensiva*. 2017;29(2):222-230.
62. SMEDIRA, Nicholas G. Withholding and Withdrawal of Life Support from the Critically Ill. N Engl J Med 1990; 322:309-315; SPRUNG, CL, et. al; *End-of-Life Practices in European Intensive Care UnitsThe Ethicus Study*. JAMA. 2003;290(6):790–797; ABBOT, BA, et.al. *Families looking back*: One year after discussion of withdrawal or withholding of life-sustaining support. Critical Care Medicine: 2001: 29 (1), p. 197-201.
63. GRINBERG, Alejandro R; TRIPODORO, Vilma A. Futilidad médica y obstinación familiar em terapia intensiva. ¿Hasta cuándo seguir y cuándo parar?. *Medicina* (Buenos Aires) 2017; 77: 491-496.

4
TOMADA DE DECISÃO EM FIM DE VIDA

4.1. CRITÉRIOS DE AUTONOMIA PARA TOMADA DE DECISÃO NOS CUIDADOS DE SAÚDE TRAZIDOS POR BEAUCHAMPS E CHILDRESS

Em 1977, foi editada nos Estados Unidos a primeira edição da obra *Principles of Biomedical Ethics* de Tom L. Beauchamp e James F. Childress. Esta obra, a partir da segunda edição, em 1979, com a incorporação dos princípios da autonomia, da justiça, da não maleficência e da beneficência, derivados dos princípios do respeito ao outro, da beneficência e da justiça apresentados no Relatório de Belmont,[1] passou a assumir um papel central nas discussões afetas à Bioética e à clínica médica.

No que diz respeito à aplicação da autonomia do paciente na tomada de decisões acerca dos cuidados de saúde aos quais estes devem (ou não) ser submetidos, Beauchamp e Childress[2] oferecem grande contribuição quando apontam três modelos de autonomia a serem levados em conta.

O primeiro é chamado de *modelo de julgamento substituto*, que "parte da premissa de que as decisões sobre tratamentos pertencem propriamente ao paciente incapaz ou não autônomo, em virtude dos direitos à autonomia e à privacidade".[3] Por este modelo, o paciente, nomeia um decisor substituto que deverá tomar decisões como se fosse o paciente.

Esses autores defendem a utilização desse modelo apenas para pacientes que já foram capazes, quando existam sérias razões para se acreditar que é possível prever qual seria a decisão que este teria tomado se estivesse no gozo de suas atribuições físicas e mentais. E, conforme se verá, o modelo do julgamento substituto é instrumentalizado na procuração para cuidados de saúde (*durable power of attorney*, positivado em 1991 nos EUA).

1. O Relatório de Belmont foi elaborado em 1978 pela Comissão Nacional para Proteção de Sujeitos Humanos nas Pesquisas Biomédicas e Comportamentais e estabeleceu os princípios éticos fundamentais que deveriam nortear pesquisas com seres humanos. (THE NATIONAL COMMISSION FOR THE PROTECTION OF HUMAN SUBJECTS OF BIOMEDICAL AND BEHAVIORAL RESEARCH, 1979) Segundo Barboza (2000), estes "princípios da Bioética não deverão ser preteridos pelo legislador, na medida em que têm por fundamento valores reconhecidos pelo Direito". BARBOZA, Heloisa Helena. Princípios da bioética e do biodireito. *Revista Bioética*. Brasília, v. 8, n. 2, p. 209-216, 2000.
2. BEAUCHAMP, Tom L; CHILDRESS, James F. *Princípios de ética biomédica*. Trad. Luciana Pudenzi. São Paulo: Loyola, 2002.
3. Op. Cit., p. 196.

O segundo modelo é denominado *modelo de pura autonomia* e "se aplica exclusivamente a pacientes que já foram autônomos e expressaram uma decisão autônoma ou preferência relevante".[4] Aqui, o paciente expressou previamente sua vontade e é essa vontade que orientará a tomada de decisões nos cuidados de sua saúde. O modelo de autonomia pura orientará sobremaneira a presente pesquisa, vez que se aplica *in tontum* ao testamento vital.

Por fim, o terceiro e último é o *modelo dos melhores interesses* no qual "um decisor substituto deve determinar o maior benefício entre as opções possíveis, atribuindo diferentes pesos aos interesses que o paciente tem em cada opção e subtraindo os riscos e os custos inerentes a cada uma".[5]

Percebe-se que esse modelo possui uma carga valorativa, vez que se baseia na atribuição de pesos aos interesses, o que não se coaduna com a teoria do Direito como Integridade de Dworkin, na qual a atribuição de pesos – ponderação – dá lugar à adequação dos princípios jurídicos. Assim, o modelo dos melhores interesses só poderia ser aplicável no Estado Democrático de Direito se objetivasse adequar os interesses em jogo perante o caso concreto e não os equacionar de modo axiológico.

4.2. DIRETIVAS ANTECIPADAS DE VONTADE

Primeiramente, é imperioso retomar a ideia já apresentada de que o consentimento livre e esclarecido e as diretivas antecipadas são institutos próximos, pois ambos têm como consequência a aceitação ou não de cuidados, procedimentos e tratamento. Entretanto, como será visto a seguir, esses institutos possuem uma diferença essencial, que é a abrangência das situações, o momento em que é feito, o momento em que produz efeitos, e o papel do médico na feitura deles.

Grande parte dos poucos estudos brasileiros sobre diretivas antecipadas e/ ou sobre testamento vital faz grande confusão com esses institutos, induzindo o leitor, por vezes, a acreditar que são sinônimos. Todavia, a distinção entre os institutos foi feita pela Patient Self-Determination Act (PSDA), uma lei federal americana que será melhor trabalhada no capítulo seguinte.

As diretivas antecipadas de vontade (*advanced directives*), tradicionalmente, têm sido entendidas como gênero do qual são espécies o testamento vital (*living will*) e a procuração para cuidados de saúde (*durable power attorney for health care*), pois essa foi a construção feita pela PSDA, contudo, como será visto adiante a população norte-americana criou outras espécies de DAV não positivadas na lei federal, mas regulamentadas por legislações e atos normativos estaduais.

Atualmente, as DAV não tratam apenas de desejos para fim de vida, sendo entendidas como documentos de manifestação de vontade prévia que terão efeito quando

4. Op. Cit.
5. Op. Cit.

o paciente não conseguir manifestar livre e autonomamente sua vontade. Contudo, no último capítulo será visto que o projeto de lei que tramita no Senado Federal restringe as DAV para situações de fim de vida, em clara restrição de manifestação de autonomia do paciente, situação que, espera-se, seja revertida até a aprovação do referido projeto.

Gonzáles[6] aponta como princípios que fundamentam as diretivas antecipadas a autonomia, o respeito às pessoas e a lealdade. Esses princípios são defensáveis para este trabalho apenas se forem tidos como princípios bioéticos, não como princípios jurídicos, vez que ainda que a autonomia, sob uma perspectiva jurídica, seja aplicável a este caso, a lealdade não é. Assim, entende-se que autonomia, respeito às pessoas e lealdade são princípios bioéticos que fundamentam as diretivas antecipadas, princípios estes que não pertencem exclusivamente à esfera do direito.

Esse mesmo autor elenca consequências benéficas das diretivas antecipadas, como a redução do medo do paciente de situações inaceitáveis, o aumento da autoestima do paciente, o aumento da comunicação e da confiança entre médico e paciente, a proteção do médico contra reclamações e denúncias, a orientação do médico ante situações difíceis e conflituosas, o alívio moral para os familiares diante de situações duvidosas ou "potencialmente culpabilizadoras" e a economia de recursos da saúde.

Por óbvio, o benefício das diretivas antecipadas quanto ao melhoramento da relação médico-paciente, à autoestima do paciente e à diminuição de sentimento de culpa e indecisão dos parentes é induvidoso. Não se pode ainda fechar os olhos para o caráter econômico da questão, uma vez que a autonomia decisória do paciente impacta diretamente na sustentabilidade do sistema de saúde, seja ele público ou privado.

É verdade que a vida não pode ser quantificada, não pode ser valorada, não pode ser economicamente determinada, mas é também verdade que no âmbito da gestão de saúde deve-se buscar a conformação do interesse privado ao interesse público.

As diretivas antecipadas são necessárias e imprescindíveis como instrumento de respeito à dignidade humana e também como política pública no âmbito da saúde, mas como meta governamental de preservação da autonomia do indivíduo-paciente e não para eventual diminuição de despesas públicas.

Por fim, oportuno ressaltar que, apesar deste trabalho objetivar o estudo do testamento vital, imperiosa se faz a análise também da procuração para cuidados de saúde, da ordem de não reanimação, das diretivas antecipadas psiquiátricas, das diretivas para demência e dos planos de parto, documentos que hoje são entendidos como espécies da DAV, assim como o testamento vital.

6. GONZÁLES, Miguel Angel Sánchez. *O novo testamento*: testamentos vitais e diretivas antecipadas. In: BASTOS, Eliene Ferreira Bastos; SOUSA, Asiel Henrique. Família e jurisdição. Belo Horizonte: Del Rey, 2006. p. 91-137.

4.2.1. Diretivas Antecipadas Psiquiátricas

As diretivas antecipadas psiquiátricas (DAP) são produto de uma construção feita pela sociedade norte-americana que, reconhecendo serem as diretivas antecipadas de vontade um gênero de documentos aptos a instrumentalizarem os desejos prévios dos pacientes, criam um documento feito por um paciente psiquiátrico no qual ele especifica suas preferências a serem usadas em períodos em que estiver com sua capacidade decisória comprometida.

E, curiosamente, seguem o modelo clássico da PSDA, contendo em seu bojo a manifestação de vontade do paciente – do caso em tela, instruções para tratamento mental –, e a nomeação de um procurador.

Esclareça-se que não há estudos realizados no Brasil acerca das DAP. A pesquisa nas bases científicas PubMed, Scielo, BVS feita com os descritores diretivas antecipadas psiquiátricas não retorna nenhum resultado, o que evidencia que a resolução CFM 1995/2012 não teve impacto no desenvolvimento do tema.

Todavia, como já visto, a literatura internacional – notadamente a norte-americana, tem sido profícua no tema e, especialmente na análise do impacto das diretivas antecipadas psiquiátricas no bem-estar do paciente.

Estudos demonstram que as DAP são comumente usadas para instruções sobre medicações psicotrópicas, terapia eletroconvulsiva e internações hospitalares. O primeiro estudo a sistematizar o conteúdo e a utilidade clínica das DAP evidenciou que os pacientes reconheciam a importância de serem tratados com psicotrópicos e, eventualmente, com eletroconvulsoterapia. Evidenciou ainda que 81% dos pacientes desejam que, em caso de internação, seja feito contato com seus familiares. A metade dos participantes especificou uma pessoa para tomar conta de sua vida financeira, de seus dependentes e de seus animais de estimação. 42% das pessoas manifestou suas preferências alimentares.[7]

Um dado interessante diz respeito à ativação e revogação das diretivas antecipadas psiquiátricas. Como elas são usadas em situações de incapacidade decisória e estas são – em sua maioria – temporárias, há nas DAP possibilidade de o paciente escolher quando ativá-las e quando revogá-las: diante da incapacidade jurídica, em serviços de atendimento emergencial e/ou em hospitalizações. Há ainda a possibilidade de escolha acerca do momento em que a DAP será irrevogável, sendo que 57% dos pacientes acionaram a cláusula de irrevogabilidade durante períodos de incapacidade.[8] Segundo os autores, restou claro que os pacientes com doenças mentais graves e persistentes conseguem claramente especificar e justificar suas preferências na DAP e ao contrário do que muitos médicos entendem, as DAP são instrumentos

7. SREBNIK, Debra; et. al. The content and clinical utility of psychiatric advance directives. *Psychiatric services*. May 2005, v. 56, n. 5, p. 592-598.
8. SWANSON, Jeffrey, et. al. Psiquiatric advance directives and reduction of coercive crises interventions. *Journal of Mental Health*, june 2018; 17(3): 255-267.

úteis e consistentes no cuidado desses pacientes, inclusive em momentos mais sensíveis como a medicalização e a hospitalização.[9]

A maior parte dos pacientes psiquiátricos mostra-se disposta a elaborar uma diretiva antecipada de vontade psiquiátrica quando são apresentados aos seus conceitos, experimentando maior sensação de empoderamento, autodeterminação e autonomia. Duas importantes barreiras para o avanço dessa prática entre médicos é o desconhecimento do instrumento por parte dos profissionais e a falta de preparo dos mesmos para adentrar numa conversa sobre a morte e o morrer com seus pacientes.[10]

Percebe-se, assim, que as diretivas antecipadas psiquiátricas são um importante aliado no reconhecimento e na proteção da autonomia do paciente e que não se vinculam estritamente à pacientes psiquiátricos em Cuidados Paliativos, merecendo estudos específicos no Brasil.

4.2.2. Diretivas antecipadas para demência

Em dezembro de 2017 o geriatra norte-americano Barak Gaster publicou um ensaio na prestigiada revista internacional JAMA,[11] defendendo que as manifestações prévias sobre cuidados de saúde na demência sejam retiradas do testamento vital e tratadas em um documento específico, o qual ele nomeou de *advanced directives for dementia*.

Para Gaster, esse documento deve conter especificamente "(1) as mudanças na cognição que ocorrem à medida que a demência progride e (2) as mudanças nos objetivos de cuidado que os pacientes desejariam o *continuum* da doença"[12] escalonados nos graus leve, moderado ou severo da patologia. Gaster sugere ainda que as diretivas antecipadas para demência sejam anexadas ao testamento vital ou à procuração para cuidados de saúde do paciente.

O referido autor justifica esse documento afirmando que no modelo clássico, o paciente manifesta a vontade autonomamente, sem interferência de familiares e amigos, mas que tendo em vista o impacto que a demência tem na vida de terceiros, deveria ser discutida em um documento com a presença de todos os que seriam impactados pela doença no futuro.

Afim de disseminar a ideia, Gaster disponibiliza em seu site um formulário de diretivas antecipadas para demência (DAD) que pode ser baixado gratuitamente por qualquer pessoa.[13]

---

9. Op. Cit.
10. ZELLE H, KEMP K, BONNIE RJ. *Advanced directives in mental health care*: evidence, challenges and promise. World Psychiatry, 2015; 14(3):278-280.
11. GASTER B, LARSON EB, CURTIS JR. Advance Directives for Dementia: Meeting a Unique Challenge. JAMA. 2017;318(22):2175–2176.
12. Op. Cit.
13. DEMENTIA DIRECTIVE. Health Care for Dementia. Disponível em: [https://dementia-directive.org]. Acesso em: 26.07.2019.

Diferentemente da DAP, as DAD ainda não foram objeto de variados estudos nos EUA, possivelmente porque são uma construção bastante recente. Também não existem trabalhos sobre o tema publicados no Brasil, sendo, portanto, mais um tema que merece ser pesquisado em nosso país.

4.2.3. Plano de parto

Uma discussão pungente nas questões que envolvem autonomia do paciente diz respeito à possibilidade de uma gestante fazer escolhas acerca dos cuidados e procedimentos que deseja ou não no momento do parto. Esse tema, *de per se*, pode – e deve – ser objeto de estudos aprofundados no Brasil, o que não será feito aqui porque esse não é o objetivo do presente livro.

Todavia, é preciso esclarecer nessa obra que o plano de parto se insere *in tontum* no conceito DAV, razão pela qual a literatura americana já vem classificando-o como uma espécie de diretiva, à semelhança do testamento vital.

Segundo Nadia Sawicki, o testamento vital e o plano de parto se assemelham, pois, ambos

> desenvolveram-se como uma resposta a práticas médicas intervencionistas de rotina, mas muitas vezes indesejáveis. Ambos os documentos são usados para garantir que os prestadores de cuidados compreendam os valores e as preferências do paciente. Ambos são usados para garantir que as escolhas autônomas do paciente sejam respeitadas em um momento em que o paciente, que pode ser incapaz de comunicar claramente suas preferências, está passando por um processo biológico irreversível de grande significado pessoal e cultural.[14]

Philipsen e Haynes[15] afirma que tanto o testamento vital quanto o plano de parto são ferramentas para evitar automatização das rotinas hospitalares, para ajudar na comunicação prévia entre paciente, equipe e familiares, para responsabilizar o paciente por suas escolhas e para promover o melhor cuidado.

É certo que, no Brasil, inexiste ainda a aproximação entre esses institutos e que a visão passada nessas linhas foi superficial, mas o propósito aqui foi levantar o tema conclamando aos pesquisadores que dirijam o olhar à essa espécie de DAV, tão importante, tão deseja e tão negligenciada em nosso país.

4.2.4. Ordens de não reanimação

As Ordem de Não Reanimação (ONR) surgiram nos EUA na década de 1970, época em que se começou a noticiar o surgimento de protocolos de comunicação sobre reanimação nas instituições hospitalares. Em 1974 a Associação Médica Americana

---

14. SAWICKI, Nadia. *Birth plans as Advance Directives*. Disponível em: [http://blog.petrieflom.law.harvard.edu/2017/05/01/birth-plans-as-advance-directives/]. Acesso em: 26.07.2019.
15. Philipsen NC, Haynes DR. The similarities between birth plans and living wills. *J Perinat Educ*. 2005;14(4):46-4.

propôs que a ONR fosse documentada em prontuário,[16] prática que começou a ser seguida por dois hospitais de Boston em 1976[17] e que, rapidamente, se tornou uma prática comum nos hospitais americanos.

Atualmente, as discussões sobre o tema nos EUA cotejam, no âmbito dos Cuidados Paliativos, as ONR com pedidos de procedimentos que se enquadram no conceito de futilidade terapêutica,[18] o que faz com que a literatura questione porque deve-se seguir uma ONR ao mesmo tempo em que se atende um pedido de respiração artificial, por exemplo.[19]

Segundo Oselka,[20] a reanimação cardiopulmonar é iniciada sem prescrição e apenas uma ordem médica pode evitá-la. Assim, como inexiste regulamentação sobre a eticidade e a legalidade dessa ordem, a prática instituída nas instituições hospitalares do Brasil, notadamente nos serviços de emergência, é de reanimar o paciente, ainda que este esteja em uma condição terminal e irreversível.

A verdade é que no Brasil a ideia de que a reanimação cardiopulmonar em pacientes com estados clínicos terminais e irreversíveis é um procedimento fútil ainda não é naturalizada entre os profissionais – apesar de amplamente caracterizada pela literatura mundial como futilidade terapêutica[21] – em razão da insegurança jurídica.[22]

Dessa feita, é imperioso que o Conselho Federal de Medicina edite resolução específica sobre o tema e que eventual legislação sobre as DAV abarque essa questão, afim de possibilitar que os pacientes manifestem suas vontades e os profissionais tenham segurança em cumpri-las.

4.2.5. Procuração para cuidados de saúde

A procuração para cuidados de saúde (também conhecida como mandato duradouro) é um documento no qual o paciente nomeia um ou mais procuradores que deverão ser consultados pelos médicos em caso de incapacidade do paciente. O procurador de saúde decidirá tendo como base a vontade do paciente.

---

16. AMERICAN MEDICAL ASSOCIATION. Standards for cardiopulmonary resuscitation (CPR) and emergency cardiac care (ECC). V. Medicolegal considerations and recommendations. In: JAMA 1974; 227: Suppl: 864-8.
17. RABKIN MT, GILLERMAN G, RICE NR. *Orders not to resuscitate*. N Engl J Med 1976; 295: 364-6.
18. Acerca da discussão sobre obstinação terapêutica recomenda-se: MEANA, Pablo Requena. *Doctor no haga todo lo possible*: de la limitación a la prudência terapêutica. Granada: Editora Colmares, 2017.
19. BOSSLET GT, et al. An official ATS/AACN/ACCP/ESICM/SCCM policy statement: responding to requests for potentially inappropriate treatments in intensive care units. *Am J Respir Crit Care Med* 2015; 191: 1318-30.
20. OSELKA G, Aspectos éticos da ressuscitação cardiopulmonar. *Rev. Assoc. Med. Bras*. v. 47, n.1. São Paulo Jan./Mar. 2001.
21. BURNS, J.P; TRUOG, R. D. The DNR Order after 40 Years. *New England Journal of Medicine*, 2016. 375(6), 504-506.
22. BATISTA, Kátia Tôrres; TORRES, Rafael Villela Silva Derré. A ordem de não ressuscitar no Brasil, considerações éticas. *Com. Ciências Saúde*. 2008;19(4):343-351.

> As decisões do paciente serão sub-rogadas – tomadas em seu nome – pelo mandatário, com base no seu conhecimento do paciente e de suas preferências; quer dizer, o mandatário não deve indicar o que melhor lhe parece e sim o que crê que o paciente elegeria para essa circunstância particular.[23]

Essa modalidade de diretiva antecipada surgiu nos EUA, especificamente no Estado da Califórnia na década de 1970, e foi positivada no âmbito federal pela PSDA.

A procuração para cuidados de saúde é denominada *durable power of attorney for health care* (EUA), *procuradores de cuidados de saúde* (Portugal) e *poder para el cuidado de salud/mandato de asistencia sanitária* (Espanha) e, em alguns estados norte-americanos, em algumas comunidades autônomas da Espanha e no Uruguai é tratado como obrigatório em caso de feitura de Testamento Vital, em um documento que convencionou-se chamar de diretivas antecipadas mas que já está caindo em desuso, tendo em vista as novas espécies de DAV que têm surgido.

Segundo os modelos de autonomia apontados por Beauchamp e Childress,[24] é possível inferir que a procuração para cuidados de saúde enquadra-se no modelo de julgamento substituto, no qual é necessário que "a intimidade do decisor substituto com o paciente seja suficientemente profunda e relevante para que o julgamento reflita os objetivos e as opiniões do paciente".[25]

Como vantagens desse instrumento, Vítor[26] aponta a possibilidade de evitar incertezas em relação a quem tem o poder legal para decidir; a possibilidade de se respeitar o desejo de conferir legalmente poderes a alguém, para que possa agir em vez da pessoa, quando esta estiver incapacitada; a possibilidade de definir um padrão de decisão; a possibilidade de evitar a imposição de uma medida de tutela ou curatela, quando desnecessária; e a garantia de respeito da vontade da pessoa incapaz, mesmo quando for instaurada a tutela ou curatela.

Sob a perspectiva jurídica, a procuração para cuidados de saúde deve ser entendida como um negócio jurídico unilateral de caráter existencial. Segundo Pontes de Miranda,[27] o conceito de negócio jurídico presente no Código Civil de 1916 objetivava abranger as situações de criação, modificação ou extinção de direitos, pretensões, ações ou exceções e pautava-se na autonomia da vontade, ou seja, no reconhecimento de que o agente define a relação jurídica e os limites das situações jurídicas de que fará

23. Las decisiones del paciente son subrogadas – tomadas en su nombre – por el apoderado, en base a su conocimiento del paciente y de sus preferencias; es decir, el apoderado no debe indicar lo que mejos le parece a él sino lo que cree que el paciente hubiera elegido para esa circunstancia particular. MANZINI, Jorge Luis. Las directivas anticipadas para tratamientos médicos. In: MARINO, Ignazio R. Testamentobiológico: i diretti dei malati e l'operato dei Médici. In: BORASCHI, Andrea; MANCONI, Luigi. *Il dolore e la política*. Milão: Bruno Mondadori, 2007. p. 41, tradução nossa.
24. BEAUCHAMP, Tom L; CHILDRESS, James F. *Princípios de ética biomédica*. Trad. Luciana Pudenzi. São Paulo: Loyola, 2002.
25. Op. Cit., p. 197.
26. VÍTOR, Paula Távora. Procurador para cuidados de saúde: importância de um novo decisor. *Lex Medicinae: Revista Portuguesa de Direito da Saúde*, Coimbra, Ano 1, n. 1, p. 121-134, 2004.
27. PONTES DE MIRANDA, Francisco Cavalcanti. *Tratado de direito privado*: parte especial. Atual. por Vilson Rodrigues Alves. São Paulo: Revista dos Tribunais, 1986. t. III, p. 16.

parte. Contudo, este conceito não se aplica mais no ordenamento jurídico brasileiro pois, sob a égide da constitucionalização do direito civil e do Código Civil de 2002, o negócio jurídico é uma vontade particular, reconhecida pelo ordenamento, que se presta a produzir determinados efeitos desejados pelo agente. Assim, não basta a vontade do indivíduo, é necessário que o sistema normativo vigente reconheça poder de autorregulação, o que se chama atualmente de autonomia privada.[28]

Maria Celina Bodin de Moraes[29] afirma que a dignidade da pessoa humana foi alçada a princípio constitucional, sendo verdadeira cláusula geral de tutela da personalidade humana e que, portanto, deve permear todas as relações públicas e privadas. Rose Melo Venceslau Menezes, por sua vez, aduz que a concretização dessa cláusula se dá com a tutela dos direitos existenciais independentemente de violação a quaisquer desses direitos, de modo que a pessoa terá "garantida pelo ordenamento a promoção da sua própria personalidade através da prática de atos de autodeterminação que podem assumir a forma de qualquer situação subjetiva".[30]

Percebe-se, assim, que em um Estado Democrático de Direito, no qual a dignidade da pessoa humana é princípio constitucional, as situações subjetivas existenciais configuram o que Stefano Rodotá chama de *indecidibile per il legislatore*,[31] ou seja, um espaço determinado pelo constituinte em que as escolhas acerca dos direitos de personalidade são próprias do sujeito, não podendo sofrer limitações externas.

A teoria tradicional dos negócios jurídicos aponta como pressupostos de validade do negócio jurídico a capacidade do agente, o objeto lícito, possível, determinado ou determinável e a forma prescrita ou não defesa em lei.[32] E como fatores de eficácia tudo aquilo que não o integra mas contribui para a obtenção de resultado visado,[33] como, por exemplo, a condição, o modo/encargo e o termo.

A procuração para cuidados de saúde levanta, ainda, a questão acerca da admissibilidade de representação voluntária para cuidados de saúde, pois seu conteúdo é de direitos de personalidade que, segundo a teoria clássica, são intransmissíveis e irrenunciáveis. Contudo, a teoria contemporânea dos direitos de personalidade faz uma releitura dessas características, entendendo que "a autolimitação ao exercício

28. DADALTO, Luciana. A judicialização do testamento vital: análise dos autos n. 1084405-21.2015.8.26.0100/TJSP. *Civilistica.com*, Rio de Janeiro, ano 7, n. 2, p. 1-16, 2018.
29. MORAES, Maria Celina Bodin de. *Danos à pessoa humana*: uma leitura civil-constitucional dos danos morais. Rio de Janeiro: Renovar, 2003.
30. MENEZES, Rose Melo de Venceslau. *Autonomia privada e dignidade humana*. Renovar: 2009. p. 58.
31. RODOTÁ, Stefano. Politici, liberateci dalla vostra coscienza. Disponível em: [http://daleggere.wordpress.com/2008/01/13/stefano-rodota-%C2%ABpolitici-liberateci-dalla-vostra-coscienza%C2%BB/]. Acesso em: 04.97.2019.
32. AZEVEDO, Antônio Junqueira. *Negócio jurídico*: existência, validade e eficácia. 4. ed. São Paulo: Saraiva, 2008.
33. FARIAS, Cristiano Chaves; ROSENVALD, Nelson. *Curso de Direito Civil*: parte geral e LINDB. 17 ed. Salvador: Editora JusPodivm, 2019. p. 713.

dos direitos da personalidade deve ser admitida pela ordem jurídica quando atenda genuinamente ao propósito de realização da personalidade do seu titular."[34]

Isso posto, tal documento deve ser compreendido como uma autolimitação válida ao exercício dos direitos de personalidade relativos à saúde, uma vez que o outorgante pretende com ela a preservação de seus interesses privados em momentos em que não lhe for possível autodeterminar-se.

No que diz respeito à representação voluntária, afirmam Gustavo Tepedino e Milena Donato Oliva que:

> A representação voluntária deriva da vontade do representado, que outorga ao representante poderes para agir em seu nome e vinculá-lo diretamente às relações jurídicas com terceiros. A outorga de poderes consubstancia negócio jurídico unilateral, do qual não nascem deveres jurídicos para o representante. A maneira como o representante deve agir e os deveres que lhe são impostos decorrem da relação jurídica base (mandato ou outro negócio) que regula a representação. Por outras palavras, a representação, como técnica de atuação em nome de outrem, apenas diz com os limites de vinculação do representado para com terceiros pelo agir do representante.[35]

Nessa esfera, é preciso entender que o instrumento aqui analisado configura verdadeira representação voluntária de direitos de personalidade, prática que já ocorre, por exemplo, na hipótese legal de casamento por procuração. Não se trata de transmissão ou de renúncia, mas sim de delegação do exercício. Na procuração para cuidados de saúde o outorgante continua detentor de seus direitos de personalidade, mas delega a terceiro o exercício da tomada de decisão sobre cuidados de saúde, que produzirá efeitos quando aquele estiver impossibilitado de fazê-lo, sendo esta verdadeira condição suspensiva do negócio jurídico.

André Gonçalo Dias Pereira, ao analisar a validade da procuração para cuidados de saúde, afirma que é possível "avançar paulatinamente no reconhecimento dessa faceta da personalidade humana", entendida como "a autodeterminação preventiva e a delegação do exercício dos direitos de personalidade".[36]

Por precaução, é preciso diferenciar a procuração para cuidados de saúde dos institutos jurídicos da curatela, da tomada de decisão apoiada e da autocuratela. Enquanto o primeiro refere-se a um "encargo imposto a uma pessoa natural para cuidar e proteger uma pessoa maior de idade que não pode se autodeterminar patrimonialmente por conta de uma incapacidade",[37] o segundo trata-se de "instituto voltado para auxiliar a pessoa que se sente fragilizada no exercício de sua autonomia, mas que

34. SCHREIBER, Anderson. Direitos de Personalidade. 3. ed. São Paulo: Atlas, 2014. p. 27.
35. TEPEDINO, Gustavo; OLIVA, Milena Donato. Notas sobre a representação voluntária e o contrato de mandato. *Revista Brasileira de Direito Civil – RBDCivil*, Belo Horizonte, v. 12, abr./jun. 2017, p. 21.
36. PEREIRA, André Gonçalo Dias. *O consentimento informado na relação médico paciente*. Coimbra: Coimbra Editora, 2004. p. 250-251.
37. FARIAS, Cristiano Chaves de; ROSENVALD, Nelson. *Curso de Direito Civil*: Famílias. 9. ed. Salvador: Editora JusPodivm, 2017. p. 911.

não necessita de um suporte mais extremo como o da curatela"[38] e o terceiro instrumento que "permite à própria pessoa organizar antecipadamente a sua curatela".[39]

Tem-se, assim, a procuração para cuidados de saúde como "um documento que permite a um adulto competente designar uma pessoa – um procurador – que será autoridade a dar ou retirar consentimento para cuidados de saúde quando o outorgante perder a competência mental".[40] A lei portuguesa 25/2012 afirma em seu artigo 11º que "qualquer pessoa pode nomear um procurador de cuidados de saúde, atribuindo-lhe poderes representativos para decidir sobre os cuidados de saúde a receber, ou a não receber, pelo outorgante, quando este se encontre incapaz de expressar a sua vontade pessoal e autonomamente".

Na prática, sabe-se que o maior problema desse instituto é a escolha de quem será nomeado procurador do paciente. "Discute-se se a figura mais adequada seria o cônjuge, algum dos pais ou ambos, o juiz, a equipe médica ou um terceiro imparcial".[41]

Para a solução desse problema é preciso ter em mente que o procurador deve ter um contato próximo com o paciente, ou seja, deve saber a fundo exatamente qual é a vontade do paciente, sob pena de decidir com base em seus próprios desejos, desrespeitando o desejo do mandatário.

> A efectividade deste instituto dependerá de o paciente e o procurador terem previamente conversado sobre as opiniões do primeiro relativamente aos seus valores e às opções que tomaria numa determinada situação se estivesse capaz.[42]

Por essa razão, corrobora-se com o entendimento de Naves e Rezende[43] de que não seria possível que o procurador fosse um terceiro imparcial, o juiz ou a equipe médica.[44] Contudo, discorda-se desses autores no que diz respeito à nomeação de

---

38. MENEZES, Joyceane Bezerra. Tomada de decisão apoiada: instrumento de apoio ao exercício da capacidade civil da pessoa com deficiência instituído pela lei brasileira de inclusão (lei n. 13.146/2015). *Revista Brasileira de Direito Civil*, v. 9, Jul /Set 2016. p. 44.
39. COELHO, Thais Câmara Maia Fernandes. *Autocuratela*. Rio de Janeiro, 2016. p. 145.
40. "It allows a competent adult to designate a person-a proxy decision maker-who will have the authority to give or withhold informed consent for medical procedures should the designator lose mental competence." GOLDSTEIN, Mary Kane et. al. Durable Power of Attorney for Health Care: Are We Ready for It? *The western journal of medicine*. September 1991, v. 155, n. 3, p. 263.
41. NAVES, Bruno Torquato de Oliveira; REZENDE, Danúbia Ferreira Coelho de. A autonomia privada do paciente em estado terminal. In: FIÚZA, César; NAVES, Bruno Torquato de Oliveira; SÁ, Maria de Fátima Freire de. *Direito civil*: atualidades II. Belo Horizonte: Del Rey, 2007. p. 105.
42. PEREIRA, André Gonçalo Dias. *O consentimento informado na relação médico-paciente*. Coimbra: Coimbra Editora, 2004. p. 241.
43. NAVES, Bruno Torquato de Oliveira; REZENDE, Danúbia Ferreira Coelho de. A autonomia privada do paciente em estado terminal. In: FIÚZA, César; NAVES, Bruno Torquato de Oliveira; SÁ, Maria de Fátima Freire de. *Direito civil:* atualidades II. Belo Horizonte: Del Rey, 2007. P. 89-110.
44. "Mas atenção: a pessoa de confiança não tem legitimidade para elaborar a vontade que será imputada ao paciente. Em termos técnicos, ele não é sequer um representante: é um *núncio*, ou seja, é a pessoa que tem a mera função de transmitir uma vontade formada pelo paciente, tal qual como por ele lhe foi transmitida. Vale apenas como depositário da vontade." ASCENSÃO, José de Oliveira. A terminalidade da vida. In: FACHIN, Luiz Edson; TEPEDINO, Gustavo (Coord.). *O direito e o tempo:* embates jurídicos e utopias contemporâneas: estudos em homenagem ao Professor Ricardo Pereira Lira. Rio de Janeiro: Renovar, 2008. p. 171.

parentes ou cônjuges/companheiros, pois entende-se que o vínculo entre estes e o paciente é tão forte (emocional e, em alguns casos, financeiramente) que macula a decisão substituta, sendo recomendável que o procurador seja um amigo e, apenas em última instância, um parente – desde que esse não tenha dependência financeira atual ou futura com o paciente, mas conforme será visto no último capítulo, o projeto de lei que tramita no Senado Federal brasileiro é ainda mais restritivo à essa nomeação.

> Tornou-se cada vez mais difícil encontrar pessoas apropriadas que desejem assumir a pesada tarefa de tutelar pessoas mentalmente inaptas que estejam institucionalizadas, e as famílias algumas vezes tomam decisões que entram em choque com os desejos aparentes da pessoa atualmente incapaz.[45]

Assim, Beauchamp e Childress[46] afirmam que o modelo dos melhores interesses pode ser usado para invalidar decisões do substituto que sejam claramente contrárias aos melhores interesses do paciente.

A coexistência da procuração para cuidados de saúde e do testamento vital em um único documento é salutar para o paciente, contudo, como a aplicabilidade dessa procuração não se restringe a situações de fim de vida, é interessante que se faça um testamento vital contendo a nomeação de um procurador para cuidados de saúde, e, concomitantemente, redija uma procuração para cuidados de saúde, nomeando o mesmo procurador – para que não haja conflito entre os documentos – a fim de que este possa agir em situações que não envolvam fim da vida.

Inexistindo o procurador, seria necessária a nomeação de uma equipe médica, de um juiz ou até mesmo de um comitê de bioética/ética do hospital[47] para dirimir conflitos existentes entre os parentes do incapaz, pautando-se nos melhores interesses dos pacientes.[48]

Isso porque "a procuração para cuidados de saúde tem um alcance mais amplo porque demonstra seus efeitos cada vez que a pessoa que o outorgou seja incapaz de tomar uma decisão, ainda que de forma temporária."[49] Ou seja, enquanto o testamento

45. BEAUCHAMP, Tom L; CHILDRESS, James F. *Princípios de ética biomédica.* Trad. Luciana Pudenzi. São Paulo: Loyola, 2002. p. 203.
46. Op. Cit.
47. Estes comitês de ética têm, habitualmente, problemas de representatividade, fins e procedimentos. Na Espanha, foram positivados recentemente e têm poucos anos de funcionamento. Por outro lado, seus poderes são meramente consultivos. Pelos testemunhos recebidos, chega-se à conclusão que funcionam bem ou mal dependendo das pessoas que os compõem mais do que dos estatutos que o regulam. Texto original: Estos comités de ética tienen, habitualmente, problemas de representatividad, fines y procedimientos. En España han adquirido carácter legal muy recientemente y llevan pocos años de rodaje. Por otro lado, su poder es meramente consultivo. Por los testimonios recibidos, he llegado a la conclusión de que funcionan bien mal dependiendo de las personas que lo componen más que los estatutos que los regulan. BETANCOR, Juana Tereza. Testamento vital. *Eguzkilore: Cuaderno del Instituto Vasco de Criminología*, n. 9, 1995, p. 104.
48. Aceitar um modelo dos melhores interesses, propriamente falando, equivale a reconhecer que, em casos -limite, temos de decidir quais são os interesses de bem-estar do paciente naquele momento, e não buscar aquilo que ele teria escolhido em algum mundo possível imaginário. BEAUCHAMP, Tom L; CHILDRESS, James F. *Princípios de ética biomédica.* Trad. Luciana Pudenzi. São Paulo: Loyola, 2002. p. 206.
49. El poder para el cuidado de la salud tiene un alcance más amplio porque despliega sus efectos cada vez que quien lo otorgó sea incapaz de tomar una decisión, aunque sea de forma temporal. SÁNCHEZ, Cristina

vital, como será visto a seguir, só produzirá efeito em caso de incapacidade definitiva do paciente, a procuração para cuidados de saúde poderá ser utilizada também em caso de incapacidade temporária.

4.2.6. Testamento vital

Inúmeras são as definições de testamento vital encontradas na literatura estrangeira. O apanhado dessas definições permite concluir que o testamento vital é um documento redigido por uma pessoa no pleno gozo de suas faculdades mentais, com o objetivo de dispor acerca dos cuidados, tratamentos e procedimentos que deseja ou não ser submetida quando estiver com uma doença ameaçadora da vida, fora de possibilidades terapêuticas e impossibilitado de manifestar livremente sua vontade.

Este documento enquadra-se no modelo denominado por Beauchamp e Childress[50] de modelo da pura autonomia, vez que neste há expressa manifestação de vontade do paciente, feita enquanto capaz.[51]

No próximo capítulo será detalhada a origem anglo-saxônica desse instituto, o que ocasionou enorme controvérsia acerca do nome deste. Conforme mencionado na introdução, a nomenclatura testamento vital é fruto de errôneas e sucessivas traduções de *living will.* O erro da tradução cinge-se basicamente à incompatibilidade das características do testamento vital com a característica principal do testamento, qual seja, a produção de efeitos *mortis causa*, pois o conceito apresentado acima deixa claro que essa declaração surtirá efeito durante a vida do paciente.

Esclarecida tal questão, torna-se necessário pormenorizar as especificidades desse instituto. Primeiramente, é importante verificar que esse instrumento deverá ser escrito por pessoa com discernimento[52] e será eficaz apenas em situações de irreversibilidade do quadro, quando o paciente não puder exprimir sua vontade.

Desse modo, é imperioso verificar que o paciente em fim da vida deve ser assistido de modo digno, recebendo tratamentos de conforto para amenizar o sofrimento, para

---

López. *Testamento vital y voluntad del paciente:* conforme a la Ley 41/2002, de 14 de noviembre. Madrid: Dykinson, 2003, tradução nossa.

50. BEAUCHAMP, Tom L; CHILDRESS, James F. *Princípios de ética biomédica.* Trad. Luciana Pudenzi. São Paulo: Loyola, 2002.p. 206.

51. Estes autores afirmam textualmente que "ele (o modelo da pura autonomia) se aplica a pacientes que já foram autônomos e capazes e que expressaram uma decisão autônoma ou preferência relevante" BEAUCHAMP, Tom L; CHILDRESS, James F. *Princípios de ética biomédica.* Trad. Luciana Pudenzi. São Paulo: Loyola, 2002. p. 199.Todavia, não é possível afirmar que os pacientes terminais deixam de ser autônomos com o diagnóstico de terminalidade da vida, por esta razão, entende este trabalho que estes pacientes são desprovidos apenas de capacidade.

52. Em países como a Espanha, há leis estaduais (ditas ley *autonoma*) que facultam ao menor de idade o direito de realizar diretivas antecipadas. Este tema será melhor desenvolvido no capítulo seguinte, no item sobre a experiência espanhola e no último capítulo, no qual será analisado a necessidade ou não de impor essa restrição etária no Brasil.

assegurar-lhe qualidade de vida, pois "o ser humano tem outras dimensões que não somente a biológica, de forma a aceitar que o critério da qualidade de vida significa estar a serviço não só da vida, mas também da pessoa".[53] Tais tratamentos, como já visto, são próprios da abordagem paliativa.

Em contrapartida, os tratamentos extraordinários são aqueles que visam prolongar a vida, e não têm qualquer perspectiva de reverter o estado clínico do paciente.[54]

A abordagem paliativa tem como um dos objetivos a não iniciação desses tratamentos (chamado pelos americanos de *withdraw*) e, quando estes já tiverem sido iniciados, a suspensão (chamado pelos americanos de *withholding*) dos mesmos, chamada de suspensão do esforço terapêutico (SET).[55] A não introdução e suspensão são condutas iguais do ponto de vista ético e bioético, mas estudos comprovam que, na prática, os profissionais de saúde sentem-se mais confortáveis do ponto de vista ético e moral em não iniciar, tendo muita dificuldade na suspensão.[56]

Por isso, esses tratamentos precisam ser o objeto de recusa expressa no testamento vital caso essa seja a vontade do outorgante, afinal, o paciente, ainda que esteja em estado terminal, deve ser respeitado como ser humano autônomo, ou seja, sua vontade, mesmo que prévia, deve ser levada em consideração.

Posto isso, é possível apontar os dois principais objetivos do testamento vital, de acordo com Sánchez. Primeiramente, objetiva garantir ao paciente que seus desejos serão atendidos no momento de terminalidade da vida; em segundo lugar, esse documento proporciona ao médico um respaldo legal para a tomada de decisões em situações conflitivas.[57]

Quanto ao conteúdo, a doutrina estrangeira tem apontado para três pontos fundamentais: os aspectos relativos ao tratamento médico, como a SET, a manifestação antecipada se deseja ou não ser informado sobre diagnósticos fatais, a não

---

53. SÁ, Maria de Fátima Freire de. *Direito de morrer:* eutanásia, suicídio assistido. 2. ed. Belo Horizonte: Del Rey, 2005. p. 32.
54. Interessante discussão se dá acerca da possibilidade de o paciente pedir expressamente em seu testamento vital a distanásia, pois a mesma é contra a ética médica e ainda não é proibida no Brasil, assim, este tem se mostrado um assunto que merece um aprofundamento no debate acerca de – eventuais – limites à autonomia do paciente.
55. Com a SET o paciente não morre de uma overdose de cianureto de potássio, de adrenalina ou de heroína; morre da própria doença, da falência da vida que só é eterna na prosa, na poesia e na visão perspectiva de algumas religiões. RIBEIRO, Diaulas Costa. Um novo testamento: testamentos vitais e diretivas antecipadas. In: Congresso Brasileiro de Direito de Família, 5, 2006, São Paulo. *Família e dignidade*. São Paulo: IOB Thomson, 2006. p. 281.
56. Manalo MFC. End-of-Life Decisions about Withholding or Withdrawing Therapy: Medical, Ethical, and Religio-Cultural Considerations. Palliative Care. 2013; 7:1-5.
57. Sobre o papel do testamento vital na relação médico-paciente recomenda-se a leitura de DADALTO, Luciana. Declarações previas de vontade em caso de terminalidade: estudos acerca da utilização do testamento vital como forma de prevenir demandas médicas e proteger a autonomia do paciente. In: DADALTO, Luciana; TEIXEIRA, Ana Carolina Brochado. *Dos Hospitais aos Tribunais*.. Belo Horizonte, 2013. p. 367-389.

utilização de máquinas e previsões relativas a intervenções médicas que não deseja receber, entre outras; a nomeação de um procurador, ponto já discutido ao longo deste trabalho; e a manifestação sobre eventual doação de órgãos, ponto que será detalhado no último capítulo.

O testamento vital, em regra, produz efeitos *erga omnes*, vinculando médicos, parentes do paciente, e eventual procurador de saúde vinculado às suas disposições.

> O caráter vinculante das diretivas parece ser necessário para evitar uma perigosa 'jurisdicionalização' do morrer, que inevitavelmente ocorreria quando o médico se recusasse a executar as diretivas antecipadas, decisão que precluiria uma impugnação da sua decisão pelo fiduciário ou pelos familiares.[58]

Importante verificar os limites que a doutrina aponta ao testamento vital. São eles a objeção de consciência do médico, a proibição de disposições contrárias ao ordenamento jurídico, e disposições que sejam contraindicadas à patologia do paciente ou tratamento que já estejam superados pela Medicina.

Muito se discute acerca do direito do médico à objeção de consciência.[59] O Código de Ética Médica brasileiro prevê em seu artigo 28 que é direito do médico recusar a realização de atos que, embora permitidos por lei, sejam contrários aos ditames de sua consciência.

Assim, é direito do médico, diante do testamento vital, recusar-se a realizar a vontade do paciente, desde que esteja balizada por razões éticas, morais, religiosas, ou qualquer outra razão de foro íntimo. Não é possível, dessa forma, que a objeção de consciência do médico seja respaldada por recusa injustificada, é necessário externar o motivo pelo qual está recusando a cumprir a disposição de vontade do paciente e, neste caso, deverá encaminhá-lo para cuidados de outro médico.[60]

Quanto à proibição de disposições contrárias ao ordenamento jurídico, a principal preocupação é com disposições que incitem a prática da eutanásia. Conforme

---

58. Il carattere vincolante delle direttive appaare necessaria per evitare una rischiosa 'giurisdizionalizzazione' del morire, che inevitavilmente si determinerebbe qualora il medico dovesse rifiutasse di dare esecuzione alle diretive anticipate, decisione che preluderebbe a una impugnativa della sua decisione a opera del fiduciario o dei familiari. RODOTÀ, Stefano. La legge i dilemmi della libertà. In: BORASCHI, Andrea; MANCONI, Luigi. *Il dolore e la politica*. Milão: Bruno Mondadori, 2007. p. 29, tradução nossa.
59. Acerca do tema recomenda-se a leitura de CASABONA, Carlos María Romeo. Libertad de conciencia y actividad biomédica. In: SÁ, Maria de Fátima Freire de (Coord.). *Biodireito*. Belo Horizonte: Del Rey, 2002. p. 20.
60. No caso em que é esperado objeção de consciência do médico e isso acontece no interior do hospital público ou particular em que o paciente está internado, a instituição deve fornecer de qualquer forma a presença de um médico para executar o disposto nas diretivas. (Texto original: Nel caso in cui si prevedesse uma obiezione di conscienza del medico e ciò avvenisse all'interno di una struttura pubblica o privata in cui la persona si trova ricoverata, dovrebbe essere previsto anche l'obbligo della struttura di provvedere in ogni caso la presenza di un medico che dia esecuzione a quanto disposto nelle direttive. RODOTÀ, Stefano. La legge i dilemmi della libertà. In: BORASCHI, Andrea; MANCONI, Luigi. *Il dolore e la politica*. Milão: Bruno Mondadori, 2007. p. 29.

já mencionado, a eutanásia é proibida no Brasil, assim como na maioria dos países ocidentais.

Por fim, as disposições que sejam contraindicadas à patologia do paciente ou que prevejam tratamentos já superados pela Medicina, não podem ser consideradas válidas, pois são contrárias ao melhor interesse do paciente. Tal limitação é necessária, vez que é possível que decorra um longo lapso temporal entre a feitura do testamento vital e a necessidade de sua utilização – a situação de incurabilidade/irreversibilidade do quadro clínico desse paciente.

Desse modo, como a Medicina avança a passos largos e não raras vezes são descobertas novas drogas e novos tratamentos, o papel dessa limitação é evitar que haja a suspensão do esforço terapêutico em casos que não mais se caracterizam como obstinação terapêutica, vez que surgiram novos tratamentos ordinários, inexistentes à época da realização do testamento vital.

No que tange ao aspecto formal, o testamento vital, assim como o testamento (patrimonial), é um negócio jurídico solene, portanto, deve ser escrito e seguir forma prevista em lei. Ressalte-se que nos EUA não há registro cartorário do *living will* pelo simples fato de não haver cartórios lá. A divergência na doutrina estrangeira existe quanto a necessidade ou não de registrar esse documento em cartório e de haver testemunhas. O capítulo seguinte apresentará como essa questão é trabalhada nos países que já legislaram sobre o testamento vital e, no último capítulo, serão melhor avaliados quais deveriam ser a forma e o conteúdo do testamento vital para que seja válido no ordenamento jurídico brasileiro.

4.2.7. Eficácia

Estudos recentes comprovam que os testamentos vitais não se aplicam apenas à situação de terminalidade, mas a todos os estágios clínicos que coloquem o paciente em situação de incurabilidade/irreversibilidade. São estes: a doença terminal, o estado vegetativo persistente e doenças crônicas, especial, mas não restritivamente, à demência avançada.

4.2.7.1. Doença terminal

A Sociedade Espanhola de Cuidados Paliativos (SECPAL)[61] traça os elementos necessários para caracterizar uma patologia como terminal: 1) Presença de uma doença avançada, progressiva e incurável; 2) Falta de possibilidades razoáveis de respostas a tratamentos específicos; 3) Presença de inúmeros problemas ou sintomas intensos, múltiplos, multifatoriais; 4) Grande impacto emocional no paciente, família e equipe de cuidados, estritamente relacionado com a presença explícita ou não da morte; 5) Prognóstico de vida inferior a 6 meses.

61. Disponível em: [http://www.secpal.com/guiacp/index.php?acc=dos]. Acesso em: 10.01.2018.

Em estudos recentes, a nomenclatura ´paciente terminal´ tem sido substituído por pacientes fora de possibilidades terapêuticas atuais,[62] portadores de doenças terminais ou de doenças ameaçadoras da vida, com a finalidade de amenizar o estigma que o termo carrega.

Percebe-se que o diagnóstico de terminalidade da vida está intimamente relacionado à impossibilidade de cura/recuperação aliada com a iminência da morte. Assim, muito se discute acerca da autonomia privada do paciente em fim de vida, vez que não raras vezes associa-se a terminalidade da vida a situações de incapacidade.

> O doente terminal é, antes de mais nada, uma pessoa que não pode ver limitados arbitrariamente os seus direitos pelo simples facto de se encontrar doente, na fase final de uma doença incurável no estado actual do conhecimento médico. Continua, portanto, não obstante a doença que lhe dá uma esperança de vida previsível de um ou dois meses, a ser titular dos direitos reconhecidos nas grandes declarações de direitos no plano do Direito Internacional [...].[63]

É preciso ter em mente que "mesmo que um paciente esteja próximo de morrer, ainda está vivo, e é uma pessoa com desejos".[64] Posto isso, se deve diferenciar duas situações de terminalidade: (i) o paciente consciente com doença terminal consciente; (ii) o paciente inconsciente com doença terminal.

A primeira é uma situação mais confortável para os médicos, vez que o paciente assume a condição de sujeito completamente autônomo. Em contrapartida, quando o paciente estiver inconsciente, sua autonomia estará reduzida, razão pela qual os médicos devem se valer dos desejos anteriormente expressados pelo paciente, por meio do testamento vital, ou, quando este documento não existir, da autonomia da família e de sua própria autonomia, a fim de decidir em face do melhor interesse do paciente, respaldado pelo princípio da beneficência, que, segundo Matos[65] direciona a conduta médica a não causar o mal, "maximizando os benefícios e minimizando os riscos possíveis e sua relação".

Todavia, em ambas as situações, não se deve olvidar que o paciente ainda está vivo, e seus desejos expressados devem ser seguidos. Ou seja, quer o paciente com doença terminal esteja consciente quer esteja inconsciente, sua dignidade e autonomia devem ser preservadas.[66]

---

62. MENEZES, Rachel Aisengart. *Em busca da boa morte*: antropologia dos cuidados paliativos. Rio de Janeiro: Fiocruz e Garamond, 2004.
63. MELO, Helena Pereira de. O direito a morrer com dignidade. *Lex Medicinae: Revista Portuguesa de Direito da Saúde*, Coimbra, Ano 3, n. 6, 2006, p. 72.
64. KOVÁCS, Maria Júlia. Autonomia e o direito de morrer com dignidade. *Revista Bioética*, Brasília, v. 6, n.1, 1998, p. 65.
65. MATOS, Gilson Ely Chaves de. Aspectos jurídicos e bioéticos do consentimento informado na prática médica. *Revista Bioética*, Brasília, v. 15, n. 2, p. 196-213, 2007.
66. Acerca de um enfoque médico sobre o tema, recomenda-se a leitura de OLIVEIRA, José Ricardo de. *Bioética e atenção ao paciente sem perspectiva terapêutica convencional*: estudo sobre o morrer com dignidade. 2007. 147f. Dissertação (Mestrado), Universidade Federal de Minas Gerais, Faculdade de Medicina, Belo Horizonte.

4.2.7.2. Estado vegetativo persistente

O termo EVP foi utilizado pela primeira vez na literatura em 1972,[67] mas a definição da síndrome só foi estabelecida mais de 20 anos depois, em 1994, quando a *Multi-Society Task Force on PVS* publicou um estudo sobre EVP.[68]

Segundo esse estudo, "o estado vegetativo é uma situação clínica de completa ausência da consciência de si e do ambiente circundante, com ciclos de sono-vigília e preservação completa ou parcial das funções hipotalâmicas e do tronco cerebral". E tem como critérios de definição: total ausência de consciência do eu ou do ambiente circundante; a impossibilidade de interação com o próximo; a ausência de respostas sustentadas, reprodutíveis, intencionais e voluntárias a estímulos visuais, auditivos, tácteis ou nóxios; a ausência de compreensão ou expressão verbais, vigília intermitente, ciclos sono-vigília, preservação das funções hipotalâmicas e autonômicas suficientes para sobrevivência. Incontinência urinária e fecal; a preservação em grau variável dos reflexos dos nervos cranianos (pupilares, óculocefálicos, córneos, óculo-vestibulares, de deglutição) e espinomedulares.

Esse mesmo estudo diferenciou os estados "permanente" e "persistente", afirmando que o primeiro é um prognóstico, pois diz respeito à irreversibilidade do quadro, enquanto que o segundo é um diagnóstico, referindo-se a uma condição de incapacidade que aconteceu em determinado momento e persiste.

Em verdade, os pacientes em EVP tem uma peculiaridade no que tange ao estudo das DAV pois, como o paciente não está ligado a aparelhos, o único tratamento que pode ser suspenso para propiciar que a vida do paciente seja abreviada é a nutrição e hidratação artificial (AHA).[69] Os críticos à suspensão de AHA afirmam que nutrição e hidratação são cuidados básicos, que a suspensão destes ocasionará, invariavelmente a morte, constituindo eutanásia, e que os doentes morrerão de fome e sede, indo contra à solidariedade interpessoal.[70] Já os favoráveis, afirmam que a AHA só pode ser considerada cuidado básico quando melhora a qualidade de vida, o que não é o caso na maior parte das situações, pois gera danos e desconfortos para o paciente, razão pela qual deve ser considerada um tratamento médico, que substitui uma função, assim como a ventilação mecânica e a diálise.[71]

---

67. JENNETT B., PLUM, F. Persistent vegetative state after brain damage. A syndrome in search of a name. *Lancet*. v.1, p. 734-737, 1972.
68. THE MULTI-SOCIETY TASK FORCE ON PVS. *Medical aspects of the persistente vegetative state* (first of two parts). The New England Journal of Medicine (1994), v. 330, n. 21, p. 1499-1508 e THE MULTI-SOCIETY TASK FORCE ON PVS. *Medical aspects of the persistente vegetative state* (second of two parts). The New England Journal of Medicine (1994), v. 330, n. 22, p. 1572-1579.
69. NEUROLOGY. Position of the American Academy of Neurology on certain aspects of the care and management of the persistent vegetative state patient. *Neurology*. v. 29, 1989, p. 125.
70. FUHRMAN, M. Patricia; HERMANN, Virginia M. Bridging the continuum: nutrition support in palliative and hospice care. *Nutrition in Clinical Practice*, v. 21, p. 137, 2006.
71. Op. Cit. e BARROCAS, Albert, et. al. *Ethical and Legal issues in nutrition support of the geriatric patient*: the can, should, and must of Nutrition Suport. Nutrition in Clinical Practice, v. 18, 2003, p. 27-47.

Não obstante essa divergência, a posição majoritária é de que a AHA tem caráter de tratamento, mesmo no EVP.[72] Inclusive, pesquisas já comprovaram que até o principal temor diante da aceitação dessa suspensão, a possibilidade de que o paciente sinta fome e sede, não prospera, pois existem formas de paliar essas sensações, como molhar a boca com pano molhado, gelo moído, entre outros. A verdade é que o paciente não morrerá de fome e sede, mas sim que ele não sente fome e sede porque está morrendo.[73]

Pesquisas comprovam ainda, que os indivíduos são mais propensos a recusarem tratamentos e procedimentos em quadro de EVP do que nos estados terminais e crônicos, inclusive no que tange à AHA. Pode-se justificar tal propensão pela verificação de que os sujeitos da pesquisa afirmaram terem sido devidamente informados por seus médicos antes de fazer as DAV, ou seja, tinham consciência de que a suspensão de AHA era benéfica e não lhes traria sofrimento, o que demonstra a importância da informação e do esclarecimento prévio à feitura das DAV.

Ressalte-se, todavia, que o paciente em EVP é um paciente fora de possibilidades terapêuticas, cuja vida social já foi ceifada pelo estágio vegetativo, ainda que a vida biológica possa perdurar por vários anos, razão pela qual inclui-se esse paciente dentro daqueles que estão em fim de vida.

4.2.7.3. Demência avançada

As doenças crônicas incuráveis são, segundo a Organização Mundial de Saúde (OMS), aquelas que "têm uma ou mais das seguintes características: são permanentes, produzem incapacidade/deficiências residuais, são causadas por alterações patológicas irreversíveis, exigem uma formação especial do doente para a reabilitação, ou podem exigir longos períodos de supervisão, observação ou cuidados".[74]

Segundo a OMS, as doenças crônicas como diabetes, problemas cardíacos, câncer e demências representam sessenta e três por cento da mortalidade mundial. Para o presente estudo, interessa o caso dos pacientes crônicos com demência avançada pois, além de incurável, é incapacitante, retirando do paciente a possibilidade de decidir livre e autonomamente sobre seu tratamento.[75]

Historicamente, a demência avançada não figurava entre os estados clínicos que possibilitavam recusa de tratamento/procedimento no testamento vital. E, como

72. ALLISON, S.P. Basics in clinical nutrition: ethical and legal aspects. *E-SPEN, The European e-journal of Clinical Nutrition and Metabolism*. n. 3, 2008, p. 299.
73. GONÇALVES, José António Saraiva Ferraz. *A boa morte: Ética no fim da vida*. Dissertação de mestrado. Universidade do Porto. Disponível em: [http://repositorioaberto.up.pt/bitstream/10216/22105/3/A%20Boa%20Morte%20%20tica%20no%20Fim%20da%20Vida.pdf]. Acesso em: 20.01.2018.
74. WORLD HEALTH ORGANIZATION. *Deffinition of chronic disease*. Disponível em: [http://www.who.int/topics/chronic_diseases/en/]. Acesso em: 16.01.2018.
75. Para aprofundar no assunto, recomenda-se: BURLA, Claudia, et. al. Envelhecimento e Doença de Alzheimer. *Revista Bioética*, 22 (1), 2014, p. 85-93.

visto na sessão sobre diretivas antecipadas para demência, tem voltado a se discutir a retirada desse estado clínico do testamento vital.

Ela foi incluída por causa do impacto da demanda de saúde gerado pelo exponencial aumento da expectativa de vida da população, justificado pela redução do número de nascidos, o aumento da longevidade humana e o declínio das taxas de mortalidade.[76]

Como todas as doenças crônicas, que evoluem para incapacitar o paciente, a demência avançada, entendida aqui como "uma síndrome caracterizada pelo declínio progressivo e global de memória, associado ao déficit de uma ou mais funções cognitivas (linguagem, agnosia, apraxias, funções executivas), com uma intensidade que possa interferir no desempenho social diário ou ocupacional do indivíduo",[77] é uma das patologias que mais acomete o idoso.[78]

Assim, é preciso ter em mente que as pessoas começam a se preocupar com a velhice e com a forma como irão morrer. Estudos norte-americanos demonstram que a maior parte dos outorgantes de diretivas antecipadas são adultos velhos e incluem disposições sobre doenças crônicas e demência avançada em seu testamento vital.[79]

Verifica-se, pelo exposto, que a demência é uma doença que incapacita o paciente a tomar decisões, pois retira sua consciência e, consequentemente, sua autonomia, e há uma perspectiva de aumento de incidência na população brasileira nos próximos anos; por esta razão, é importante que se discuta acerca da inclusão dessa patologia no testamento vital ou se decida pela adoção das diretivas antecipadas para demência, conforme proposto por Gaster.[80]

76. RUGGIO, Adriana. Dignidade do idoso: construindo uma nova hermenêutica. In: DADALTO, Luciana; TEIXEIRA, Ana Carolina Brochado. *Dos Hospitais aos Tribunais*.. Belo Horizonte, 2013. p. 450.
77. CARAMELLI, P.; BARBOSA, M.T. Como diagnosticar as quatro causas mais frequentes de demência? *Revista Brasileira de Psiquiatria*., v. 24, n. 1, 2002, p. 7.
78. SCAZUFCA, M. et. el. Investigações epidemiológicas sobre demência nos países em desenvolvimento. *Rev. Saúde Pública* [online]. 2002, v. 36, n. 6, p. 773-778. Disponível em: [http://www.scielo.br/scielo.php?pid=S0034-89102002000700018&script=sci_arttext]. Acesso em: 10.01.2018.
79. BROWN, B. A. The history of advance directives: A literature review. *Journal of Gerontological Nursing* (2003), v. 29(9); p. 4-14; DANIS, Marion, et. al. *A Prosspective study of advance directives for life-sustaining care*. The New England Journal of Medicine, v. 324(13), p. 882-888.
80. GASTER B, LARSON EB, CURTIS JR. Advance Directives for Dementia: Meeting a Unique Challenge. JAMA. 2017;318(22):2175-2176.

5
O TESTAMENTO VITAL NA EXPERIÊNCIA ESTRANGEIRA

"Una legge sul Testamento biologico non deve risolvere um problema della politica, ma riconoscere un diritto dei cittadini."

Stefano Rodotá

Se é certo que o testamento vital é um instituto ainda pouco conhecido no Brasil, não se pode olvidar que a experiência estrangeira acerca de tal documento é de grande valia para uma análise detalhada do instituto e de como ele tem sido aplicado, a fim de orientar a construção de parâmetros jurídicos para a feitura e efetivação do testamento vital no ordenamento jurídico brasileiro.

O presente capítulo, portanto, tem por objetivo específico fazer um esforço histórico a fim de verificar as origens do testamento vital, bem como analisar como esse documento tem sido utilizado nos países em que está positivado.

Assim, o que se pretende é a análise do testamento vital em diversos países e a característica do instituto em cada um deles, sob os diversos nomes a ele concedido: *living will*, *biotestamento*, *testament de vie*, *instruciones previas*, *testamento vital* etc.

5.1. A EXPERIÊNCIA NORTE-AMERICANA

A expressão *living will* foi cunhada nos EUA no final da década de 1960. Segundo Emanuel,[1] o testamento vital foi proposto pela primeira vez em 1967 pela Sociedade Americana para a Eutanásia, como um "documento de cuidados antecipados, pelo qual o indivíduo poderia registrar seu desejo de interromper as invenções médicas de manutenção da vida."[2]

O primeiro modelo de *living will* e as premissas desse documento foram cunhados por Luiz Kutner,[3] em 1969, que amparou-se no consentimento livre e esclarecido para desenvolver o testamento vital e, inclusive, propôs que os pacientes pudessem acrescentar uma cláusula ao Termo de Consentimento Livre e Esclarecido (TCLE)

1. EMANUEL, Ezekiel J.; EMANUEL, Linda L. Living wills: past, present, and future. *The Journal of Clinical Ethics*, Hagerstown, v. 1, n. 1, p. 1-19, 1990.
2. [...] the living will was proposed as an individual could specify his or her wish to terminates life-sustaining medical interventions. EMANUEL, Ezekiel J.; EMANUEL, Linda L. Living wills: past, present, and future. *The Journal of Clinical Ethics*, Hagerstown, v. 1, n. 1, 1990, p. 10.
3. KUTNER, L. Due process of Euthanasia: The Living Will, A Proposal. *Indiana Law Journal*. v. 44, p. 539-554,1969.

assinado para a realização de cirurgias ou procedimentos mais radicais, manifestando sua recusa a tratamentos caso sua condição se torne incurável ou seu corpo fique em estado vegetativo.[4]

Reconhecendo que a legislação norte-americana vedava a eutanásia e o suicídio assistido, mas, que ao mesmo tempo, era legítimo o direito do paciente com um quadro incurável e irreversível morrer como desejar, ele defendeu que seguir os desejos desse paciente acerca de recusas de tratamentos se afastava do conceito clássico de eutanásia, uma vez que essa recusa não englobava os meios ordinários de preservação da vida.

Desta feita, Kutner propôs um documento, ao qual atribuiu o nome de *living will*,[5] em que o paciente deixaria escrito sua recusa a se submeter a determinados tratamentos quando o estado vegetativo ou a terminalidade fosse comprovada, inclusive, propôs que os seguidores da religião Testemunhas de Jeová o utilizassem para manifestarem recusa às transfusões sanguíneas. Com esse estudo, Luis Kutner alicerçou as bases do testamento vital que, a partir disso, tem sido estudado, discutido, modificado e criticado pelos estudiosos da Bioética. Desde então, os Estados Unidos da América em muito evoluíram nos documentos de manifestação de vontade para tratamentos médicos.

Os EUA possuem um sistema legal de *common law*, o que significa, em linhas gerais, que a legislação é criada a partir da jurisprudência. O primeiro caso judicial a tratar do *living will* foi em 1976, ano em que Karen Ann Quinlan, uma americana de 22 anos, entrou em coma por causas nunca reveladas[6] e seus pais adotivos, após serem informados pelos médicos da irreversibilidade do caso, solicitaram a retirada do respirador e da AHA, e, frente à recusa do médico responsável pelo caso, acionaram o Poder Judiciário de New Jersey, estado no qual a paciente residia, objetivando uma autorização judicial para a suspensão do esforço terapêutico,[7] alegando que a jovem havia manifestado o desejo de não ser mantida viva por aparelhos, em con-

4. Op. Cit., p. 550.
5. Esse termo apareceu pela primeira vez, em 1967, em uma proposta da Sociedade Americana para a Eutanásia, instituição à qual Kutner prestava serviços jurídicos. In: EMANUEL, Linda L. Living wills: past, present, and future. *The Journal of Clinical Ethics*, Hagerstown, v. 1, n. 1, 1990, p. 10.

   Kutner sugeriu outros nomes para o instituto: "declaração que determina o fim da vida" (*declaration determining the termination of life*), "testamentopermitindo a morte" (*testament permitting death*), "declaração de autonomia corporal" (*declaration for bodily autonomy*), "declaração de término do tratamento"(*declaration for ending treatment*) e "relação de confiança do corpo" (*body trust*), contudo, o nome *living will* (desejos de vida) é o mais adotado, até mesmo por ter sido utilizado no título do paradigmático artigo sobre o tema. Todavia, é preciso ter em mente que "testamento vita", nome pelo qual o *living will* é conhecido no Brasil, é uma tradução errada, vez que *will* é sinônimo de testamento, mas também de desejo, razão pela qual a tradução literal mais apropriada seria "desejos de vida".
6. As causas do coma de Karen Ann Quinlan nunca foram esclarecidas. Isso gera várias informações desencontradas na doutrina jurídica. Existem informações de que Karen entrou em coma em virtude de um acidente automobilístico e outras que o coma foi em decorrência de consumo excessivo de álcool e drogas.
7. Ribeiro (2005) afirma que esforço terapêutico é a prática de manter o paciente diagnosticado com quadro incurável vivo com ajuda de aparelhos.

versas anteriores ao coma, a respeito de outros pacientes com estados irreversíveis submetidos a medidas de esforço terapêutico.

A autorização foi negada em primeira instância sob o argumento de que a declaração da paciente não tinha respaldo legal. Em segunda instância, a Suprema Corte de *New Jersey*[8] designou o "Comitê de Ética do Hospital St. Clair" para avaliar a paciente e o prognóstico de seu quadro clínico. No entanto, tal comitê teve que ser criado, em virtude da inexistência de comitês de ética neste hospital e em quase todos os hospitais norte-americanos. Então, o comitê criado especialmente para o caso emitiu parecer concluindo pela irreversibilidade do quadro e, em 31.03.1976, a Suprema Corte de *New Jersey* concedeu à família de Karen o direito de solicitar ao médico o desligamento dos aparelhos que a mantinham viva, bem como a suspensão da AHA.

Após o desligamento dos aparelhos, Karen viveu mais nove anos e faleceu em decorrência de uma pneumonia, sem respirador externo e com o mesmo quadro clínico de antes.

Nesse mesmo ano, motivado pela grande repercussão desse caso, o estado da Califórnia aprovou o *Natural Death Act*,[9] lei que garantia ao indivíduo o direito de recusar ou de suspender um tratamento médico e protegia os profissionais de saúde de eventual processo judicial por terem respeitado a vontade manifestada do paciente.

Após sua aprovação, membro de algumas associações médicas californianas fizeram as *Guidelines and Directive*, contendo orientações para ajudarem o outorgante a instruir seu médico acerca do uso dos métodos artificiais de prolongamento de vida.

As orientações dispostas nesse documento são: a) antes de redigir o testamento vital, procurar uma pessoa, que não precisa ser advogado nem notário público, e solicitar ajuda para a redação; b) solicitar ao seu médico que esse testamento vital faça parte de seu histórico clínico; c) as duas testemunhas que assinarem o testamento vital não podem ter nenhum parentesco sanguíneo com o paciente, nem ser casado com ele, não pode ainda estar beneficiado em seu testamento e nem ter alguma demanda sobre bens de sua propriedade; d) o médico do paciente não pode ser testemunha nem ninguém que trabalhe com ele. Se a pessoa assinar o documento dentro do hospital, nenhum dos empregados do hospital poderá ser testemunha.

Além disso, o *Guidelines and Directive* estabelece que apenas maiores de 18 anos e capazes podem redigir uma diretiva antecipada; que esta será válida por cinco anos, quando será possível fazer outra; que esta não é válida durante a gravidez; que a feitura do documento deve ser de forma livre.

Por fim, quanto à vinculação do médico à diretiva antecipada, dispõe que o médico está limitado ao documento se ele tiver certeza de que seja válido, se outro

8. Disponível em: [http://euthanasia.procon.org/sourcefiles/In_Re_Quinlan.pdf]. Acesso em: 20.12.2012.
9. Disponível em: [http://192.234.213.35/clerkarchive/archive/Statutes/2001/2001_Statutes_1666_Vol_3.pdf]. Acesso em: 20.12.2012.

médico certificou o estado terminal e se o paciente estiver informado a, pelo menos 14 dias, de sua condição.

A Califórnia também foi o primeiro estado norte-americano a legislar sobre a procuração para cuidados de saúde. Em 1983 editou o *California's Durable Power of Attorney for Health Care Act*,[10] motivada pelas discussões acerca do julgamento substituto que permearam o julgamento de Karen Quinlan, reconhecendo o direito do indivíduo a nomear um procurador para tomar decisões médicas em nome dele quando estiver impossibilitado, temporária ou definitivamente, de fazê-lo, isentando o procurador de responsabilidade.

A partir da aprovação dessas leis californianas, vários estados norte-americanos aprovaram leis regulamentando o *living will e o durable power of attorney health care* (DPAHC), mas uma lei federal só foi possível após o caso Nancy Cruzan[11] ter chegado à Suprema Corte Americana em 1990.

Nancy Beth Cruzan, uma americana de 25 anos, casada, sofreu, em 1983, um acidente automobilístico no interior do Estado de Missouri, que lhe deixou em coma permanente e irreversível, sendo posteriormente diagnosticada em estado vegetativo persistente (EVP). Após este diagnóstico, seus pais solicitaram aos médicos que a alimentação e a hidratação artificial que lhe mantinham viva fossem suspensas, alegando que, com 20 anos, Nancy havia dito para uma colega que não gostaria de ser mantida viva quando tivesse menos da metade de suas capacidades normais, todavia, os médicos não atenderam tal pedido em virtude da ausência de autorização judicial. Os pais de Nancy ganharam a causa em primeira instância, mas o estado recorreu. A Suprema Corte do Missouri alterou a decisão de primeira instância entendendo que os pais de Nancy não tinham competência para decidir em nome da filha e que não havia prova contundente do desejo da paciente. O caso chegou à Suprema Corte americana em 1990 que, em novembro deste ano, deferiu o pedido inicial, ordenando que o hospital cumprisse o desejo da família da paciente.[12]

Esse caso é apontado como o mais emblemático na luta do direito de morrer, por ter gerado nos indivíduos um temor de que, caso ficassem em situação similar à de Nancy, fosse exigido judicialmente prova do desejo de interromper o tratamento.[13]

Nesse contexto social e sob forte clamor público, os EUA aprovaram em 1991 a *Patient Self Determination Act*[14] (PSDA), primeira lei federal a reconhecer o direito à autodeterminação do paciente. Esta lei traz em sua segunda seção a instituição das

10. Disponível em: [http://192.234.213.35/clerkarchive/]. Acesso em: 20.12.2012.
11. Informações sobre o caso disponíveis no site [http://oyez.org/cases/1980-1989/1989/1989_88_1503]. Acesso em: 20.12.2012.
12. No túmulo de Nancy Cruzan consta a seguinte indicação: "Nascida em 20 de julho de 1957. Partiu em 11 de janeiro de 1983, Em paz em 26 de dezembro de 1990."
13. GONZÁLES, Miguel Angel Sánchez. O novo testamento: testamentos vitais e diretivas antecipadas. In: BASTOS, Eliene Ferreira Bastos; SOUSA, Asiel Henrique. *Família e jurisdição*. Belo Horizonte: Del Rey, 2006. p. 95.
14. Disponível em: [http://thomas.loc.gov/cgi-bin/query/z?c101:H.R.5067]. Acesso em: 2012.2012.

diretivas antecipadas como gênero de documentos de manifestação de vontade para tratamento médicos, do qual são espécie o *living will* e o *durable power of attorney for health care*,[15] e como visto no capítulo anterior, novas espécies de DAV foram sendo criadas ao longo dos anos pelos americanos.

As DAV representaram um grande avanço na luta norte-americana pelo direito à autodeterminação do indivíduo, todavia, são subutilizadas pela população estadunidense. Estudos[16] demonstram que menos de um terço da população norte-americana possui um *living will*, e demonstra que 75% afirma que gostaria de fazer uma DAV.[17] Ou seja, existe um abismo entre o número de indivíduos que desejam manifestar sua vontade e o que realmente o fazem.[18]

Críticos como Fargelin e Schneider[19] decretaram a falência do testamento vital, apontando como causas a falta de interação entre médico e paciente, a impossibilidade de se predizer o que o paciente desejará diante de um diagnóstico fatal, a dificuldade dos indivíduos de transferirem seus desejos para um documento, a utilização de termos genéricos, o custo na realização do documento, entre outros.

A pouca adesão ao *living will*, aliada às críticas a esse documento e ao aumento da autonomia do paciente, abriu caminho para novos documentos de manifestação de vontade para tratamento médico nos EUA. Atualmente, o *Physician Orders for Life-Sustaining Treatment* (POLST)[20] tem ganhado espaço da documentação de condutas a serem tomadas pelos profissionais de saúde quando o paciente estiver em fim de vida e o testamento vital, juntamente com procuração de cuidados de saúde, têm sido entendidos como documentos que compõem o planejamento antecipado de cuidados,[21] mas não o encerra.

---

15. Por esta razão, não se pode concordar com o posicionamento Renata Lima Rodrigues que afirma "que diretivas antecipadas não são um gênero, mas a natureza mesma de todos os negócios jurídicos unilaterais que, independente de sua forma ou de suas formalidades, tenham como finalidade os cuidados futuros com a saúde em caso de incapacidade – leia-se, falta de discernimento –, e que sejam hábeis a garantir e valorizar as escolhas autônomas de todo indivíduo em relação ao trato de seu corpo, saúde e vida digna" (2013, p. 457). As DAV são gênero dos quais são espécie o testamento vital e a procuração para cuidados de saúde, não porque a literatura quer, mas porque a lei que as instituiu pela primeira vez no mundo – PSDA – assim o fez.
16. HERBST, Nicole, et. al. Approximately One In Three US Adults Completes Any Type Of Advance Health Affairs 36, n. 7 (2017):1244-1251.
17. BROWN, B. A. The history of advance directives: A literature review. *Journal of Gerontological Nursing*, v. 29, n. 9, p. 7, 2003.
18. Nota-se que o percentual de americanos que fizeram suas DAV permanece estável nos últimos anos, pois desde o início da década de 2010 são publicados estudos em que este número varia de 20 a 30% da população.
19. FAGERLIN, A.; SCHNEIDER, C. E. Enough: The Failure of the Living Will. *The Hastings Center Report*. v. 34, n.2, p. 30-42, 2004.
20. Sobre o tema, recomenda-se a leitura de: HICKMAN, S. E. et al. Use of the Physician Orders for Life-Sustaining Treatment (POLST) Paradigm Program in the Hospice Setting. *Journal of Palliative Medicine*. v. 12, n. 2, 2009, p. 133-141.
21. LIN, C. P. et al. What influences patients' decisions regarding palliative care in advance care planning discussions? Perspectives from a qualitative study conducted with advanced cancer patients, families and healthcare professionals. *Palliat Med*. 2019 Aug 1:269216319866641. doi: 10.1177/0269216319866641. [Epub ahead of print].

A substituição dos instrumentos clássicos de DAV por esses novos documentos de manifestação de vontade para tratamento médico é justificada por Hickman *et al*[22] pelo erro no fundamento daqueles, uma vez que as DAV se alicerçavam na ideia de que a autonomia era a primeira opção de tomada de decisões para a maioria das pessoas. Contudo, verificou-se que a principal motivação da população norte-americana para manifestar sua vontade quanto a tratamento médico se baseava na ampla rede social que a cerca.

Todavia, a experiência norte-americana é de grande valia para o estudo aqui proposto, vez que, como os EUA foram o primeiro país a positivar o testamento vital, as discussões estão sedimentadas, o que propicia aos operadores do direito brasileiro ter uma visão de quais são as vantagens e desvantagens desse instituto, bem como os problemas que surgem com sua implementação.

Obviamente, não se pode desconsiderar as diferenças de sistemas legais existentes entre Brasil e EUA, pois enquanto aqui o poder normativo é centralizado, nos EUA há uma descentralização de poder normativo entre os estados, o que gera uma diversidade de leis sobre o mesmo assunto. Assim, deve-se ter em mente que, caso o testamento vital seja positivado no Brasil, isso deve-se dar com uma lei federal. Ademais, a sociedade americana em muito se difere da brasileira, razão pela qual o estudo do testamento vital nos EUA é um norte, mas esse documento não pode ser visto como um modelo a ser seguido literalmente.

5.2. A EXPERIÊNCIA SUL-AUSTRALIANA

Em 1995 a Austrália do Sul aprovou o Ato para Consentimento para Tratamento Médico e Cuidados Paliativos.[23] Trata-se de uma lei geral sobre direitos dos pacientes que, em sua segunda parte, denominada ***Consentimento para tratamentos médicos,*** trata das DAV.

A segunda parte da lei australiana é dividida em seis sessões. A primeira trata, genericamente, sobre quem tem competência para tomar decisões sobre o próprio tratamento e utiliza de um critério etário, dispondo que pessoas com mais de 16 anos a têm.

A sessão dois dispõe sobre a recusa de tratamento por meio de testamento vital, que só poderá ser feito por maiores de 18 anos, podendo conter decisões sobre suspensão de tratamento em caso de terminalidade e EVP. Ou seja, na Austrália do Sul, indivíduos entre 16 e 18 anos podem tomar decisões sobre o próprio tratamento, mas apenas os maiores de 18 anos podem manifestar estas decisões por meio das DAV, que deverão ser sempre por escrito, com duas testemunhas.

A terceira dispõe acerca da procuração para cuidados de saúde que também só poderá ser feito por maior de 18 anos, mas restringem as decisões que o procurador

22. HICKMAN, S. E. et al. Hope for the future: achieving the original intent of advance directives. *The Hastings Cent Report*, 2005, v. 35(6), Special Report, p. 26-30.
23. Disponível em: [http://www.legislation.sa.gov.au/lz/c/a/consent%20to%20medical%20treatment%20and%20palliative%20care%20act%201995/current/1995.26.un.pdf]. Acesso em: 13.01.2018.

poderá tomar, de modo que ele não tem poder para decidir sobre suspensão de AHA e de drogas para aliviar a dor. Interessante notar que essa parte dispõe ainda que o Poder Judiciário poderá, em regra, rever as decisões do procurador por solicitação do médico ou de qualquer pessoa com interesse legítimo; contudo, essa decisão não poderá ser revista quando o paciente estiver em fim de vida, e mais, dispõe sobre penalidades a serem impostas ao procurador que agir contra o interesse do paciente.

Já a quarta trata, especificamente, dos tratamentos médicos em crianças, possibilitando ao médico levar em conta a opinião destas.

A quinta menciona acerca dos tratamentos médicos de emergência, dispondo que nessas situações os médicos devem fazer todos os procedimentos para salvar o paciente incapaz ou inconsciente, que não tiver manifestado sua vontade e/ou não tiver um procurador de saúde.

Por fim, a sexta – e última sessão, dispõe sobre as formalidades do registro das DAV, criando um Registro Nacional de acesso do outorgante, do procurador e do médico.

Essa lei é muito detalhada e a experiência australiana pode contribuir, em muito, para o estudo do tema, especialmente porque trabalha temas poucos comuns como os tratamentos médicos de emergência e os tratamentos médicos em crianças. Possui ainda uma sessão sobre os cuidados das pessoas que estão morrendo na qual desobriga o médico a manter o tratamento em paciente em fim da vida, mesmo que este não tenha DAV. Entretanto, para isso, é preciso que o paciente não tenha deixado documento em contrário, ou seja, não tenha deixado por escrito que quer que lhe sejam realizados todos os procedimentos de manutenção da vida biológica.

Estudos realizados da Austrália apontam uma taxa de prevalência das DAV em 15% da população,[24] sendo o país com mais prevalência após os Estados Unidos. À despeito da riqueza de conteúdo dessa lei, os documentos de manifestação de vontade mais usados na Austrália são as ***advanced care planning***, documentos feitos no âmbito hospitalar por pessoas que já possuem alguma patologia e com vontades específicas para o estado clínico que ocasionou a hospitalização.

5.3. A EXPERIÊNCIA EUROPEIA

5.3.1. Artigo 9º da Convenção de Direitos Humanos e Biomedicina

Em 4 de abril de 1997, foi redigida em Oviedo, Espanha, a Convenção para a Proteção dos Direitos do Homem e da Dignidade do Ser Humano em face das Aplicações da Biologia e da Medicina, conhecida também como Convenção de Direitos Humanos e Biomedicina ou Convênio de Oviedo, cujos signatários são os Estados-Membros do

24. WHITE, B, et. al. Prevalence and predictors of advance directives in Australia. *Intern Med J*. 2014 Oct;44(10):975-80.

Conselho da Europa.[25] Apesar de o Conselho da Europa possuir 47 Estados-Membros, apenas 35 assinaram a convenção e, destes, apenas 23 a ratificaram.[26] Entre os países que a ratificaram está Portugal, Espanha e Suíça.

O artigo 9º do Convênio de Oviedo possui grande importância no estudo do tema, inclusive no que tange à construção legislativa sobre o tema, pois há expressa menção à vontade do paciente.

> Artigo 9º Serão levados em consideração os desejos expressados anteriormente pelo paciente, que dizem respeito à intervenção médica, quando este, no momento da intervenção, não puder expressar sua vontade.[27] (tradução nossa).

O ponto 62 do relatório explicativo sobre a Convenção[28] menciona que os desejos expressados anteriormente não serão necessariamente seguidos, pois se deve atentar para o avanço da Medicina. Tal orientação é fundada na possibilidade de decorrer um longo período entre a manifestação expressa de vontade do paciente e o momento em que esta tenha que ser usada, quando o paciente não puder mais exprimir sua vontade.

Essa nota explicativa é relevante, principalmente para as discussões acerca de um possível prazo de eficácia da diretiva antecipada, no caso aqui estudado, do testamento vital. Tal problemática será retomada no próximo capítulo, quando será analisada a validade do testamento vital perante o ordenamento jurídico brasileiro.

É importante, nesse momento, atentar para o fato de que o Convênio de Oviedo é posterior às leis norte-americanas sobre o tema. Em segundo lugar, que o movimento de positivação de leis acerca dos direitos dos pacientes terminais na Europa foi um movimento internacional, vez que capitaneado por uma organização da qual fazem parte 47 países europeus, ao contrário dos EUA, em que o movimento surgiu primeiramente em nível estadual, para depois se tornar federal.

Antes do Convênio de Oviedo, apenas Finlândia,[29] Holanda[30] e Hungria[31] reconheciam as DAV em legislação. Após o Convênio, a Bélgica[32] foi o primeiro país

---

25. Segundo o site dessa organização, o Conselho da Europa visa realizar uma união estreita entre seus membros. São membros desse conselho: quarenta e sete países, e cinco países observadores.
26. COUNCIL OF EUROPE. *Convenio de Oviedo*. Asociación Federal Derecho a Morir Dignamente. 2006. Disponível em: [http://www.eutanasia.ws/leyes/Oviedo1997.pdf]. Acesso em: 13.01.2018.
27. Serán tomados en consideración los deseos expresados anteriormente con respecto a una intervención medica por un paciente que, en el momento de la intervención, no se encuentre en situación de expresar su voluntad. Op. Cit.
28. 62. The article lays down that when persons have previously expressed their wishes, these shall be taken into account. Nevertheless, taking previously expressed wishes into account does not mean that they should necessarily be followed. For example, when the wishes were expressed a long time before the intervention and science has since progressed, there may be grounds for not heeding the patient's opinion. The practitioner should thus, as far as possible, be satisfied that the wishes of the patient apply to the present situation and are still valid, taking account in particular of technical progress in medicine. (Op. Cit.).
29. Disponível em: [http://www.finlex.fi/fi/laki/kaannokset/1992/en19920785.pdf]. Acesso em: 20.12.2012.
30. Disponível em: [http://europatientrights.eu/countries/signed/netherlands/netherlands.html]. Acesso em: 20.12.2012.
31. Disponível em: [http://www.lexadin.nl/wlg/legis/nofr/eur/lxwehun.htm]. Acesso em: 20.12.2012.
32. Disponível em: [http://www.health.belgium.be/internet2Prd/groups/public/@public/@dg1/@legalmanagement/documents/ie2divers/19081113.pdf]. Acesso em: 20.12.2012.

a legislar sobre o tema, em agosto de 2002, seguida da Espanha,[33] em novembro do mesmo ano. A Inglaterra e o País de Gales[34] reconheceram as DAV em uma lei de 2005. A Áustria[35] em 2006. A Alemanha[36] em 2009, Portugal[37] em 2012, a França em 2016[38] e a Itália em 2017.[39]

Apesar de alguns países terem legislado sobre as DAV antes do Convênio de Oviedo, este é de extrema importância para a consolidação da temática na Europa.

> Este Convênio é uma iniciativa capital, pois diferentemente das declarações internacionais que o precederam, é o primeiro instrumento internacional com caráter jurídico vinculante para os países que o subscrevem. Sua especial valia reside no fato de que estabelece um marco comum para a proteção dos direitos humanos e da dignidade humana na aplicação de biologia e da Medicina.[40]

Ademais, como tratado internacional, o Convênio de Oviedo contribui muito para o debate, principalmente no que tange à análise específica de como cada um de seus signatários o implementou em seu território, para que, posteriormente, essa análise possa auxiliar na formação de uma visão crítica do instituto e de sua positivação, com o objetivo de ajudar na solução do problema central deste trabalho: a validade do testamento vital no ordenamento jurídico brasileiro.

5.3.2. Espanha

Primeiramente, é importante ressaltar que o testamento vital é denominado na legislação federal da Espanha de *instrucciones previas*, o que, segundo Martinéz,[41] ocorre em razão da Emenda 90, apresentada pelo Grupo Parlamentar Popular no Congresso Nacional, que criticava a expressão *voluntades antecipadas* por ter sido transposta do direito norte-americano, que estava muito alijado do mundo da bioética e do direito sanitário. Assim, nesse ponto, sempre que se falar em "instruções prévias", deve-se entender que o tema em questão é testamento vital.

---

33. Disponível em: [http://www.boe.es/boe/dias/2002/11/15/pdfs/A40126-40132.pdf]. Acesso em: 20.12.2012.
34. Disponível em: [http://www.legislation.gov.uk/ukpga/2005/9/contents]. Acesso em: 20.12.2012.
35. Disponível em: [http://ww4.laekh.de/upload/Hess._Aerzteblatt/2009/2009_12/2009_12_15. Pdf]. Acesso em: 10.01.2018.
36. Disponível em: [http://www.patverfue.de/handbuch/pv-gesetz]. Acesso em: 10.01.2018.
37. Disponível em: [http://dre.pt/pdf1sdip/2012/07/13600/0372803730.pdf]. Acesso em: 10.01.2018.
38. Disponível em: [https://www.legifrance.gouv.fr/eli/loi/2016/2/2/2016-87/jo/texte]. Acesso em: 17.01.2018.
39. Disponível em: [www.senato.it/leg/17/BGT/Schede/FascicoloSchedeDDL/ebook/47964.pdf]. Acesso em: 17.01.2018.
40. Dicho Convenio es una iniciativa capital: en efecto, a diferencia de las distintas declaraciones internacionales que lo han precedido, es el primer instrumento internacional con carácter jurídico vinculante para los países que lo subscriben. Su especial valía reside en el hecho de que establece un marco común para la protección de los derechos humanos y la dignidad humana en la aplicación de la biologia y la medicina. ESPANHA. Govierno. LEY 41/2002, de 14 de noviembre. Básica reguladora de la autonomía del paciente y de derechos y obligaciones en materia de información y documentación clínica. *Boletín Oficial del Estado*, Madrid, 15 nov. 2002.
41. MARTÍNEZ, Josefa Cantero. *La autonomía del paciente:* del consentimiento informado al testamento vital. Albacete: Bomarzo, 2005.

Rodriguéz[42] afirma que as discussões sobre as *instruciones previas* iniciaram-se em 1986 com a *Associación Pro Derecho a Morir Dignamente*, que, neste ano, redigiu um modelo de testamento vital.

Essa autora explica que a prática de instruir verbalmente os parentes ou mesmo de forma escrita tem-se generalizado na Espanha e é acompanhado, por vezes, de discussões sobre a eutanásia ou sobre o direito ao consentimento informado.

A primeira lei a tratar sobre as *instruciones previas* foi a Lei Catalã 21/2000, de 19 de dezembro, em seu artigo 8º. Após, comunidades autônomas como Galícia, Extremadura, Madrid, Aragón, La Rioja, Navarra e Catambria[43] também regularam o tema, com algumas diferenças: a) nomenclatura: a maioria denomina esse documento de "vontade antecipada", apenas cinco, das dezesseis comunidades autônomas que possuem lei sobre o tema, utilizam a expressão "instruções prévias"; b) apenas as comunidades de Andaluzia, Valencia e Navarra reconhecem ao menor de idade o direito de realizar instruções prévias; c) apenas a lei de Navarra aponta diferenças entre o testamento vital e as vontades antecipadas; apenas a lei de Madrid diferencia as instruções prévias do procuração para cuidados de saúde; d) todas preveem que as instruções prévias devem ter forma escrita e devem ser incorporadas ao histórico clínico do paciente; e) em todas as legislações está prevista a figura do representante/ procurador, a única diferença é que em algumas comunidades está prevista a necessidade de se nomear vários representantes; f) a maioria das comunidades autônomas reconhece a possibilidade do outorgante dispor acerca da doação de órgãos e do destino de seu corpo após o falecimento.

Entretanto, a despeito de a norma catalã ter sido a primeira lei espanhola a legalizar o testamento vital, os ditos "direitos sanitários" foram positivados na Espanha em 1986, com a *Ley General de Sanidad*.

Segundo Zabala Blanco,[44] essa lei "mesmo sem reconhecer especificamente o direito à realização de testamentos vitais, consolida o direito a autonomia por meio do direito à informação, ao consentimento prévio e ao consentimento por representação".[45]

A primeira norma a tratar especificamente do testamento vital na Espanha foi o Convênio de Oviedo, que entrou em vigor neste país em 1º de janeiro de 2000.

---

42. RODRÍGUEZ, Sonia Navarro. Testamento vital: la nueva ley estatal enfrentada a las normas autonômicas. Iuris: *Actualidad y Práctica del Derecho*. n. 70, p. 21-29, 2003.
43. Para aprofundar o estudo sobre as legislações acerca das instruções prévias nas comunidades autônomas da Espanha, sugiro a leitura da tese intitulada "Autonomia e Instruções Prévias: un análisis comparativo de las legislaciones autonómicas del Estado Español. ZABALA BLANCO, Jaime. *Autonomía e instrucciones previas:* un análisis comparativo de lãs legislaciones autonômicas del Estado Español. 2007. Tesis (Doctoral), Universidad de Cantabria, Departamento de Fisiología y Farmacología Disponível em: [http://www.tesisenred.net/TDX/TDR_UC/TESIS/AVAILABLE/TDR-0123108-125532//TesisJZB.pdf]. Acesso em: 16.01.2018.
44. Op. Cit.
45. [...] que sin reconocer específicamente el derecho a plasmar las Instrucciones Previas, si consolida el derecho a la autonomía a través del derecho a la información, al consentimiento prévio y al consentimiento por representación. Op. Cit, p. 37.

A primeira lei estatal a tratar sobre o tema foi a Lei 41/2002,[46] de 14 de novembro que dispõe sobre as instruções prévias no artigo 11.

Artigo 11. Instruções prévias.

1. Pelo documento de instruções prévias, uma pessoa maior de idade, capaz e livre manifesta antecipadamente sua vontade, com objetivo de que este se cumpra em situações nas quais não seja capaz de expressar pessoalmente, sobre os cuidados e tratamentos de sua saúde, ou, uma vez chegado o falecimento, sobre o destino de seu corpo ou dos órgãos do mesmo. O outorgante pode também designar um representante para que, chegado o caso, sirva como seu interlocutor para o médico ou a equipe sanitária para procurar o cumprimento das instruções prévias.

2. Cada serviço de saúde regulará o procedimento adequado para que, chegado o caso, se garanta o cumprimento das instruções prévias de cada pessoa, que deverá constar sempre por escrito.

3. Não serão aplicadas as instruções prévias contrárias ao ordenamento jurídico, à "lex artis", nem as que não correspondam com o que se suponha que o interessado tivesse previsto no momento de manifestá-las. Na história clínica do paciente ficará anotado as razões relacionadas com estas previsões.

4. As instruções poderão ser revogadas livremente a qualquer momento, por escrito.

5. Com o fim de assegurar a eficácia em todo o território nacional das instruções prévias manifestadas pelo paciente e formalizadas de acordo com o disposto na legislação das respectivas Comunidades Autônomas, se criará no Ministério de *Sanidad y Consumo* o Registro nacional de instruções prévias que se regirá pelas normas que se determinem, prévio acordo do *Consejo Interterritorial del Sistema Nacional de Salud*.[47]

46. Dada a passividade do legislador estatal, os grupos parlamentares *Convengència i Unió y Entesa Catalana de Progrés* apresentaram no Senado em 21 de fevereiro de 2001, a proposição da lei sobre os direitos de informação sobre saúde e a autonomia do paciente e a documentação clínica. Se trata da primeira vez que se utiliza a Câmara do Senado como porta de entrada de uma iniciativa legislativa que parte de uma Comunidade Autônoma. Texto original: Dada la passividad del legislador estatal, los grupos parlamentarios Convengència i Unió y Entesa Catalana de Progrés (integrada por el Partido de los Socialistas de Cataluña y Esquerra Republicana) presentaron en el Senado el 21 de febrero del 2001 la Proposición de Ley sobre los derechos de información sobre la salud y la autonomia del paciente y la documentación clínica. Se trata de la primera vez que se utiliza la Cámara del Senado como puerta de entrada de una iniciativa legislativa que parte de una Comunidad Autónoma. RODRÍGUEZ, Sonia Navarro. Testamento vital: la nueva ley estatal enfrentada a las normas autonômicas. *Iuris: Actualidad y Práctica del Derecho*. n. 70, 2003, p. 26.

47. Artículo 11. Instrucciones previas.

1. Por el documento de instrucciones previas, una persona mayor de edad, capaz y libre, manifiesta anticipadamente su voluntad, con objeto de que ésta se cumpla en el momento en que llegue a situaciones en cuyas circunstancias no sea capaz de expresarlos personalmente, sobre los cuidados y el tratamiento de su salud o, una vez llegado el fallecimiento, sobre el destino de su cuerpo o de los órganos del mismo. El otorgante del documento puede designar, además, un representante para que, llegado el caso, sirva como interlocutor suyo con el médico o el equipo sanitario para procurar el cumplimiento de las instrucciones previas. ESPANHA. Govierno. LEY 41/2002, de 14 de noviembre. Básica reguladora de la autonomía del paciente y de derechos y obligaciones en materia de información y documentación clínica. *Boletín Oficial del Estado*, Madrid, 15 nov. 2002.

2. Cada servicio de salud regulará el procedimiento adecuado para que, llegado el caso, se garantice el cumplimiento de las instrucciones previas de cada persona, que deberán constar siempre por escrito.

3. No serán aplicadas las instrucciones previas contrarias al ordenamiento jurídico, a la 'lex artis', ni las que no se correspondan con el supuesto de hecho que el interesado haya previsto en momento de manifestarlas. En la historia clínica del paciente quedará constancia razonada de las anotaciones relacionadas con estas previsiones.

A constitucionalidade dessa lei foi questionada, principalmente no que tange aos aspectos formais como a promulgação como lei ordinária e o caráter privado das disposições (que, por assim serem, não poderiam ser tratadas em uma lei eminentemente pública, haja vista que essa lei trata de direitos sanitários), e o *Consell Consultiu de la Generalitat* se pronunciou expressamente sobre o artigo 11 da Lei n. 41/2002, declarando sua constitucionalidade e o caráter de norma privada dos pontos 1, 3 e 4 desse artigo.

Em linhas gerais, as instruções prévias na Espanha devem conter instruções à equipe médica sobre o desejo de que não se prolongue artificialmente a vida, a não utilização dos chamados tratamentos extraordinários, a suspensão do esforço terapêutico e a utilização de medicamentos para diminuir a dor, entre outras.

Pela Lei 41/2002, é possível ainda que, no documento de instruções prévias o outorgante nomeie um representante para que, quando aquele estiver impossibilitado de manifestar sua vontade, este terceiro possa fazê-lo em nome do subscritor do documento. Ou seja, a lei espanhola apresenta uma clara confusão entre testamento vital e procuração para cuidados de saúde, ao tratar estes dois institutos como se fosse apenas um.

Além disso, é possível que nesse documento o outorgante expresse sua vontade acerca da doação de órgãos e do destino que gostaria que fosse dado ao seu corpo morto. Na Espanha, assim como no Brasil, existe uma legislação específica sobre doação de órgãos, contudo, Zabala Blanco[48] entende que a inclusão dessa possibilidade na Lei 41/2002 é uma busca de expressão explícita da vontade do outorgante porque, na prática espanhola, é respeitada a posição da família, quando inexiste uma manifestação expressa de vontade do paciente.

Quanto aos critérios formais, as instruções prévias na Espanha devem ter forma escrita e podem ser feitas em um cartório, perante o notário, ou perante um funcionário do Registro Nacional ou da Administração Pública (dotados de fé pública) ou ainda perante três testemunhas. Ressalte-se que a justificativa para a segunda possibilidade é "evitar ter que recorrer a terceiros, como testemunhas ou notários, para um ato que se situa na esfera de autonomia pessoal e da intimidade das pessoas".[49]

---

4. Las instrucciones previas podrán revocarse libremente en cualquier momento dejando constancia por escrito.

5. Con el fin de asegurar la eficacia en todo el territorio nacional de las instrucciones previas manifestadas por los pacientes y formalizadas de acuerdo con lo dispuesto en la legislación de las respectivas Comunidades Autónomas, se creará en el Ministerio de Sanidad y Consumo el Registro nacional de instrucciones previas que se regirá por las normas que reglamentariamente se determinen, previo acuerdo del Consejo Interterritorial del Sistema Nacional de Salud. (ESPANHA, 2002).

48. ZABALA BLANCO, Jaime *Autonomía e instrucciones previas:* un análisis comparativo de lãs legislaciones autonômicas del Estado Español. 2007. Tesis (Doctoral), Universidad de Cantabria, Departamento de Fisiología y Farmacología Disponível em: [http://www.tesisenred.net/TDX/TDR_UC/TESIS/AVAILABLE/TDR-0123108-125532//TesisJZB.pdf]. Acesso em: 16.01.2018.

49. La posibilidad de hacerlo ante el funcionario del registro o ante personal de la administración, sometidos por otra parte a la salvaguarda de la confidencialidad de los datos, aseguraría tal como dice la legislación andaluza, evitar el tener que recurrir a terceros, como son los testigos o fedatarios públicos para un acto que se sitúa en la esfera de autonomía personal y la intimidad de las personas. Op. Cit., p. 37.

Ademais, disposições contrárias ao ordenamento jurídico e que não correspondam à manifestação de vontade do outorgante não serão levadas em conta.

Merece especial atenção a questão da capacidade do outorgante, pois apesar da lei estatal dispor textualmente acerca da necessidade de maioridade do outorgante, as comunidades autônomas de Aragon, Catalunha, Navarra e La Rioja dotam o menor de capacidade para a realização desse ato.

Por fim, pela lei espanhola, as instruções prévias serão incluídas no histórico clínico do paciente e poderão ser revogadas a qualquer tempo pelo outorgante, enquanto capaz.

Em 2 de fevereiro de 2007, foi publicado o Real Decreto 124/2007, instrumento que regula o ponto 5 deste artigo, pois cria o Registro Nacional de Instruções Prévias (RNIP) e o correspondente arquivo automatizado de dados de caráter pessoal.

Segundo este Decreto, o acesso ao RNIP é restrito às pessoas que fizeram as instruções prévias, aos representantes legais dessas pessoas ou a quem o outorgante tenha designado neste documento, aos responsáveis dos registros autônomos, e às pessoas designadas pela autoridade sanitária da comunidade autônoma correspondente ou pelo *Ministerio de Sanidad y Consumo*.

Como não são todas as comunidades autônomas da Espanha que possuem lei específica sobre as instruções prévias, o Decreto Real 124/2007 estabelece que as pessoas que vivam em comunidades que não tenham regulamentado as instruções prévias poderão redigir tal documento e deverão se apresentar perante a autoridade da comunidade autônoma em que vivem e caberá à autoridade remeter o documento ao registro nacional, onde será feita uma inscrição provisória e a notificação dessa inscrição à Comunidade Autônoma correspondente.

Interessante notar a força vinculante de tal instrumento, pois está expresso no decreto acima mencionado que, independentemente da comunidade autônoma a que pertença o outorgante, a instrução prévia deve ser conhecida e seguida, no momento oportuno, pelos profissionais de saúde que prestarem atendimento ao outorgante.

Segundo Sallort,[50] apenas em dezembro de 2012, os registros de todas as comunidades autônomas foram sincronizados ao RNIP, mas desde então ele tem cumprido perfeitamente a missão de possibilitar o conhecimento das instruções prévias outorgadas pelo cidadão, em todo o território espanhol.

Uma detida análise dos dados divulgados pelo RNIP permite a conclusão de que nos últimos anos a população espanhola tem feito mais instruções prévias. Veja-se:[51]

---

50. SALLORT, José Carlos Abellán. Directrices Anticipadas de Voluntad em España: contextos y perspectivas. In: DADALTO, Luciana. *Bioética e Diretivas Antecipadas de Vontade*. Curitiba: Editora Prismas, 2014. p. 137-154.

51. REGISTRO NACIONAL DE INSTRUÇÕES PRÉVIAS. Numero inscripciones em el RENIP desde sicronizacion completa de los registros autonômicos. Disponível em: [https://www.msssi.gob.es/ciudadanos/rnip/doc/Enero-2018/2018_Numero_inscripciones_en_el_Registro_Nacional_de_Instrucciones_Previas_desde_la_sincronizacion_completa_de_los_registros_autonomicos.pdf]. Acesso em: 05.08.2019.

REGISTRO AUTONÓMICO	Enero 2013	Enero 2014	Enero 2015	Enero 2016	Enero 2017	Enero 2018	Enero 2019
ANDALUCÍA	23.397	25.329	27.407	29.949	32.825	35.686	38.531
ARAGÓN	5.012	5.494	6.007	6.660	7.384	8.172	9.42
ASTURIAS	3.805	4.261	4.718	5.161	5.687	6.200	6.644
BALEARES	3.121	3.740	4.544	5.312	6.197	7.258	8.328
CANARIAS	6.001	6.757	7.602	8.404	9.290	10.319	10.600
CANTABRIA	1.413	1.598	1.850	2.078	2.366	2.626	2.928
CASTILLA-LA MANCHA	4.047	4.474	4.960	5.481	6.049	6.656	7.188
CASTILLA Y LEÓN	4.380	5.171	5.923	6.805	7.958	9.291	10.330
CATALUÑA	47.773	50.957	56.167	59.606	63.959	72.515	83.179
C. VALENCIANA	14.474	15.776	17.478	19.343	21.310	23.554	25.558
EXTREMADURA	1.039	1.160	1.264	1.429	1.579	1.761	1.873
GALICIA	2.537	3.545	4.105	4.646	5.795	6.895	8.178
MADRID	12.307	14.205	16.363	18.724	21.273	23.445	26.900
MURCIA	2.889	3.132	3.399	3.648	3.940	4.409	4.405
NAVARRA	1.755	2.200	2.722	3.327	4.174	5.402	7.434
PAÍS VASCO	10.506	11.970	13.975	16.033	18.697	20.780	24.163
LA RIOJA	1.317	1.555	1.773	2.052	2.353	2.675	2.947
MSSSI(*)	2	4	70	93	107	132	140
TOTAL	145.775	161.328	180.327	198.751	220.943	247.776	278.368

Assim, percebe-se que mesmo na Espanha, país que está bastante avançado na positivação do testamento vital o tema ainda carece de disseminação entre a sociedade, especialmente se verificarmos que a população espanhola tem mais de quarenta e seis milhões e meio de pessoas. Ou seja, pouco mais de 5% da população espanhola possui uma instrução prévia.

Em verdade, o tema está longe de ser pacificado nesse país. Muitas discussões ainda existem sobre a figura do procurador e ainda há, por parte da sociedade, um ceticismo sobre o valor e utilidade desse documento, conforme afirmado por Sallort,[52] mas é certo que essa experiência será útil no próximo capítulo, quando da análise da necessidade de lei específica no Brasil.

5.3.3. Portugal

A Convenção de Direitos Humanos e Biomedicina foi ratificada por Portugal pela Resolução da Assembleia da República 1/2001, e, em 16 de julho de 2012, foi promulgada a Lei 25/2012, que regula as diretivas antecipadas de vontade, e cria o Registo Nacional de Testamento Vital (RENTEV).

52. Op. Cit.

Esta tem suas bases no trabalho da Associação Portuguesa de Bioética (APB), fundada em 2002, com objetivo de investigar, promover e difundir a bioética. A APB é vinculada ao Serviço de Bioética e Ética Médica da Faculdade de Medicina do Porto, e, ao longo dos anos, produziu importantes documentos bioéticos. No que tange às DAV há o Parecer P/05/APB/06, sobre *directivas* antecipadas de vontade; o *Projecto de Diploma* P/06/APB/06, que regula o exercício do direito a formular *directivas* antecipadas de vontade no âmbito de prestação de cuidados de saúde e cria o correspondente registro nacional e as *Guidelines,* sobre suspensão e abstenção de tratamento em doentes terminais.[53]

O Parecer P/05/APB/06 é um documento voltado à análise da recusa de transfusão sanguínea pelos Testemunhas de Jeová, e basicamente se resume a um documento que explica o histórico das diretivas antecipadas e as modalidades de diretivas que existem para, por fim, verificar a validade da diretiva antecipada feita por um Testemunha de Jeová com a finalidade de expressar sua recusa em ser submetido a uma transfusão sanguínea.

Já o Projeto de Diploma P/06/APB/06 é um projeto de lei para regulamentar o artigo 9º da Convenção de Direitos Humanos e Biomedicina. Este projeto aponta como fundamento legal a Constituição da República Portuguesa, que reconhece a autonomia do paciente e permite que ele tome decisões acerca de tratamentos,[54] o Código Penal português, que pune intervenções médicas realizadas sem autorização do paciente, e a Lei 21/2005 (Lei sobre Informação Genética Pessoal e Informação de Saúde), que prevê o direito da pessoa de ser ou não informado sobre seu estado de saúde.

As *Guidelines*, documento redigido em 26 de maio de 2008, pretendem ser normas de orientação e que, posteriormente, "venham a ser incorporadas no sistema de saúde português, seja pela via legislativa seja através da sua adopção pelas autoridades administrativas competentes".[55]

---

53. Essas *Guidelines* foram discutidas a Conferência Nacional de Consenso sobre Suspensão e Abstenção de Tratamento em Doentes Terminais, realizada em 11 de janeiro de 2008.

54. A Constituição da República Portuguesa, de 2 de Abril de 1976, nos seus artigos 1.º, 25.º, 26.º, 27.º e 41.º, reconhece sucessivamente, a dignidade da pessoa humana como fundamento da República, os direitos da pessoa à integridade pessoal, ao desenvolvimento da personalidade e à liberdade, e declara a inviolabilidade da liberdade de consciência, de religião e de culto. Consagra igualmente no artigo 64.º o direito de todos à proteção da saúde, que foi objeto de concretização na Lei 48/90, de 24 de Agosto, a Lei de Bases da Saúde. Esta reconhece na Base XIV, os direitos dos utentes a "ser informados sobre a sua situação, as alternativas possíveis de tratamento e a evolução provável do seu estado", e a "decidir receber ou recusar a prestação de cuidados que lhes é proposta, salvo disposição especial da lei". É assim valorizada a autonomia individual dos cidadãos no que concerne à sua saúde, sendo-lhes reconhecida a faculdade de tomar diferentes decisões sobre a mesma. ASSOCIAÇÃO PORTUGUESA DE BIOÉTICA. *Projecto no. P/06/APB/06*. Regula o exercício do direito a formular diretivas antecipadas de vontade no âmbito da prestação de cuidados de saúde e cria o correspondente registro nacional. Relatores: Helena Melo, Rui Nunes. 20 dezembro de 2007. Disponível em: [http://www. apbioetica.org/fotos/gca/1200319873p_06_apb_06_testamento_vital.pdf.pdf]. Acesso em: 13.01.2018.

55. Op. Cit.

Percebe-se, desse modo, que a APB tem contribuído fundamentalmente para o debate, tanto que a Lei 25/2012 tem suas bases no Projeto de Diploma P/06/APB/06, apesar de ter sofrido algumas modificações.

No que tange à Lei 25/2012, essa contém uma clara confusão terminológica vez que iguala o testamento vital às DAV e trata a procuração para cuidados de saúde como outro instituto jurídico, olvidando-se que as DAV são um gênero do qual estes documentos são espécies.

Essa confusão fica clara na análise do artigo 1º: "a presente lei estabelece o regime das diretivas antecipadas de vontade (DAV) em matéria de cuidados de saúde, designadamente sob a forma de testamento vital (TV), regula a nomeação de procurador de cuidados de saúde e cria o Registo Nacional do Testamento Vital (RENTEV)."[56]

Ora, se o registro criado pela lei se refere ao testamento vital, deixando claro que para os portugueses diretivas antecipadas de vontade e testamento vital são sinônimos, para que afirmar que a lei regulamenta as DAV? Parece-nos um certo diletantismo, que acaba por confundir ainda mais a questão terminológica e, a nosso, ver, melhor seria assumir a opção feita, qual seja, tratar DAV e testamento vital como sinônimos.

A lei portuguesa inova ao estabelecer um prazo de eficácia de cinco anos para o documento, em clara demonstração de contrariedade à natureza revogável das DAV.

E, avança na criação de um registro nacional, RENTEV, operacionalizando a aplicação do instituto no país, especialmente por permitir o acesso do médico responsável pelo cuidado da pessoa que está incapaz de expressar sua vontade livre e autonomamente.

Note-se que o RENTEV apenas entrou em funcionamento no dia 01.07.2014, portanto, mais de dois anos após a aprovação da lei que estabelecia sua criação. Esse está a cargo do Ministério da Saúde português, que disponibiliza em um portal na internet um modelo de DAV[57] para que o outorgante preencha e entregue em um Agrupamento de Centros de Saúde ou em uma Unidade Local de Saúde, que registrará o documento em um software, chamado de RENTEV.[58]

O mais recente dado acerca da adesão do testamento vital pelos portugueses é de dezembro de 2018 e aponta que nessa data há cerca de 24.400 testamentos vitais no RENTEV,[59] muito aquém da expectativa do governo, que era de ter 20.000 unidades registradas durante os seis meses primeiros meses de implementação desse software.[60]

---

56. PORTUGAL. *Lei 25/2012*. Disponível em: [http://dre.pt/pdf1sdip/2012/07/13600/0372803730.pdf]. Acesso em: 10.01.2018.
57. Vide anexo A.
58. Informação retirada do site: [https://servicos.min-saude.pt/utente/portal/paginas/RENTEVDestaque.asp]. Acesso em: 15.02.2018.
59. Informação retirada do site: [https://www.sns.gov.pt/noticias/2019/03/06/testamento-vital-24-400-registados/]. Acesso em: 05.08.2019.
60. DIÁRIO DE NOTÍCIAS. Só 6 mil têm testamento vital. Governo queria 20 mil em seis meses. Disponível em: [https://www.dn.pt/sociedade/interior/so-6-mil-tem-testamento-vital-e-preciso-dar-mais-informacao-5582702.html]. Acesso em: 15.02.2018.

Ou seja, a meta do governo foi atingida após mais de quatro anos, por essa razão, a Assembleia da República publicou a Resolução 33/2019, no dia 04 de março de 2019, recomendando que o Governo Federal promova uma campanha informativa de divulgação e incentivo ao registro do testamento vital.[61]

Percebe-se, assim, que não basta a aprovação de uma lei e a implementação de um banco digital de testamento vital para que este documento se torne conhecido pela população. É preciso mais do que isso e acreditamos que esses índices só serão melhorados quando o país investir em educação para a morte.

Para o Brasil, as discussões portuguesas são importantes não muito pelo conteúdo – vez que, em linhas gerais, a lei e as discussões não apresentam nenhuma inovação do que já existe nos EUA e na Espanha –, e sim porque a proximidade histórica com Portugal, consubstanciada na atualidade com a ajuda que a APB prestou ao CFM na elaboração da resolução sobre as DAV, já dão indícios de como o tema será tratado no Brasil, possibilitando críticas e o aperfeiçoamento da temática, inclusive quanto ao modelo de DAV utilizado por Portugal.[62]

5.3.4. França

Enquanto Portugal alcançou a legalização do testamento vital por meio de um longo debate social, capitaneado pela Associação Portuguesa de Bioética e quinze anos após a Convenção de Oviedo, a França começou a positivar os direitos dos pacientes muito antes, em 2002.

Até 2016, as leis que tratavam acerca dos direitos dos pacientes na França eram: (i) Lei de 4 de março de 2002,[63] relativa aos direitos dos doentes e à qualidade do sistema de saúde, cujo objetivo foi "reequilibrar a relação médico-paciente insistindo sobre a importância de a pessoa doente participar das decisões médicas que lhe concernem. Para isso, a lei insiste na importância da informação, do consentimento, do respeito à recusa de tratamento";[64] (ii) Lei Leonetti, de 2005,[65] que avançou nas discussões fomentadas pela lei de 2002, reconhecendo a importância de se ouvir e respeitar a vontade do doente, agora manifestada no testamento vital.

Ocorre que as referidas leis eram vagas, distantes de realidade e, além disso, enfrentavam resistência no meio médico e as dificuldades em se oferecer cuidados

61. PORTUGAL. Resolução 33/2019. Disponível em: [https://dre.pt/web/guest/pesquisa/-/search/120454164/details/maximized?p_p_auth=wrgaKur7]. Acesso em: 05.08.2019.

62. Sobre esse assunto, recomenda-se: MACEDO, João M.; SANTOS, Laura Ferreira dos. Testamento vital: um modelo confuso? Disponível em: [http://www.publico.pt/sociedade/noticia/testamento-vital-um-modelo-confuso-1661817?page=-1]. Acesso em: 10.01.2018.

63. Disponível em: [https://www.legifrance.gouv.fr/affichTexte.do?cidTexte=JORFTEXT000000227015&categorieLien=id]. Acesso em: 18.01.2018.

64. FOURNIER, Véronique; TRARIEUX, Sophie. Les directives anticipées en France. In: *Médecine & Droit* 2005 (2005), p. 146-148.

65. Disponível em: [http://www.senat.fr/dossier-legislatif/ppl04-090.html]. Acesso em: 20.01.2018.

paliativos a todos os necessitados. E mais, no que diz respeito ao testamento vital, a legislação francesa não reconhecia a supremacia da vontade manifestada, sendo a vontade manifestada na DAV apenas um elemento a ser levado em consideração pelos médicos na tomada de decisões, sem caráter vinculante.

Por essa razão, o Comitê Consultivo Nacional de Ética francês se manifesta dizendo que "não se tratam verdadeiramente de diretivas: elas não apresentam valor vinculante e, hoje, nenhum formalismo particular cerca a sua coleta e sua conservação".[66-67]

No ano de 2016 a situação mudou com a aprovação da Lei 2016-87 que trata especificamente dos direitos das pessoas em fim de vida e altera o Código Civil francês para introduzir o testamento vital, chamado, assim como em Portugal, de diretivas antecipadas de vontade.

Em linhas gerais, a lei francesa reconhece que as DAV vinculam os médicos, derrubando assim as críticas existentes em relação às legislações anteriores; estabelece que os incapazes também podem fazer DAV desde que com autorização judicial; reconhece que as DAV são instrumentos que valem apenas para o paciente em fim de vida, revogáveis a qualquer tempo, cria um registro nacional nos moldes portugueses e apresenta dois modelos de DAV: um para pessoas saudáveis e outro para pessoas com doença grave e em fim de vida.

A lei francesa difere-se da portuguesa[68] porque prevê a possibilidade de incapazes redigirem suas DAV, ainda que com autorização judicial, por não estabelecer prazo de eficácia, por ter criado dois modelos de DAV, diferenciando as pessoas saudáveis das pessoas doentes e, por fim, por ter apresentado, na própria lei, os modelos de DAV,[69] ao invés de deixar a cargo do órgão estatal que regula a saúde.

Recente estudo feito com pessoas maiores de cinquenta anos evidenciou que 13% dessa população fez sua DAV.[70] Inexistem estudos com toda a população francesa e também não há, até o momento, nenhuma notícia sobre a implementação de um registro oficial.

---

66. COMITÉ CONSULTATIF NATIONAL D'ÉTHIQUE. *Avis 121 – Fin de vie, autonomie de la personne, volonté de mourir*. Disponível em: [http://www.ccne-ethique.fr/fr/publications/fin-de-vie-autonomie-de-la-personne-volonte-de-mourir#.UvEQUXnGKQs]. Acesso em: 17.01.2018.
67. Nas edições anteriores desta obra afirmávamos que: "Não obstante a França possuir legislação sobre o tema desde 2005, esta não pode ser vista como nação que reconhece o direito do paciente a se autodeterminar a partir de uma DAV, pois não vincula o médico a disposições constantes no documento."
68. Acerca da diferença entre a lei portuguesa e a francesa recomenda-se: DADALTO, Luciana. A necessidade de um modelo de Diretivas Antecipadas de Vontade para o Brasil: estudo comparativo dos modelos português e franceses. *Revista M*, v. 1, n. 2, p. 446-463, jul.-dez., 2016.
69. Vide Anexo B.
70. BVA OPINION. Les directives anticipées en mai 2019: situation générale et dans les EHPAD en particulier. Disponível em: [https://www.parlons-fin-de-vie.fr/je-minteresse-a-la-fin-de-vie/les-directives-anticipees/]. Acesso em: 05.08.2019.

5.3.5. Itália

Como já foi dito anteriormente, a Itália é signatária do Convênio de Oviedo e em dezembro de 2017 aprovou uma lei sobre testamento vital.

Em 1998, foi aprovado um novo Código de Deontologia Médica na Itália que dispôs especificamente acerca da autonomia do paciente em seu artigo 34, protegendo a liberdade, a dignidade e a vontade expressa do paciente, inclusive a vontade anteriormente manifestada por aquele que não está em condições de exprimir-se.[71] No artigo 37, está expresso que o médico não deve utilizar-se da obstinação terapêutica em caso de paciente em fase de terminalidade, ou seja, deve apenas valer-se dos tratamentos ordinários para evitar o sofrimento quando não há mais como reverter o quadro.[72]

Essa norma médica foi a precursora da garantia dos direitos do paciente na Itália, todavia, trata-se apenas de uma diretriz para os médicos sem qualquer eficácia *erga omnes*, razão pela qual não pode ser encarada como uma lei italiana que possibilita interpretações sobre a legalidade do testamento vital nesse país.

As discussões acerca desse instituto ganharam força após 2003, quando o Comitê Nacional de Bioética editou um documento intitulado *Dichiarazzioni Anticipate di Tratamento*[73] motivado pela crescente literatura nacional e internacional sobre questões afetas aos documentos de manifestação de vontade de pacientes, bem como pela Convenção de Direitos Humanos e Biomedicina, da qual a Itália é signatária.

Esse documento era a principal recomendação feita por um órgão de alcance nacional da Itália até a aprovação da lei em dezembro de 2017. Todavia, este trata amplamente das diretivas antecipadas – não apenas dos testamentos vitais – por indicar as várias formas de autodeterminação.

Nesse há algumas condições para que as "declarações antecipadas de tratamento" sejam tidas como válidas. São elas: a) caráter público, datado, forma escrita, feito por pessoa maior, capaz de entender, de manifestar vontade, sem que esteja sob qualquer tipo de pressão familiar, social ou ambiental; b) não pode ter disposições acerca da prática de eutanásia,[74] que contrariem o direito positivo ou as normas médicas e

71. Art. 34. Il medico deve attenersi, nel rispetto della dignità, della libertà e dell'17; indipendenza professionale, alla volontà di curarsi, liberamente espressa dalla persona.

    Il medico, se il paziente non è in grado di esprimere la propria volontà in caso di grave pericolo di vita, non può non tenere conto di quanto precedentemente manifestato dallo stesso. [...] ITÁLIA. Ministero della Salud. *Il códice di deontologia medica*. Roma, 1998.

72. Art. 47. In caso di malattie a prognosi sicuramente infausta o pervenute alla fase terminale, il medico deve limitare la sua opera all'assistenza morale e alla terapia atta a risparmiare inutili sofferenze, fornendo al malato i trattamenti appropriati a tutela, per quanto possibile, della qualità di vita.

    In caso di compromissione dello stato di coscienza, il medico deve proseguire nella terapia di sostegno vitale finchè ritenuta ragionevolmente utile. ITÁLIA. Ministero della Salud. *Il códice di deontologia medica*. Roma, 1998.

73. Comitato Nazionale per la Bioetica. *Dichiarazioni anticipate di trattamento*. 2003. Disponível em: [http://www.governo.it/bioetica/testi/ Dichiarazioni_anticipate_trattamento.pdf]. Acesso em: 13.01.2018.

74. Acerca da relação entre Eutanásia e Testamento vital no ordenamento jurídico italiano recomenda-se a leitura de BALLARINO, Tito. Eutanásia e testamentobiológico nel conflitto di leggi. *Rivista di Diritto Civile*, Milano, Ano 54, n.1, p. 69-85, gen./feb. 2008.

deontológicas. Entretanto, o médico não pode ser obrigado a fazer algo que vá contra sua consciência; c) com a finalidade de que tenha uma redação adequada e em conformidade com o ponto "b", o outorgante deve ser orientado na elaboração do documento por um médico; d) a fim de garantir a máxima personalização da vontade do futuro paciente, as disposições devem ser redigidas de forma "não genérica", de modo a não gerar equívocos quando de sua interpretação, e de relatar, o mais fiel possível, a situação clínica na qual esse documento será levado em consideração.

No que tange ao conteúdo das diretivas, o Comitê Nacional de Bioética[75] entende que as declarações de vontade devem se pautar pelo princípio de que qualquer pessoa tem o direito de exprimir seu próprio desejo de modo antecipado em relação a todos os tratamentos e a todas as intervenções médicas acerca das quais pode, licitamente, exprimir a própria vontade atual. Desse princípio infere-se que as diretivas antecipadas não poderão conter disposições contrárias à lei e o paciente não poderá solicitar a prática da eutanásia.

Assim, as disposições que este Comitê entende serem lícitas são aquelas que indicam se o paciente quer doar seus órgãos, qual o destino que deseja que seja dado a seu cadáver, indicações sobre a humanização da morte, suspensão do esforço terapêutico e suspensão da alimentação e da hidratação artificial.

Apesar de o Comitê Nacional de Bioética ter se manifestado em 2003 de forma incisiva sobre as diretivas antecipadas e a necessidade de uma lei que as regulamente, foi em 2006, no caso Piergiogio Welby, que o tema realmente tomou contornos sociais e começou a ser discutido nos meios não acadêmicos, alcançando a esfera política.

Piergiogio Welby[76] tinha 60 anos e sofria de distrofia muscular progressiva desde os 18 anos. Desde 1997, vivia conectado a um respirador artificial, em virtude da piora de seu estado de saúde. Em 2006, seu quadro clínico piorou drasticamente e o motivou a procurar a justiça italiana para solicitar que fossem desligados os aparelhos que o mantinham vivo.

Após uma derrota no Tribunal de Roma, em 22 de setembro de 2006, Welby escreveu uma carta ao então presidente italiano, Giorgio Napolitano com o objetivo de sensibilizá-lo sobre seu sofrimento. Essa carta gerou uma grande comoção social, e deu início a um debate público sobre a legalização da eutanásia.

Em 21 de dezembro de 2006, o médico anestesista Mario Ricco desligou o respirador, após sedar o paciente para evitar que ele sofresse.[77] Após este ato, o médico foi processado pela prática de eutanásia – delito tipificado na Itália.

---

75. Comitato Nazionale per la Bioetica. *Dichiarazioni anticipate di trattamento*. 2003. Disponível em: [http://www.governo.it/bioetica/testi/ Dichiarazioni_anticipate_trattamento.pdf]. Acesso em: 13.01.2018.
76. Sobre este caso recomenda-se a leitura do livro: WELBY, Piergiorgio. *Lasciatemi morire*. Milano: Situdio Editoriale Littera, 2006.
77. Importante comentar que a Igreja Católica negou a Piergiorgio Welby um enterro religioso, pois o Vaticano argumentou que ao desejar a eutanásia Welby se afastou da doutrina cristã. Em seu funeral, houve apenas uma cerimônia laica.

Em seu julgamento, segundo o jornal "O Estado de S. Paulo", Ricco foi absolvido pela juíza Zaira Secchi, do Tribunal de Roma, sob o argumento de que o médico atendeu a uma vontade expressa do paciente e apenas cumpriu com seu dever profissional, porque a Constituição italiana concede o direito a rejeitar tratamento médico não desejado.

Esse julgamento foi emblemático na Itália e, desde então, os estudos acerca da manifestação de vontade do paciente têm crescido.

Segundo Salaris,[78] em 2007 havia cerca de dez projetos de lei em tramitação na Câmara e no Senado sobre diretivas antecipadas.

O projeto S. 2943, de 4 de maio de 2004, intitulado "Norma em matéria de declaração antecipada de tratamento", que prevê a positivação da procuração para cuidados de saúde, bem como a criação de um registro geral desses documentos vinculado ao conselho nacional de cartório, foi rejeitado pelo Parlamento italiano em 2009, em um contexto político conturbado em virtude da morte de Eluana Englaro, uma jovem que, após um acidente automobilístico, ficou em estado vegetativo permanente e seu pai ajuizou uma ação judicial solicitando a retirada do tubo de alimentação, essa foi julgada procedente em 2008, tendo Eluana morrido em 9 de fevereiro de 2009, depois de dezessete anos de estado vegetativo, situação que gerou uma grande comoção social.

Contudo, o debate na Itália voltou a ganhar força com a edição, pelo Conselho da Europa, da Resolução 1.859/2012,[79] da qual a Itália foi signatária, que reconhece textualmente o direito do indivíduo a realizar seu testamento vital.

Assim, em 14 de dezembro de 2017,[80] foi aprovada a lei do *biotestamento* na Itália. Sem dúvidas, trata-se da lei mais completa já publicada no mundo sobre o assunto, e atribuímos isso ao longo processo de feitura e aprovação dessa lei.

Em linhas gerais, a lei italiana deixa claro que nenhum tratamento de saúde pode ser iniciado ou continuado sem o consentimento livre e esclarecido do paciente, e que os profissionais de saúde são obrigados a respeitar o desejo expresso do paciente, estando isentos de responsabilidade civil e penal nessas situações.

Toca em temas polêmicos como a AHA e a sedação paliativa deixando claro que a AHA é um tratamento e, portanto, pode ser recusado pelo paciente e que a sedação paliativa, quando consentida pelo paciente, é um procedimento que faz parte da abordagem dos cuidados paliativos.

Reserva o artigo 3º para tratar do direito do menor e do incapaz em tomar decisões de saúde, reconhecendo o direito destes a receber informações e a necessidade de judicialização da tomada de decisão quando houver conflito entre a vontade do representante e a indicação médica.

---

78. SALARIS, M. Giuseppina. *Corpo umano e diritto civile*. Milano: Giuffrè, 2007.
79. COUNCIL OF EUROPE. *Resolution 1859*. Disponível em: [http://assembly.coe.int/Main.asp?link=/Documents/AdoptedText/ta12/ERES1859.htm]. Acesso em: 13.01.2018.
80. Disponível em: [www.senato.it/leg/17/BGT/Schede/FascicoloSchedeDDL/ebook/47964.pdf]. Acesso em: 17.01.2018.

O artigo 4º fala especificamente nos documentos de manifestação de vontade, utilizando a nomenclatura *disposizioni anticipate di tratamento* (DAT) em substituição às diretivas antecipadas de vontade. Segundo a lei italiana, a DAT é um documento feito por qualquer pessoa adulta e capaz, depois de ter recebido informações médicas adequadas sobre as consequências de suas escolhas, por meio do qual expressa seus desejos em matéria de tratamentos de saúde, bem como consentimento ou recusa em relação a testes de diagnóstico ou escolhas terapêuticas e a tratamentos de saúde individuais; estabelece ainda a figura do fiduciário,[81] pessoa de confiança do paciente, que o representará frente ao médico e à instituição de saúde. Saliente-se que a nomeação do fiduciário é facultativa.

Esse artigo dispõe ainda acerca da forma das DAT: (i) escritura pública; (ii) instrumento particular certificado ou (iii) escrito privado, entregue pessoalmente pelo outorgante no cartório de registro civil do município de residência do próprio outorgante, ou instituições de saúde. De forma inédita no mundo, a lei italiana reconhece a possibilidade de DAT formalizada em gravação de vídeo ou outros dispositivos que permitam a comunicação de pessoas com deficiência, deixando claro que essas formas só são válidas quando as condições físicas do paciente não permitam a realização da escritura pública ou do instrumento particular; reconhece que as DAT são renováveis, modificáveis e revogáveis a qualquer tempo, inclusive podem ser revogadas por declaração verbal recolhida ou filmada por um médico, com a assistência de duas testemunhas; esclarece que o médico poderá desconsiderar a vontade do paciente se ela parecer claramente incongruente ou não corresponder à condição clínica atual do paciente ou existirem terapias não previsíveis no momento da subscrição, capazes de oferecer possibilidades concretas de melhoria das condições de vida; normatiza que em caso de conflito entre o fiduciário e o médico, deve a questão ser levada à juízo; concede um prazo de 60 dias após a entrada em vigor da lei para que o Ministério da Saúde e as Instituições de Saúde forneçam informações sobre as DAT, inclusive em seus sites.

O artigo 5º reconhece a importância da realização de um planejamento de cuidados compartilhados o paciente e o médico; diferentemente das DAT o planejamento compartilhado é feito no bojo da relação médico paciente e o paciente consentirá em relação ao proposto pelo médico, diante da situação concreta, a quem o médico e a equipe de saúde são obrigados a cumprir se o paciente está em posição de incapaz de expressar seu consentimento ou em estado de incapacidade.

Os demais artigos tratam de questões procedimentais, estabelecendo que as manifestações de vontade anteriores à essa lei são válidas e ordenando que o Ministério da Saúde transmita anualmente às Câmaras relatórios acerca da aplicação da lei.[82]

81. Está-se diante da procuração para cuidados de saúde.
82. Para aprofundar os estudos sobre a lei italiana recomenda-se: FEDERAZIONE CURA PALLIATIVE ONLUS. La Legge 219/2017 Norme in materia di consenso informato e di disposizioni anticipate di trattamento. Il punto di vista di... Disponível em: [https://www.sicp.it/wp-content/.../159_LibroFCPLegge219.pdf]. Acesso em: 27.03.2019.

5.4. O TESTAMENTO VITAL NA AMÉRICA LATINA

Andruet[83] afirma que o testamento vital não tem recebido especial atenção da doutrina jurídica na América Latina, com exceção de Porto Rico. Este país aprovou, em 2001, a Lei 160, na qual reconhece o direito de toda pessoa maior de idade, em pleno uso de suas faculdades mentais, a declarar previamente sua vontade sobre os tratamentos médicos caso sofra uma condição de terminalidade ou de EVP persistente.[84]

Segundo este autor, essa é a primeira lei federal sobre o tema na América Latina,[85] o que não é surpreendente, haja visto que Porto Rico é território dos Estado Unidos da América.

Na América do Sul, a Argentina,[86] o Uruguai,[87] o México[88] e a Colômbia[89] já regulamentam a matéria.

---

83. ANDRUET, Armando. Breve exégesis del llamado "testamento vital". *Derecho y Salud*, Santiago de Compostela, v. 10, n. 2, p. 183-196, 2002.
84. Artigo 3. Toda pessoa maior de idade e em pleno gozo de suas faculdades mentais poderá declarar sua vontade antecipada, e em qualquer momento, de ser submetida ou não submetida a determinado tratamento médico ante a eventualidade de ser vítima de alguma condição de saúde ou de estado vegetativo persistente que não lhe permita expressar-se durante o momento em que dito tratamento deverá, ou não deverá, segundo sua vontade, ser administrado. Essa declaração poderá incluir a designação de um mandatário que tome decisões sobre aceitação ou recusa de tratamento no caso em que o declarante não possa se comunicar por si mesmo. Caso o declarante não designe um mandatário se considerará mandatário o parente maior de idade mais próximo, segundo a ordem sucessória estabelecida no Código Civil de Porto Rico, tendo em primeiro lugar o cônjuge do declarante. Ninguém poderá sem embargo, proibir que nesta eventualidade lhe sejam administrados remédios para inibir a dor, ou hidratá-lo e alimentá-lo, a não ser que a morte seja iminente ou que o organismo não possa mais absorver a hidratação e a alimentação administrada. (PORTO RICO, 2001, *tradução nossa*). Texto original: Artículo 3. Toda persona mayor de edad y en pleno disfrute de sus facultades mentales podrá declarar su voluntad anticipada, y en cualquier momento, de ser sometida o no ser sometida a determinado tratamiento médico ante la eventualidad de ser víctima de alguna condición de salud terminal o de estado vegetativo persistente que no le permita expresarse durante el momento en que dicho tratamiento médico deberá o no deberá, según su voluntad, serle administrado. Dicha declaración podrá incluir la designación de un mandatario que tome decisiones sobre aceptación o rechazo de tratamiento en caso de que el declarante no pueda comunicarse por sí mismo. Del declarante no designar un mandatario se considerará mandatario al pariente mayor de edad más próximo, según el orden sucesoral establecido en el Código Civil de Puerto Rico, según enmendado, teniendo el primer rango el cónyuge del declarante. Ningún declarante podrá, sin embargo, prohibir que en tal eventualidad le sean administrados los recursos médicos disponibles para aliviar su dolor, o hidratarlo y alimentarlo, a no ser que la muerte sea ya inminente y/o que el organismo no pueda ya absorber la alimentación e hidratación suministradas.
85. Tal afirmação é contrariada por Sànchez (2002) que menciona o reconhecimento expresso da validade do testamento vital também na Venezuela, apesar de não ser muito utilizado neste país.
86. Disponível em: [http://www.hospitalposadas.gov.ar/docum/derechospaciente.pdf]. Acesso em: 22.01.2013.
87. Disponível em: [http://200.40.229.134/leyes/AccesoTextoLey.asp?Ley=18473&Anchor=]. Acesso em: 22.01.2013. Sobre a legislação uruguaia, recomenda-se a leitura de ALMADA, Hugo Rodríguez. La Legislacion Urugaya sobre las Directivas de Voluntad Anticipada. In: DADALTO, Luciana. *Bioética e Diretivas Antecipadas de Vontade*. Curitiba: Editora Prismas, 2014. p. 199-215.
88. MÉXICO. Ley de Voluntad Anticipada para el Distrito Federal. Disponível em: [http://cgservicios.df.gob.mx/prontuario/vigente/r171201.htm]. Acesso em: 01.07.2019.
89. COLÔMBIA. Resolución 2665/2018. Por médio de la cual se reglamenta parcialmente la Ley 1733 de 2014 em cuanto al derecho a suscribir el Documento de Voluntad Anticipada. Disponível em: [https://www.minsalud.gov.co/Paginas/Definidos-requisitos-del-Documento-de-Voluntad-Anticipada-DVA.aspx]. Acesso em: 01.07.2019.

5.4.1. Argentina

Antes mesmo da promulgação da Lei 26.529 de 21 de outubro de 2009, a Argentina já possuía intensa produção doutrinária, jurisprudencial e legislativa sobre o testamento vital, neste país também denominado como DAV.[90] A província de Rio Negro positivou este instituto com a Lei 4.263, promulgada em 19 de dezembro de 2007. Essa é a primeira lei argentina – ainda que em nível provincial – a tratar especificamente sobre diretivas antecipadas.

Prevê o artigo 1° desta lei que:

> Art. 1. Toda pessoa capaz tem o direito e expressar seu consentimento a respeito de tratamentos médicos que podem ser indicados a ele no futuro, em razão da perda de capacidade ou não ocorrência de circunstâncias clínicas que o impeçam de expressar sua vontade no momento.[91]

O referido direito será exercido por meio de uma declaração de vontade antecipada, conforme previsto no artigo 2°.[92] Essa lei prevê ainda a criação de um Registro (estadual) de Vontades Antecipadas, no qual serão armazenadas as declarações de vontades antecipadas e, em caso de internação hospitalar do outorgante, a declaração deverá ser anexada na primeira folha da história clínica do paciente.

As declarações de vontades antecipadas reguladas por essa lei são revogáveis a qualquer momento, desde que observada a capacidade e a autonomia do outorgante. Além disso, prevê uma espécie de revogação tácita, que ocorrerá quando o outorgante expressar um consentimento informado que contrarie as declarações. Quanto à vinculação, está expresso no artigo 9°[93] que as declarações prevalecem sobre a opinião dos familiares e dos profissionais de saúde.

---

90. Sobre o tema, recomenda-se a leitura de BOSTIANCIC, Maria Carla; DADALTO, Luciana. *Diretivas Antecipdas para tratamentos médicos:* um estudo comparado entre o direito brasileiro e o argentino. Mar del Plata: Universidad Nacional de Mal del Plata, 2010.

91. Artículo 1: Toda persona capaz tiene el derecho de expresar su consentimiento o su rechazo con respecto a los tratamientos médicos que pudieren indicársele en el futuro, en previsión de la pérdida de la capacidad natural o la concurrencia de circunstancias clínicas que le impidan expresar su voluntad en ese momento. ARGENTINA. *Ley 4263 de 19 dezembro de 2007*. Voluntad Anticipada de Río Negro. 19 dez. 05 jul. 2007. Buenos Aires, 2007.

92. Artigo 2: O direito mencionado será exercido mediante uma Declaração de Vontade Antecipada, entendendo-se por tal a manifestação escrita, datada e fidedigna, de toda pessoa capaz que livremente expressa as instruções que deverão ser respeitadas na atenção e cuidado de sua saúde que receba em razão do artigo anterior. Tal declaração poderá ser prestada pelo paciente diante do médico que o trata e na presença de duas testemunhas. Tal declaração será assentada na história clínica. Além disso, a declaração poderá ser prestada diante do escrivão público de registro da província de Rio Negro. (*tradução nossa*) Texto original: Artículo 2: El derecho mencionado se ejercerá mediante una Declaración de Voluntad Anticipada, entendiéndose por tal la manifestación escrita, datada y fehaciente, de toda persona capaz que libremente expresa las instrucciones que deberán respetarse en la atención y el cuidado de su salud que reciba en el supuesto del artículo anterior. Tal declaración podrá ser prestada por el paciente por ante el médico tratante y ante la presencia de dos testigos. Tal declaración será asentada en la historia clínica. Asimismo tal declaración podrá ser prestada por ante escribano público de registro de la Provincia de Río Negro. Op. Cit.

93. Artículo 9: La Declaración de Voluntad Anticipada que se encontrare debidamente inscripta en el Registro de Voluntades Anticipadas será eficaz cuando sobrevengan las condiciones previstas en ella y en tanto se mantengan las mismas. Dicha Declaración prevalecerá sobre la opinión y las indicaciones que puedan ser realizadas por los familiares o allegados y por los profesionales que intervengan en su atención sanitaria.

A lei provincial de Rio Negro proíbe disposições contrárias ao ordenamento jurídico argentino e que prevejam a interrupção da ministração de medicamentos contra a dor, de hidratação e alimentação por via natural ou ordinária.[94]

Seguindo o modelo espanhol, a Lei 4.263 da província de Rio Negro possibilita ao outorgante designar um ou mais representantes para atuarem como interlocutores junto à equipe médica, bem como para interpretarem as declarações de vontades antecipadas. Quando esse representante for cônjuge ou companheiro do outorgante, a nomeação se extingue com o ajuizamento de ação de nulidade do casamento, separação ou divórcio ou com a renúncia expressa do representante. Caso o outorgante, mesmo estando separado/divorciado, queira manter seu ex-cônjuge ou companheiro como representante, deverá solicitar que conste essa informação na sentença judicial que decretou a dissolução do vínculo.

Assim, percebe-se que muitas das disposições legais pautam-se nas experiências legislativas norte-americana e espanhola. Todavia, oportuno ressaltar que inova a lei provincial de Rio Negro quanto ao detalhamento das disposições médicas que podem conter as declarações de vontade antecipada. Bostiancic[95] aponta o viés protetor da dignidade da pessoa humana na limitação das disposições,[96] inovação esta que será considerada quando da análise do testamento vital no ordenamento jurídico brasileiro.

Em 2004, o Conselho Diretivo de Escrivães da Província de Buenos Aires aprovou, a criação do primeiro Registro de Atos de Autoproteção de Prevenção de uma Eventual Incapacidade.

Brandi e Llorens[97] entendem que atos de autoproteção são aqueles outorgados a uma pessoa capaz para dispor sobre o modo como deseja ser tratada e como deseja que seu patrimônio seja tratado em uma eventual situação de incapacidade[98] e, afirmam que

> [...] a expressão unilateral de vontade não será fonte de obrigações e sim de direitos. Ou seja, a decisão acerca de como cada ser humano, cada pessoa quer viver sua eventual incapacidade,

94. Artículo 10: No se considerarán las instrucciones que, en el momento de ser aplicadas, resulten contrarias al ordenamiento jurídico o las que establezcan la prohibición de recibir la medicación necesaria para aliviar el dolor o alimentarse y/o hidratarse de modo natural u ordinario.
95. BOSTIANCIC, Maria Carla. *Las directivas anticipadas del paciente para tratamentos biomédicos:* validez ético-jurídica y responsabilidade civil de los profissionales de salud. Mar del Plata: Secretaria de Ciencia y Tecnica, Universidad Nacional de Mar del Plata, 2008.
96. También son de destacar las restricciones que establece la ley en cuanto determina que no se considerarán las instrucciones que establezcan la prohibición de recibir la medicación necesaria para aliviar el dolor o alimentarse y/o hidratarse de modo natural u ordinario o que afecten la calidad del cuidado básico de la salud, higiene, comodidad y seguridad, que siempre serán provistos para asegurar el respeto a la dignidad humana y la calidad de vida, hasta el momento de la muerte de la persona. (Op. Cit., p. 19).
97. BRANDI, Nelly A. Taiana de; LLORENS, Luis Rogelio. La creación del registro de actos de autoprotección. *Revista Notarial de La Plata*, La Plata, v. 948, p. 419-428, 2004.
98. Entendemos por actos de autoprotección a aquellos que otorga una persona capaz para disponer acerca de modo en que quiere ser tratada en su persona y su patrimonio para la eventualidad de su propia incapacidad. Op. Cit., p. 419.

> tanto no âmbito pessoal quanto no patrimonial, deve obrigar a quem deva cuidar eventualmente de sua pessoa e de seus bens.[99]

Desse modo, é possível afirmar que a criação deste Registro é uma forma de legalização do testamento vital na província de Buenos Aires.

Tanto a lei provincial de Rio Negro quanto a criação do Registro de Atos de Autoproteção de Prevenção de uma Eventual Incapacidade devem ser encaradas como "respostas" normativas a acontecimentos reais. Segundo Bostiancic (2008), em 25 de julho de 2005, o juízo *Criminal y Correccional* n. 1 da cidade de *Mar del Plata* reconheceu, pela primeira vez na história jurisprudencial argentina, a validade do testamento vital neste país.

O cônjuge de M., uma paciente com doença terminal portadora de um ato de autoproteção registrado na província de Buenos Aires, ajuizou uma ação judicial para conseguir efetivar os desejos previamente estabelecidos por sua esposa, requerendo autorização para que não fossem realizados na paciente traqueostomia e gastrostomia. O caso foi julgado por Pedro Federico Hooft que, no curso da instrução probatória, colheu o depoimento pessoal da paciente – que, apesar de estar em estado terminal, estava lúcida –, no qual ela ratificou seus desejos previamente estabelecidos.[100]

Sambrizzi[101] apresenta um estudo detalhado desse caso e afirma que a sentença evidenciou que o objetivo da paciente não é ser eutanasiada, tanto que continua aceitando todos os cuidados pertinentes e toda a medicação indicada, contudo, o que ela não aceita é ser submetida a intervenções invasivas. Sinteticamente, o magistrado Hooft baseou-se na proteção à saúde, na autonomia privada e na dignidade da pessoa humana para reconhecer o direito da paciente de optar entre a dignidade e a vida.

> Contrariar a vontade expressa da paciente implicaria desnaturalizar o fim da Medicina, incorrendo em verdadeira distanásia, ao realizar um tratamento em clara oposição com a vontade livremente expressada pela paciente, de acordo com suas convicções pessoais e seu plano de vida. Em casos como este a opção a favor de cuidados paliativos não invasivos, pressupõe a opção a favor de duas atitudes fundamentais: o respeito pela dignidade a pessoa e a aceitação da finitude da condição humana.[102]

---

99. En nuestra materia, la expresión unilateral de voluntad ya no será fuente de obligaciones, sino de derechos. Esto es: la decisión acerca de cómo cada ser humano, cada persona (sujeto acreedor) quiere vivir su eventual incapacidad, tanto en lo personal como en lo patrimonial, ha de obligar a quienes deban cuidar eventualmente de su persona e de sus bienes (sujetos obligados). Op. Cit., p. 421.
100. BUENOS AIRES. Câmara de Diputados. Proyecto de ley "Declaración de voluntad vital anticipada". In: TINANT, Eduardo Luis. *Los derechos personalísimos del paciente y las directivas anticipadas para tratamientos medicos*. La Plata: HCD-PBA, 2005.
101. SAMBRIZZI, Eduardo A. Las directivas previas emitidas con la finalidad de rehusar la pratica futura de ciertos actos médicos. *La Ley*, Buenos Aires, v. 2005-1, p. 451-461, 2005.
102. En el contexto así explicitado contrariar la expresa voluntad de la paciente, implicaría desnaturalizar el fin mismo de la medicina, incurriendo en una verdadera distanasia, al realizar un tratamiento en clara oposición con la firme voluntad, libremente expresada por una paciente, de acuerdo con sus convicciones personales y su plan de vida. En supuestos como el aquí planteado, la opción a favor de cuidados paliativos no invasivos, presupone la opción a favor de dos actitudes fundamentales: "el respeto por la dignidad de la persona" y 'la aceptación de la finitud de la condición humana'". Op. Cit., 454.

Ademais, a sentença reconheceu os limites das diretivas antecipadas, deixando claro que a equipe médica deveria realizar todos os cuidados paliativos não invasivos, a fim de evitar o padecimento e de acompanhar a paciente em um processo de morte digna, na medida em que os atos não impliquem em prática de eutanásia ativa, no contexto do respeito máximo à dignidade da pessoa humana afetada por uma doença terminal.[103]

Em 9 de fevereiro de 2005, a Suprema Corte de Buenos Aires, no julgamento do *fallo* c.85627[104] pronunciou-se acerca da validade do testamento vital na Argentina em razão de um recurso interposto contra decisão do tribunal de instância única do foro de família n. 2 de *San Isidoro*, que recusou a solicitação formulada pelo curador de uma paciente em EVP para interrupção de alimentação artificial e hidratação.

Apesar de a discussão não se centrar na validade das diretivas antecipadas, o assunto foi abordado pelos juízes Roncoroni,[105] Bogan, Soria e Pettigiani. Os três primeiros opinaram a favor da validade do testamento vital em respeito à autodeterminação do paciente. O último entende que o testamento vital não pode ser entendido como uma ordem de deixar morrer e muito menos de matar o outro diante de contingências, por mais graves que sejam, já que ninguém pode ser obrigado a cometer delitos, seja por ação ou omissão. E mais, afirma que tem dúvidas se estes documentos realmente potenciam a autonomia do paciente. Por fim, afirma que uma decisão de vida não pode ser igualada a uma decisão patrimonial, como seria a efetuada em um testamento.[106]

103. Disponer igualmente, que no obstante la negativa de la paciente M., con relación a "medios artificiales a permanencia" (traqueostomía y gastrostomía), deberá el profesional o equipo médico eventualmente interviniente en la atención de la paciente brindar a ésta, absolutamente todos los cuidados paliativos no invasivos, con miras a evitarle padecimientos y eventualmente acompañarla en un proceso de muerte digna, en la medida que no implique prácticas eutanásicas activas, todo ello en el contexto del máximo respeto a la dignidad de la persona humana afectada de una enfermedad irreversible.

104. ARGENTINA. Suprema Corte de Justicia. *Fallo c85627*. Buenos Aires, 2002. Disponível em: [http://www.scba.gov.ar/busqueda/oop/fallos.htw?CiWebHitsFile=%2Ffalloscompl%2FSCBA%2F2005%2F02%2D09%-2Fc85627%2Edoc&CiRestriction=85627&CiUserParam3=c85627&CiHiliteType=Full&CiLocale=ES-AR#CiTag0]. Acesso em: 10.01.2018.

105. O paciente, prevendo ou pressupondo que fique inconsciente no futuro, privado de suas faculdades mentais ou com o discernimento afetado, pode exteriorizar sua vontade inequívoca de que ao chegar neste quadro se interrompam as medidas de manutenção artificial e se deixe que o processo final se desenvolva naturalmente, sem prejuízo de manter as medidas endereçadas a neutralizar ou evitar a dor e todas aquelas que lhe garantam dignidade frente a própria morte, agregando que "esta vontade pode se expressar através do que os países anglo-saxões denominam de 'living will' ou mediante o procuração para cuidados de saúde. Texto original: El paciente, previendo o presuponiendo que su futuro acaecer lo encuentre inconsciente, privado de sus facultades mentales o con el discernimiento obnubilado, puede exteriorizar su voluntad inequívoca de que al llegar el mismo se interrumpan las medidas de sostén artificial y se deje que el proceso final se desenvuelva naturalmente, sin perjuicio de mantener las enderezadas a neutralizar o evitar el dolor y todas aquéllas que lo presenten con una 'cara digna' frente a su propia muerte", agregando que "esta voluntad bien puede expresarse a través de lo que los países sajones conocen como 'living will', testamento de vida o testamento vital – o mediante el otorgamiento de un poder especial esencialmente revocable – a un tercero para que la exteriorice cuando su mandante llegue a esas precisas y detalladas circunstancias. Op. Cit.

106. [...] en ningún caso el testamento vital podría ser entendido como un mandato perentorio para dejar morir y mucho menos matar irreflexivamente a otro frente a ciertas contingencias tales como enfermedades, dolencias, discapacidades o impedimentos aún cuando estuvieran fijadas de modo taxativo y por más graves que

Segundo Bostiancic,[107] os votos dos magistrados nesse julgamento apontam para uma maior flexibilidade quanto à aceitação do testamento vital em detrimento da procuração para cuidados de saúde.[108]

Nesse contexto, em outubro de 2009 foi aprovada a Lei 26.529, alterada em 2012 pela Lei 26.742. Enquanto a lei de 2009 trata dos direitos do paciente em sua relação com os profissionais e instituições de saúde, a de 2012 trata da morte digna.

A primeira lei tratava das DAV apenas em um dos vinte e cinco artigos da lei.

> Artigo 11. Diretivas Antecipadas. Toda pessoa maior de idade, capaz, pode dispor diretivas antecipadas sobre sua saúde, podendo consentir ou recusar tratamentos médicos, preventivos ou paliativos e decisões relativas a sua saúde. As diretivas deverão ser aceitas pelo médico que cuidar do paciente, salvo às que impliquem em prática de eutanásia, que serão tidas como inexistentes.[109]

A segunda lei, de 2012, modifica o referido artigo, acrescentando questões afetas à forma.

> Artigo 6º Modifica o artigo 11 da Lei 26.529 – Direitos do paciente em sua relação com os profissionais e instituições de saúde – que seja redigido da seguinte forma:
>
> Artículo 11. Toda pessoa maior de idade, capaz, pode dispor diretivas antecipadas sobre sua saúde, podendo consentir ou recusar tratamentos médicos, preventivos ou paliativos e decisões relativas a sua saúde. As diretivas deverão ser aceitas pelo médico que cuidar do paciente, salvo às que impliquem em prática de eutanásia, que serão tidas como inexistentes. A declaração de vontade deverá ser formalizada por escrito perante o escrivão público ou julgados de primeira instância, no caso em que será necessário duas testemunhas. Essa declaração poderá ser revogada a qualquer momento por quem a fez.[110]

---

sean, ya que nadie puede ser obligado a cometer delitos, sea por acción o por omisión". [...] "me pregunto si este tipo de expresión potencia realmente la autonomía del paciente, o encapsula su voluntad dentro de un molde rígido que puede ir más allá de su propio deseo posterior, imponiéndole en este caso modificar algo así como su propia sentencia de muerte, auto asumida en circunstancias diferentes". [...] "una decisión de vida no puede parangonarse de ninguna manera con una decisión patrimonial como sería la efectuada en un testamento. Op. Cit.

107. BOSTIANCIC, Maria Carla. *Las directivas anticipadas del paciente para tratamentos biomédicos:* validez ético-jurídica y responsabilidade civil de los profissionales de salud. Mar del Plata: Secretaria de Ciencia y Tecnica, Universidad Nacional de Mar del Plata, 2008.

108. Los votos de los magistrados distinguen los testamentos vitales y los poderes permanentes de representación en cuestiones de salud. Mientras que los Magistrados se mostraron en su mayoría a favor de la validez legal de los testamentos vitales, en lo referente a la validez de los poderes permanentes de representación en cuestiones de salud la mayor parte de los jueces pareció no aceptar la figura.

109. ARTICULO 11. Directivas anticipadas. Toda persona capaz mayor de edad puede disponer directivas anticipadas sobre su salud, pudiendo consentir o rechazar determinados tratamientos médicos, preventivos o paliativos, y decisiones relativas a su salud. Las directivas deberán ser aceptadas por el médico a cargo, salvo las que impliquen desarrollar prácticas eutanásicas, las que se tendrán como inexistentes. ARGENTINA. Disponível em [http://200.40.229.134/leyes/AccesoTextoLey.asp?Ley=18473&Anchor=]. Acesso em: 18.01.2018.

110. Articulo 6º Modifíquese el artículo 11 de la Ley 26.529 – Derechos del paciente en su relación con los profesionales e instituciones de la salud – el que quedará redactado de la siguiente manera: Artículo 11. Direc-

Interessante notar que a Lei 26.742 foi nomeada de lei da morte digna e trata acerca da possibilidade de recusa de tratamentos fúteis, inclusive AHA nos artigos anteriores, reconhecendo ainda que crianças e adolescentes podem manifestar vontade sobre tratamento médico, em conformidade com a Lei 26.061.

Em 2014 foi aprovado o novo Código Civil argentino, que entrou em vigor em 01.01.2016. Várias foram as mudanças na legislação civil da Argentina e a que nos interessa aqui é a inclusão de um artigo específico sobre o testamento vital, chamado de "diretivas médicas antecipadas", dentro do capítulo intitulado "Direitos e atos personalíssimos".

> Artigo 60. Diretivas médicas antecipadas. A pessoa plenamente capaz pode antecipar diretivas e conferir mandato a respeito de sua saúde, prevendo sua própria incapacidade. Pode também designar uma ou mais pessoas que expressarão consentimento para atos médicos e para exercer sua curatela.
>
> Esta declaração de vontade pode ser livremente revogada a qualquer momento[111].

Comparando o artigo 60 do Código Civil argentino com o artigo 11 da Lei 26.529/2009, modificada pela Lei 26.742/2012, percebe-se que o termo utilizado é "diretivas antecipadas", referindo-se ao testamento vital, inexistindo qualquer disposição sobre a procuração para cuidados de saúde. O Código Civil de 2002 utiliza o termo "diretivas médicas antecipadas", sem deixar claro se trata do testamento vital ou às diretivas antecipadas de vontade.

O Código Civil se furtou a exemplificar os tratamentos, procedimento e cuidados que podem ser recusados, ao contrário que dispõe a Lei 26.742/2012, proibindo apenas as práticas eutanásicas, deixando a análise acerca dessas práticas para exame casuístico.

O Código Civil não fala da "aceitação do médico", prevista na Lei 26.742/2012. Aqui é um mérito dos legisladores civilistas, pois não se pode olvidar que se trata de documentos de autonomia do paciente que independem de aceitação de qualquer pessoa, cabendo apenas ao profissional se utilizar da objeção de consciência, quando julgar conveniente.

Ambos os dispositivos legais, acertadamente, estabelecem que as diretivas antecipadas são revogáveis a qualquer tempo, afastando-se da lei portuguesa que estabeleceu prazo de validade para esses documentos.

---

tivas anticipadas. Toda persona capaz mayor de edad puede disponer directivas anticipadas sobre su salud, pudiendo consentir o rechazardeterminados tratamientos médicos, preventivos o paliativos, y decisiones relativas a su salud. Las directivas deberán ser aceptadas por el médico a cargo, salvo las que impliquen desarrollar prácticas eutanásicas, las que se tendrán como inexistentes. La declaración de voluntad deberá formalizarse por escrito ante escribano público o juzgados de primera instancia, para lo cual se requerirá de la presencia de dos (2) testigos. Dicha declaración podrá ser revocada en todo momento por quien la manifestó. Disponível em: [http://www.ms.gba.gov.ar/sitios/tocoginecologia/files/2014/01/Ley-26.742-Muerte-Digna.pdf]. Acesso em: 18.01.2018.

111. Disponível em: [www.saij.gob.ar/docs-f/codigo/Codigo_Civil_y_Comercial_de_la_Nacion.pdf]. Acesso em: 18.01.2018.

Saliente-se, contudo, que a falta de uniformidade e de sistematização dos institutos nas normas argentinas podem gerar dificuldade de aplicação,[112] causando, inclusive, um conflito aparente de normas. Inclusive, não conseguimos localizar nenhum dado consistente de quantas diretivas antecipadas já foram feitas na Argentina. Entende-se, assim, que esse país deveria seguir o exemplo dos supracitados países europeus e legislar acerca das DAV em um único diploma normativo, que cesse as antinomias existentes.

5.4.2. Uruguai

O Uruguai aprovou a Lei 18.473 em 3 de abril de 2009. Nota-se que o Uruguai é um dos países mais autonomistas da América do Sul. A Eutanásia está despenalizada desde 1934, o aborto é permitido, a comercialização da *cannabis* também.

Desse contexto chega a ser estranho que o Uruguai só tenha legislado sobre o testamento vital em 2009, mas a espera valeu a pena porque apesar de permanecer com a confusão terminológica, a lei uruguaia contém importantes avanços.

Em linhas gerais, a lei uruguaia permite que toda pessoa maior e capaz tem o direito de manifestar sua vontade acerca da aceitação e recusa de cuidados, procedimentos e tratamentos médicos, deixando claro que havendo uma diretiva antecipada, essa prevalece sobre a vontade dos familiares.

Quanto aos menores, deixa claro que a decisão sobre cuidados de saúde cabe aos pais ou tutores, mas evidencia a necessidade de ouvir a vontade do menor quando este tenha discernimento para tanto.

Almada[113] afirma que um dos aspectos mais controversos dessa norma diz respeito à objeção de consciência, pois trata-se da primeira lei uruguaia a cuidar especificamente desse assunto. Segundo a Lei 18.473/2009, o médico tem o direito à objeção de consciência, mas deverá encaminhar o paciente para outro profissional. Segundo o autor, se a lei uruguaia deixa claro que o paciente só pode recusar tratamentos fúteis e a imposição de tais tratamentos é antiético, pois trata-se de futilidade terapêutica, só haveria sentido em reconhecer esse direito ao médico se a referida lei permitisse disposições sobre eutanásia, o que não ocorre.

Acerca da forma, prevê a obrigatoriedade das DAV serem assinadas por duas testemunhas, que não poderão ter nenhuma vinculação com o médico do paciente, bem como a obrigatoriedade de nomeação de um procurador para cuidados de saúde, deixando claro que os profissionais de saúde que têm relação com o paciente não podem ser procuradores.

---

112. LAMM, Eleonora. Directivas Médicas Anticipadas. Disponível em: [www.salud.gob.ar/dels/printpdf/40]. Acesso em: 17.01.2018.

113. ALMADA, Hugo Rodrigues. La legislación uruguaya sobre las directivas de voluntad antecipada. In: DADALTO, Luciana (Coord.). *Bioética e diretivas antecipadas de vontade*. Curitiba: Prismas, 2014. p. 199-211.

Saliente-se, por fim, que a referida lei não cria um registro nacional, mas obriga às instituições públicas e privadas de saúde a realizar programas educativos sobre as DAV para a população e para os profissionais de saúde, cabendo ao Ministério da Saúde Pública difundir o tema.

Também não nos foi possível encontrar dados atualizados de números de DAV feitas no Uruguai, o que nos impede de fazer uma análise mais detida da aceitação da Lei 18.473/2009 no país.

6
A VALIDADE DO TESTAMENTO VITAL NO ORDENAMENTO JURÍDICO BRASILEIRO

Il problema del testamentobiológico è, infatti, il problema della maturità di un ordinamento.

Federico Bricolo.

6.1. RESOLUÇÃO 1.805 DO CFM

Em 28 de novembro de 2006, o CFM editou a Resolução 1.805 que, segundo consta no preâmbulo, permite ao médico limitar ou suspender, na fase terminal de enfermidades graves, tratamentos que prolonguem a vida do doente. Contudo, devem ser mantidos "os cuidados necessários para aliviar os sintomas que levam ao sofrimento, na perspectiva de uma assistência integral, respeitada a vontade do paciente ou de seu representante legal".

Esta Resolução contém apenas três artigos, sendo que apenas os dois primeiros tratam do mérito da norma, e o terceiro possui caráter meramente formal.

> Art. 1º É permitido ao médico limitar ou suspender procedimentos e tratamentos que prolonguem a vida do doente em fase terminal, de enfermidade grave e incurável, respeitada a vontade da pessoa ou de seu representante legal.
>
> § 1º O médico tem a obrigação de esclarecer ao doente ou a seu representante legal as modalidades terapêuticas adequadas para cada situação.
>
> § 2º A decisão referida no *caput* deve ser fundamentada e registrada no prontuário.
>
> § 3º É assegurado ao doente ou a seu representante legal o direito de solicitar uma segunda opinião médica.
>
> Art. 2º O doente continuará a receber todos os cuidados necessários para aliviar os sintomas que levam ao sofrimento, assegurada a assistência integral, o conforto físico, psíquico, social e espiritual, inclusive assegurando-lhe o direito da alta hospitalar.
>
> Art. 3º Esta resolução entra em vigor na data de sua publicação, revogando-se as disposições em contrário.[1]

Não obstante tratar-se de uma norma que vincula apenas a comunidade médica, a aprovação desta resolução foi parar nos tribunais, especificamente na 14ª Vara Federal do Distrito Federal, tendo em vista as repercussões sociais de tal norma. O

1. CONSELHO FEDERAL DE MEDICINA. *Resolução 1.805/2006*. Diário Oficial da União, Brasília, 28 nov. 2006. Seção I, p. 169. Disponível em: [http://www.portal medico.org.br/resolucoes/cfm/2007/111_2007.htm]. Acesso em: 13.03.2013.

Ministério Público Federal do Distrito Federal ajuizou ação civil pública, em 9 de maio de 2008, contra o CFM (autos de processo n. 2007.34.00.014809-3), questionando a Resolução 1.805/2006, pois afirma, em síntese, que o CFM não tem poder regulamentador para estabelecer como conduta ética uma conduta que é tipificada como crime.[2]

Conforme se depreende da leitura de decisão que deferiu a antecipação de tutela concedida pelo Juiz Federal Roberto Luis Luchi Demo, há uma latente confusão entre os conceitos de eutanásia, ortotanásia e suicídio assistido. A decisão faz referência aos filmes "Mar Adentro" e "Menina de Ouro", bem como à "Declaração sobre a Eutanásia"[3], documento religioso elaborado pela Sagrada Congregação para a Doutrina da Fé, nos idos de 1980, para exemplificar a amplitude do tema, todavia, tais exemplos são totalmente descabidos, vez que o primeiro filme refere-se a um caso de suicídio assistido, o segundo a um caso de eutanásia, assim como a Declaração Sobre a Eutanásia; em contrapartida, a Resolução do CFM trata da ortotanásia.

O Magistrado, entretanto, reconhece que:

> [...] a ortotanásia não antecipa o momento da morte, mas permite tão-somente a morte em seu tempo natural e sem utilização de recursos extraordinários postos à disposição pelo atual estado da tecnologia, os quais apenas adiam a morte com sofrimento e angústia para o doente e sua família.[4]

E, a despeito de tal reconhecimento, entende que tal circunstância não elide o enquadramento da prática de ortotanásia como conduta típica criminal, insculpida no artigo 121,[5] do Código Penal brasileiro. Isto porque está em tramitação no Congresso brasileiro um anteprojeto de reforma da parte especial do Código Penal colocando a eutanásia como homicídio privilegiado e descriminalizando a ortotanásia. Assim, seguindo um raciocínio puramente legalista, o magistrado entendeu que, se há um projeto de lei propondo descriminalizar a ortotanásia é porque, atualmente, a ortotanásia é crime, logo não seria possível que uma norma de deontologia médica fizesse o papel do legislador, pois tal descriminalização deveria passar por um processo legislativo, ou, no mínimo, pela apreciação do Supremo Tribunal Federal por meio de uma Arguição de Descumprimento de Preceito Fundamental (ADPF),[6] que

---

2. Petição inicial disponível em DISTRITO FEDERAL. *Processo n. 2007.34.00.014809-3*. Brasília, 23 out. 2007. Disponível em: [http://www.df.trf1.gov.br/inteiro_teor/doc_inteiro_teor/14vara/ 2007.34.00.014809-3_decisao_23-10-2007.doc]. Acesso em: 13.03.2013.
3. SAGRADA CONGREGAÇÃO PARA A DOUTRINA DA FÉ. *Declaração sobre a Eutanásia*. Roma, 05 de maio de 1980. Disponível em: [http://www.vatican.va/ roman_curia/congregations/cfaith/documents/ rc_con_cfaith_doc_19800505_euthanasia_po.html]. Acesso em: 13.03.2013.
4. DISTRITO FEDERAL. *Processo n. 2007.34.00.014809-3*. Brasília, 23 out. 2007. Disponível em: [http://www.df.trf1.gov.br/inteiro_teor/doc_inteiro_teor/14vara/ 2007.34.00.014809-3_decisao_23-10-2007.doc]. Acesso em: 13.03.2013.
5. "Art. 121. Matar alguém: Pena: reclusão, de seis a vinte anos."
6. A ADPF está prevista no artigo 102, § 1º da Constituição Federal e foi regulamentada pela lei 9.882, de 03 de dezembro de 1999. Cabe ADPF para evitar lesão a preceito fundamental, resultante de ato do Poder Público; para reparar lesão a preceito fundamental resultante de ato do Poder Público e quando for relevante o fundamento da controvérsia constitucional sobre lei ou ato normativo federal, estadual ou municipal, incluídos os anteriores à Constituição.

teria o condão de suprir a ausência de lei específica. Baseia-se, por fim, na aparência do conflito entre a Resolução 1.805/2006 do CFM e o Código Penal para suspender a Resolução.

Tal posicionamento não coaduna com o Estado Democrático de Direito, pois segundo a concepção de Chamon Junior,[7] "o Direito está mais além daquilo que os textos legislativos podem nos informar", assim, partindo da concepção de Direito como integridade, a argumentação da decisão que suspendeu a eficácia da Resolução do CFM é falha, pois se fulcra em argumentos que não são válidos a partir de uma concepção principiológica do ordenamento jurídico.

Ademais, "se o CFM, via Resolução, considerou não ser dever do médico prolongar a vida do paciente desenganado à sua revelia, deixa de existir um dos elementos objetivos do tipo, a posição de garante de quem se omite."[8]

Pelo exposto, sob uma perspectiva interpretativa pode-se defender a validade da ortotanásia no Brasil por ser prática que se coaduna com os princípios constitucionais da Dignidade da Pessoa Humana e da Autonomia Privada, princípios estes que propiciam a coexistência de diferentes projetos de vida na sociedade democrática, bem como por ser prática aceita pelo CFM, órgão responsável por definir os deveres dos médicos. Assim, rechaça-se, por completo, o posicionamento de Nogueira (2007, p. 292), segundo o qual a Resolução do CFM é totalmente incompatível com o sistema constitucional brasileiro.

Ademais, sob a ótica médica, na exposição de motivos da Resolução 1.805/2006, o CFM afirma que

> [...] torna-se importante que a sociedade tome conhecimento de que certas decisões terapêuticas poderão apenas prolongar o sofrimento do ser humano até o momento de sua morte, sendo imprescindível que médicos, enfermos e familiares, que possuem diferentes interpretações e percepções morais de uma mesma situação, venham a debater sobre a terminalidade humana e sobre o processo do morrer.
>
> Torna-se vital que o médico reconheça a importância da necessidade da mudança do enfoque terapêutico diante de um enfermo portador de doença em fase terminal, para o qual a Organização Mundial da Saúde preconiza que sejam adotados os cuidados paliativos, ou seja, uma abordagem voltada para a qualidade de vida tanto dos pacientes quanto de seus familiares frente a problemas associados a doenças que põem em risco a vida. A atuação busca a prevenção e o alívio do sofrimento, através do reconhecimento precoce, de uma avaliação precisa e criteriosa e do tratamento da dor e de outros sintomas, sejam de natureza física, psicossocial ou espiritual.[9]

---

7. CHAMON JÚNIOR, Lúcio Antônio. *Teoria da argumentação jurídica:* constitucionalismo e democracia em uma reconstrução das fontes no direito moderno. Rio de Janeiro: Lumen Juris, 2008.
8. MARTEL, Letícia de Campos Velho. Limitação de tratamento, cuidado paliativo, eutanásia e suicídio assistido: elementos para um diálogo sobre os reflexos jurídicos da categorização. In: BARROSO, Luis Roberto (Org.). *A reconstrução democrática do Direito Público no Brasil.* Rio de Janeiro: Renovar, 2007. p. 430.
9. CONSELHO FEDERAL DE MEDICINA. *Resolução 1.805/2006.* Diário Oficial da União, Brasília, 28 nov. 2006. Seção I, p. 169. Disponível em: [http://www.portal medico.org.br/resolucoes/cfm/2007/111_2007.htm]. Acesso em: 13.03.2013.

Significa dizer que, sob este enfoque, a ortotanásia deve ser encarada como prática terapêutica, garantidora da dignidade do paciente em estado de terminalidade, de sua autonomia e de seus familiares[10] e não como conduta criminosa, até porque, analogicamente, a manutenção da vida a qualquer custo deve ser encarada como prática de tortura, por prolongar o sofrimento do paciente e de seus familiares.

Após o ajuizamento dessa ação civil pública, o CFM aprovou um novo Código de Ética Médica em 24 de setembro de 2009, no qual estabelece, entre seus princípios fundamentais a necessidade de que diante de "situações clínicas irreversíveis e terminais o médico evitará a realização de procedimentos diagnósticos e terapêuticos desnecessários e propiciará aos pacientes sobre sua atenção todos os cuidados paliativos apropriados".

Após a aprovação do novo Código de Ética Médica o MPF/DF apresentou alegações finais favoráveis à tese defendida pelo CFM e o juiz, em sentença, julgou improcedente o pedido, pautando sua decisão em cinco premissas:

> 1) o CFM tem competência para editar a Resolução 1.805/2006, que não versa sobre direito penal e, sim, sobre ética médica e consequências disciplinares;
>
> 2) a ortotanásia não constitui crime de homicídio, interpretado o Código Penal à luz da Constituição Federal;
>
> 3) a edição da Resolução 1.805/2006 não determinou modificação significativa no dia a dia dos médicos que lidam com pacientes terminais, não gerando, portanto, os efeitos danosos propugnados pela inicial;
>
> 4) a Resolução 1.805/2006 deve, ao contrário, incentivar os médicos a descrever exatamente os procedimentos que adotam e os que deixam de adotar, em relação a pacientes terminais, permitindo maior transparência e possibilitando maior controle da atividade médica;
>
> 5) os pedidos formulados pelo Ministério Público Federal não devem ser acolhidos, porque não se revelarão úteis as providências pretendidas, em face da argumentação desenvolvida.[11]

Interessante notar que o mesmo magistrado que, em sede de decisão liminar suspendeu a eficácia da resolução, na sentença afirma que a medicina deixa "uma era paternalista super protetora, que canalizava sua atenção apenas para a doença e não para o doente, numa verdadeira obsessão pela cura a qualquer custo, e passa a uma fase de preocupação maior com o bem-estar do ser humano".[12]

Percebe-se assim, que o magistrado, como verdadeiro intérprete do direito, entendeu o avanço médico nas questões relativas aos cuidados paliativos e aos tratamentos extraordinários/fúteis, ou seja, imiscuindo-se nas questões médicas

10. Uma das maneiras de interpretar a Resolução, do ponto de vista clínico, é no que tange ao poder auferido ao médico no momento de interferir no tratamento do paciente, com a anuência deste ou de seus familiares. Este poder, na verdade, representa uma vontade – não dele, mas do paciente – direta na interrupção ou não implantação do tratamento. ANZILIERO, Dinéia Largo; LOPES NETO, Antônio dos Reis. Considerações acerca da (i)legalidade da ortotanásia no Brasil. *Revista Jurídica*, Porto Alegre, Ano 55, n. 359, set. 2007, p. 108

11. Disponível em: [http://pt.pdfsb.com/readonline/5a564646655139375848643843337469553059 3d-5300249]. Acesso em: 12.03.2013.

12. Op. Cit.

para se tornar apto a lidar com situações jurídicas que envolvam a terminalidade da vida. Isso porque o entendimento de tais conceitos médicos é de extrema importância na averiguação da validade ou não de determinadas disposições do testamento vital no ordenamento jurídico brasileiro, vez que, conforme será detalhado ainda neste capítulo, esta pesquisa entende que de nada adianta haver disposições no testamento vital que não serão postas em prática pelos médicos por afrontarem princípios basilares da ética em cuidados com paciente em fim de vida, pois de nada valem os estudos apaixonados pró e contra o direito de morrer, quando não se sabe, *in concreto*, como os profissionais que lidam diariamente com essas questões as encaram.

6.2. RESOLUÇÃO 1.995 DO CFM

No dia 31 de agosto de 2012 o Conselho Federal de Medicina aprovou a Resolução 1.995,[13] dispondo sobre diretivas antecipadas de vontade no Brasil. Essa é a primeira regulamentação sobre o tema no país.

Em verdade, numa detida análise dos considerandos e das justificativas, a resolução CFM 1995 deixa claro que o que pretendia o conselho era regulamentar o testamento vital, uma vez que o embasamento da resolução é a proteção da autonomia do paciente em fim de vida, contudo, como já mencionado em capítulo anterior, tratou testamento vital como sinônimo de diretivas antecipadas de vontade, optando pela utilização – errônea – deste último termo. Vejamos:

> CONSIDERANDO a necessidade, bem como a inexistência de regulamentação sobre diretivas antecipadas de vontade do paciente no contexto da ética médica brasileira;
>
> CONSIDERANDO a necessidade de disciplinar a conduta do médico em face das mesmas;
>
> CONSIDERANDO a atual relevância da questão da autonomia do paciente no contexto da relação médico-paciente, bem como sua interface com as diretivas antecipadas de vontade;
>
> CONSIDERANDO que, na prática profissional, os médicos podem defrontar-se com esta situação de ordem ética ainda não prevista nos atuais dispositivos éticos nacionais;
>
> CONSIDERANDO que os novos recursos tecnológicos permitem a adoção de medidas desproporcionais que prolongam o sofrimento do paciente em estado terminal, sem trazer benefícios, e que essas medidas podem ter sido antecipadamente rejeitadas pelo mesmo;
>
> JUSTIFICATIVAS
>
> 1) Dificuldade de comunicação do paciente em fim de vida
>
> Um aspecto relevante no contexto do final da vida do paciente, quando são adotadas decisões médicas cruciais a seu respeito, consiste na incapacidade de comunicação que afeta 95% dos

13. Disponível em: [http://www.portalmedico.org.br/resolucoes/CFM/2012/1995_2012.pdf]. Acesso em: 31.08.2012.

pacientes (D'Amico et al, 2009). Neste contexto, as decisões médicas sobre seu atendimento são adotadas com a participação de outras pessoas que podem desconhecer suas vontades e, em consequência, desrespeitá-las.[14]

Em nota esclarecedora, o CFM afirmou que essa resolução respeita a vontade do paciente conforme o conceito de ortotanásia e não possui qualquer relação com a prática de eutanásia, esclarecimento esse que teve o condão de reafirmar um limite inerente ao instituto: a impossibilidade de conter disposições contrárias ao ordenamento jurídico do país em que são propostas. Assim, como a eutanásia é proibida no Brasil e a ortotanásia é permitida, conforme entendimento judicial advindo do julgamento de mérito da ação civil pública 2.007.34.00.014809-3, a resolução – logicamente – acata essa determinação.

No que tange aos efeitos jurídicos dessa resolução, já nos posicionamos em trabalho específico.[15] Em síntese, é preciso, primeiramente, deixar claro que essa resolução não legalizou as DAV no país, vez que não possui força de lei, vez que o CFM não tem competência para legislar.

Foi divulgado que apenas os maiores de 18 anos e os menores emancipados podem recorrer às diretivas antecipadas, contudo, essa informação não é absoluta, pois é possível que uma legislação específica estabeleça que os relativamente incapazes (maiores de 16 anos) também possam fazê-la.

Além disso, a mera informação de que o paciente pode recusar tratamentos extraordinários não é satisfatória sob o ponto de vista da efetividade do instituto. Isto porque existem pontos polêmicos sobre a classificação de certos tratamentos ou procedimentos como cuidados paliativos ou tratamentos extraordinários, especialmente, a suspensão de hidratação e nutrição. Por essa razão, o ideal é que o documento seja o mais exaustivo possível quanto aos cuidados, tratamentos e procedimentos que o outorgante deseja ou não ser submetido.

Sob o aspecto formal, o CFM, como um órgão de classe, não tem competência para determinar que as diretivas antecipadas de vontade sejam, obrigatoriamente, registradas em cartório. Contudo, essa formalidade se faz imperiosa para garantir ao declarante que sua vontade será seguida. Em outras palavras, a lavratura de escritura pública das diretivas antecipadas garante segurança jurídica.

A criação de um Registro Nacional de Diretivas Antecipadas também é recomendada, para que possibilite uma maior efetividade no cumprimento da vontade do paciente, de modo a não correr risco de que a sua declaração se torne inócua. Assim, existindo tais disposições formais, o cartório deverá encaminhar as diretivas antecipadas ao Registro Nacional, em um prazo exíguo, a fim de garantir a efetividade. Esse procedimento poderá seguir as recomendações do Registro Central de Testa-

14. Disponível em: [http://www.portalmedico.org.br/resolucoes/CFM/2012/1995_2012.pdf]. Acesso em: 31.08.2012.
15. DADALTO, Luciana. Reflexos jurídicos da Resolução CFM 1995/2012. *Revista Bioética*. 21(1).

mentos, do Colégio Notarial do Brasil, seção de São Paulo, dispostas no provimento CG 06/94, que objetiva implantar um registro único de testamentos em São Paulo. Modelo que se tem estendido para outros estados do Brasil, como Minas Gerais, no qual o registro único ainda está em fase de implantação.

A Resolução 1.995/2012 ainda estabelece, no § 2º do art. 2º, que o "médico registrará, no prontuário, as diretivas antecipadas de vontade que lhes foram diretamente comunicadas pelo paciente",[16] o que parece ir de encontro com o papel que o médico tem nas DAV nos demais países e mais, com a função desse profissional.

Isto porque o papel do médico vai muito além de transcrever a vontade do paciente. Cabe ao profissional, como técnico, esclarecer o declarante quanto aos tratamentos e procedimentos que podem ou não ser recusados. Sendo assim, entende-se ser imprescindível a orientação do médico da família do declarante para a realização das diretivas antecipadas, e é exatamente isso que garante que o paciente vai manifestar, exatamente, sua vontade no documento, afinal, paciente autônomo é aquele bem informado/esclarecido.[17]

Seguindo o que parece ser um comportamento reiterado de alguns membros dos Ministérios Público Federal, o Procurador da República de Goiás, Ailton Benedito de Souza, ajuizou, em 31 de janeiro de 2013, Ação Civil Pública com a finalidade de ter declarada, pelo Poder Judiciário, a inconstitucionalidade da Resolução 1.995/2012, sob o argumento de que ela "extravasa o poder regulamentar do CFM, impõe riscos à segurança jurídica, alija a família de decisões que lhe são de direito e estabelece instrumento inidôneo para o registro de 'diretivas antecipadas de pacientes'".[18]

A análise da petição inicial dessa ação demonstra que o procurador desconhece por completo as DAV, bem como a competência do CFM.

Acerca da competência do CFM, lembra-se que esse mesmo argumento foi utilizado pelo MPF/DF para arguir a inconstitucionalidade da Resolução 1.805/2006. Veja-se a manifestação do magistrado na sentença:

> É que a Resolução não trata de direito penal. Não descrimina qualquer coisa, mas apenas põe o médico a salvo de contestação ético-disciplinar, caso decida adotar procedimentos que configurem a ortotanásia. Desse modo, cai por terra o argumento, alinhavado na inicial, de que o Conselho Federal de Medicina não teria competência para normatizar o tema.[19]

---

16. Disponível em: [http://www.portalmedico.org.br/resolucoes/CFM/2012/1995_2012.pdf]. Acesso em: 11.01.2018.
17. Sobre o assunto recomenda-se: BONAMIGO, Elcio Luiz. PAZINI, Andréia Martini; PUTZEL, Elzio Luiz. O papel dos profissionais de saúde nas Diretivas Antecipadas de Vontade. In: DADALTO, Luciana. Bioética e Diretivas Antecipadas de Vontade. Curitiba: Editora Prismas, 2014. p. 249-272.
18. MINISTÉRIO PÚBLICO FEDERAL. Ação Civil Pública n. 0001039-86.2013.4.01.3500. Disponível em: [http://www.prgo.mpf.gov.br/images/stories/ascom/ACP-CFM-ortotanasia.pdf]. Acesso em: 13.03.2013.
19. Disponível em: [http://pt.pdfsb.com/readonline/5a5646466551393758486438433374695530593d-5300249]. Acesso em: 12.03.2013.

Por analogia, pode-se usar o mesmo raciocínio acerca da competência do CFM para editar a Resolução 1.995. Esta não promulga nenhuma lei. Não trata de direito penal. Não descriminaliza qualquer coisa. O que essa resolução faz, apenas, é garantir que o paciente possa expressar sua vontade acerca de tratamentos médicos e que essa vontade deve ser respeitada pelo clínico. O argumento do procurador estaria correto se a resolução tivesse se manifestado sobre o registro do documento, e permitido que menores de idade fizessem DAV, o que não é o caso.

O argumento de que a resolução fere a segurança jurídica também é descabido, uma vez que, conceitualmente, segurança jurídica significa que

> o cidadão pode confiar em que aos seus actos ou às decisões públicas incidentes sobre seus direitos, posições jurídicas e relações, praticados ou tomadas de acordo com as normas jurídicas vigentes, se ligam os efeitos jurídicos duradouros, previstos ou calculados com base nessas normas.[20]

Percebe-se, assim, que esse princípio diz respeito a uma previsibilidade de normas, ao direito do cidadão de não ser surpreendido com uma normativa que o faça perder direitos. Ocorre que o caso em tela não retira do cidadão qualquer direito, muito pelo contrário, a Resolução 1.995 concede ao cidadão a certeza de que, tendo manifestado sua vontade sobre tratamentos médicos, por meio de DAV, esta será cumprida.

Quanto ao argumento de que a resolução *alija a família de decisões que lhe são de direito*, parece que o ilustre procurador desconhece a essência do instituto. Como já visto, as DAV são expressão máxima da autonomia privada, da vontade individual do sujeito e qualquer alegação de alijamento da família está, em verdade, colocando em xeque o direito constitucional à autodeterminação do indivíduo.

Ora, esse posicionamento parece estar apartado da concepção contemporânea de família, vez que esta é entendida, atualmente, como o *locus* de desenvolvimento de relações interpessoais de afeto, amparada nos princípios constitucionais da dignidade da pessoa humana, entendido como o "reduto intangível de cada indivíduo",[21] e da solidariedade, que implica no respeito e consideração mútuos. De modo que pretenso direito da família ao qual a inicial refere-se não se encontra em qualquer norma jurídica, muito antes pelo contrário, vai de encontro à finalidade da família constitucionalizada.

A equação acima exposta só será possível de ser resolvida quando os partícipes do processo entenderem que o papel da família é apoiar o paciente em seus derradeiros momentos. O processo morte não é uma situação que permite brigas, discussões e desavenças, pois o que moribundos querem é morrer em paz, sem se preocuparem com a familia.

---

20. CANOTILHO, José Jorge Gomes. *Direito Constitucional*. 6. ed. Coimbra: Almeida, 1995. p. 373.
21. SARLET, Ingo Wolfgang. *A eficácia dos direitos fundamentais*. 5. ed. Porto Alegre: Livraria do Advogado, 2005. p. 124.

Por outro lado, sabe-se que a família que recebeu informação dos profissionais de saúde e tem a exata dimensão do quadro clínico do paciente e de sua vontade raramente confrontará-lo, ou seja, a equipe de saúde que, no âmbito dos cuidados paliativos deve ser sempre multidisciplinar, também tem o dever de informação para com a família, dever este indispensável para possibilitar o cuidado com o doente, pois paciente cuidado é sinônimo de família cuidada.

Todavia, se mesmo com um família informada ainda houver choque de vontades, entendendo aqui este como o choque entre o disposto nas DAV do paciente e a vontade da família, a equipe de saúde deve sempre priorizar o respeito à vontade do paciente, vez que conforme definido por Kant, todo indivíduo é um fim em si mesmo e, com tal, não deve "servir de instrumento à satisfação dos interesses de outros indivíduos",[22] ainda que os outros indivíduos sejam familiares.

No que tange ao argumento de que a resolução *estabelece instrumento inidôneo para o registro* das DAV, novamente há um desconhecimento do instituto bem como do direito comparado. Interessante notar que, quando o direito comparado vai ao encontro do que se pretende com a Ação Civil Pública, ela é usada e, até mesmo distorcida, vez que o artigo 46 do Código de Ética português,[23] não obstante seu caráter de norma de Conselho de Classe, prevê expressamente que, havendo manifestação de vontade do paciente o médico deve respeitá-la e, apenas em não havendo essa manifestação é que o médico deverá respeitar a vontade dos familiares. Contudo, quando vai de encontro, como acontece com todas as normativas estrangeiras sobre DAV, elas são esquecidas.

Quanto ao mérito dessa alegação, também padece de cientificidade, uma vez que o direito comparado[24] aceita que as DAV sejam registradas em prontuário do paciente.

Na decisão que indeferiu pedido liminar, publicada em 15.03.2013, o juiz federal Jesus Crisóstomo de Almeida afirmou, em linhas gerais, que a referida resolução

> é constitucional e se coaduna com o princípio constitucional da pessoa humana, uma vez que assegura ao paciente em estado terminal o recebimento de cuidados paliativos, sem o submeter, contra a sua vontade, a tratamentos que prolonguem o seu sofrimento e não tragam mais qualquer benefício.[25]

22. KANT, Immanuel. Fundamentos da metafísica dos costumes. Rio de Janeiro: Ediouro, 1997.
23. 46: '4. A actuação dos médicos deve ter sempre como finalidade a defesa dos melhores interesses dos doentes, com especial cuidado relativamente aos doentes incapazes de comunicarem a sua opinião, entendendo-se como melhor interesse do doente a decisão que este tomaria de forma livre e esclarecida caso o pudesse fazer'. Ordem dos Médicos de Portugal. *Código Deontológico*. Disponível em: [https://www.ordemdosmedicos.pt/?lop=conteudo&op=9c838d2e45b2ad1094d42f4ef36764f6&id=cc42acc8ce334185e0193753adb6cb77]. Acesso em: 13.03.2013.
24. Sobre isso ver as leis australiana e espanhola.
25. BRASIL. Justiça Federal do Estado de Goiás. *Decisão Liminar em Ação civil pública n.* 0001039-86.2013.4.01.3500. Disponível em: [http://processual.trf1.jus.br/consultaProcessual/processo.php?trf1_captcha_id=c15a36d043d11f05e27321dd3fbf227d&trf1_captcha=gjqt&enviar=Pesquisar&secao=GO&proc=10398620134013500]. Acesso em: 18.01.2018.

Saliente-se que essa decisão é um marco do Direito brasileiro, pois é a primeira vez que o Poder Judiciário se manifesta, com veemência, acerca da dignidade da pessoa humana desses indivíduos, reconhecendo, de forma explícita, o direito destes à autodeterminação.

O Ministério Público Federal recorreu da referida decisão, interpondo o agravo de instrumento 0019373-95.2013.4.01.0000, que ficou concluso no gabinete do desembargador relator mais de um ano, sem qualquer movimentação e, como o processo em primeira instância não estava suspenso, o juiz substituto Eduardo Pereira da Silva proferiu sentença, publicada em 02.04.2014, reconhecendo a constitucionalidade da resolução. Contudo, fez as seguintes observações:

a) A resolução não regulamenta apenas as diretivas antecipadas de vontade de pacientes terminais ou que optem pela ortotanásia. Afirma, o MM. Juiz que as Diretivas Antecipadas de Vontade valem para qualquer paciente que venha a ficar impossibilitado de manifestar sua vontade.

b) Apontou a necessidade de legislação sobre o tema.

c) Afirma que a família e Poder Público podem buscar o Poder Judiciário caso se oponham às Diretivas Antecipadas do paciente, bem como caso queiram responsabilizar os profissionais de saúde por eventual ilícito.

A decisão é muito boa no que diz respeito ao reconhecimento da vontade do paciente, mas evidencia a falta de conhecimento no Brasil sobre o instituto. Principalmente o que tange à falta de diferenciação entre Diretivas Antecipadas de Vontade, Testamento Vital e Procuração para Cuidados de Saúde. É uma pena que o Poder Judiciário tenha, mais uma vez, perdido a oportunidade de diferenciar esses institutos e se manifestar, pontualmente, sobre cada um deles.

Precisamos, neste momento, de conscientização do Poder Judiciário e dos demais entes do Poder Público sobre o tema. E mais, é preciso que o CFM se manifeste sobre a colocação do magistrado de que "a resolução não regulamenta apenas as diretivas antecipadas de vontade de pacientes terminais ou que optem pela ortotanásia",[26] pois essa afirmativa distorce por completo as DAV que são mundialmente utilizadas para manifestação de vontade em caso de doenças ameaçadoras da vida.

Por fim, é importante ressaltar que Resolução CFM 1.995/2012 representa um grande avanço nas discussões acerca das diretivas antecipadas no Brasil. Contudo, o avanço ocorre em uma perspectiva localizada, pois se cinge ao âmbito médico e dos demais profissionais de saúde estudiosos do tema.

É preciso, entretanto, ter em mente que a resolução não esgota o tema, pelo contrário, demonstra a necessidade de legislação específica sobre as diretivas antecipadas

26. Sentença proferida nos autos da Ação Civil Pública n. 0001039-86.2013.4.01.3500. Disponível em: [https://processual.trf1.jus.br/consultaProcessual/processo.php?proc=00010398620134013500&secao=GO&pg=1&trf1_captcha_id=a8cf3b8f53f72d6c4f263c36acfb621c&trf1_captcha=jg5n&enviar=Pesquisar]. Acesso em: 20.01.2018.

de vontade a fim de regulamentar questões afetas ao discernimento do outorgante, à uma exemplificação de cuidados e tratamentos que podem ou não ser recusados, bem como quais são os critérios para aceitação e recusa dos mesmos, ao registro das diretivas antecipadas, e à extensão da participação do médico da feitura das diretivas.

6.3. APELAÇÃO CÍVEL 70054988266 TJRS

No dia 20.11.2013, o Tribunal de Justiça do Rio Grande do Sul (TJRS) julgou a Apelação Cível 70054988266, derivada ação de Alvará Judicial para Suprimento de Vontade do Idoso, proposta pelo Ministério Público, na cidade de Viamão/RS, em que se discute o direito de um idoso a recusar a amputação de um membro necrosado. A decisão dos desembargadores foi pelo reconhecimento desse direito, tido por eles como constitucional, supostamente por constituir ortotanásia, através do desejo manifestado pelo paciente por um testamento vital, em conformidade com a Resolução 1.995/2012.

Trata-se do primeiro acórdão que, diante de um caso concreto, analisou o testamento vital. Todavia, infelizmente, o que se percebe diante da leitura apurada da decisão é que o paciente fez manifestação de recusa de tratamento e não um testamento vital, uma vez que ele não estava em situação de fim de vida.

Isso porque o paciente estava em um processo de necrose do pé esquerdo, necessitando de amputação, procedimento que recusava de forma veemente. Como o idoso não tinha parentes e estava em um Hospital Colônia, o Ministério Público solicitou que o Poder Judiciário determinasse a realização da amputação, tendo em vista que a não realização desse procedimento levaria o paciente a óbito, fundamentando este pedido na incapacidade do idoso, haja vista que está com quadro depressivo, bem como na indisponibilidade do direito à vida.

O juiz, em primeira instância, indeferiu o pleito por ausência de prova nos autos de risco de vida. Afirmou ainda que o paciente, apesar de ter um quadro depressivo, possuía capacidade para recusar tratamento.

O Ministério Público apelou da decisão e, novamente, perdeu, tendo o TJRS decidido pelo respeito à vontade do idoso de não realizar a amputação.

O curioso é que tal decisão baseou-se na manifestação de vontade do paciente, entendida pelos Desembargadores como testamento vital, que, segundo os mesmos, "figura na Resolução 1.995/2012 do CFM" que "prevê a possibilidade de a pessoa se manifestar a respeito, mediante três requisitos: (1) a decisão do paciente deve ser feita antecipadamente, isto é, antes da fase crítica; (2) o paciente deve estar plenamente consciente; (3) deve constar que a sua manifestação de vontade deve prevalecer sobre a vontade dos parentes e dos médicos que o assistem." [27]

27. Decisão disponível no site: [http://www.tjrs.jus.br/busca/?q=70054988266&tb=jurisnova&pesq=ementario&partialfields=tribunal%3ATribunal%2520de%2520Justi%25C3%25A7a%2520do%2520RS.%28TipoDecisao%3Aac%25C3%25B3rd%25C3%25A3o%7CTipoDecisao%3Amonocr%25C3%25A1tica%7CTipoDecisao%3Anull%29&requiredfields=&as_q=]. Acesso em: 15.02.2018.

Não obstante a importância dessa decisão, vez que, de forma corajosa, reconheceu a primazia da vontade do paciente sobre a indisponibilidade do direito à vida, é preciso tomar cuidado com equiparação da vontade desse paciente com o testamento vital.

Isso porque os autos não deixam claro sobre a real condição de saúde do paciente, ou seja, não há a informação se esse paciente estava com uma doença ameaçadora da vida, fora de possibilidades terapêuticas. Muito antes pelo contrário, parece-nos que se trata de um caso puro de recusa de tratamento, sem qualquer ligação com o fim da vida.

Ainda que o fosse, a decisão padece de grave contradição, uma vez que dois dos três requisitos citados para afirmar que se está diante de um testamento vital estão ausentes.

Primeiro porque o paciente manifestou vontade na fase crítica, afinal, a recusa em amputar a perna se deu no momento em que houve o diagnóstico da necessidade de amputação, ou seja, na fase crítica. Para que esse requisito fosse cumprido, seria necessário que o paciente, antes de estar com o quadro infeccioso, tivesse se manifestado acerca da sua vontade em não amputar um membro diante de uma infecção, ainda que essa decisão lhe causasse a morte.

Segundo porque o paciente estava com um diagnóstico de depressão, doença que pode sim, retirar a capacidade para consentir do indivíduo, também chamada de discernimento e requisito essencial para manifestação de vontade.[28] Sendo assim, parece-nos que o processo conta com uma grave falha pois não obstante os magistrados – de primeira e segunda instância – terem reconhecido o quadro depressivo, essa doença não foi levada em consideração nas decisões judiciais e, caso houvesse sido feito um detalhado laudo psiquiátrico, haveria a possibilidade de demonstrar que o paciente tinha discernimento para tomar a decisão e, inclusive, a depressão poderia ser apontada como fator desencadeante da falta de vontade de viver do paciente, que o levou a desistir de sua perna.

Portanto, a referida decisão nos parece verdadeiro retrocesso no que diz respeito à implementação das DAV no Brasil, pois utiliza de forma inadequada o instituto e abre um precedente perigoso para que outras decisões judiciais justifiquem toda e qualquer recusa de tratamento com base no testamento vital.

6.4. ENUNCIADO 37 DA I JORNADA DE DIREITO DA SAÚDE DO CONSELHO NACIONAL DE JUSTIÇA

Nos dias 14 e 15.05.2014, o Conselho Nacional de Justiça (CNJ) realizou, na cidade de São Paulo, a I Jornada de Direito da Saúde. Desta, resultou num documento com quarenta e cinco enunciados sobre saúde.

28. Sobre o assunto recomenda-se TEIXEIRA, Ana Carolina Brochado. *Saúde, corpo e autonomia privada*. Rio de Janeiro: Renovar, 2010.

Especificamente sobre as diretivas de vontade, foi aprovado o enunciado 37, que dispõe "As diretivas ou declarações antecipadas de vontade, que especificam os tratamentos médicos que o declarante deseja ou não se submeter quando incapacitado de expressar-se autonomamente, devem ser feitas preferencialmente por escrito, por instrumento particular, com duas testemunhas, ou público, sem prejuízo de outras formas inequívocas de manifestação admitidas em direito".[29]

Acontece que o enunciado aprovado vai de encontro aos estudos sobre o tema. Primeiramente, começa fazendo uma confusão de nomenclatura: não existe Diretiva Antecipada de Vontade ou Declaração Antecipada de Vontade. O que existe é Diretiva Antecipada de Vontade e Testamento Vital.

O enunciado trata apenas da manifestação de vontade sobre tratamentos médicos, restringindo, assim, o conteúdo das diretivas que, na verdade, referem-se a tratamentos e cuidados médicos, numa clara demonstração de falta de conhecimento técnico sobre o assunto. Ademais, essa restrição coloca dúvidas sobre a aceitação pelo CNJ da manifestação de vontade sobre assuntos não médicos, como, por exemplo, as disposições sobre enterro.

Curioso notar a ausência de menção ao procurador para cuidados de saúde, causando dúvidas sobre a aceitação dessa figura pelo CNJ.

Quanto à forma, parece temeroso que o enunciado equipare as diretivas antecipadas de vontade a um negócio jurídico (cuja forma mais conhecida é o contrato que, para ter força executiva, precisa de testemunhas). Melhor seria reconhecer que as diretivas antecipadas de vontade são uma declaração unilateral de vontade, ou seja, uma manifestação de autonomia do indivíduo e, como tal, não necessita de testemunhas.

Por fim, ressalte-se que o enunciado não elucida as questões mais controversas como: prazo de validade, possibilidade de incapazes com discernimento fazê-las, a necessidade de lei específica, quais cuidados e tratamentos podem ser recusados, razão pela qual espera-se que novos enunciados sejam publicados e supram essa lacuna.

6.5. PROCESSO 1084405-21.2015.8.26.0100/TJSP[30]

O caso em exame trata-se de um procedimento de jurisdição voluntária no qual a autora, então com 68 anos, pleiteia o reconhecimento judicial de validade para sua manifestação de vontade acerca de recusa de tratamentos fúteis quando estiver em fim de vida, alegando tratar-se de uma espécie de ***living will***.

29. CONSELHO NACIONAL DE JUSTIÇA. Enunciados aprovados na I Jornada de Direito da Saúde do Conselho Nacional de Justiça em 15 de maio de 2014 – São Paulo/SP. Disponível em: [http://www.cnj.jus.br/images/eventos/I_jornada_forum_saude/_ENUNCIADOS%20APROVADOS%20NA%20JORNADA%20DE%20DIREITO%20DA%20SADE%20-%20PLENRIA%2015-5-14_revisado%20Carmem%203.pdf]. Acesso em: 18.01.2018.

30. A análise completa desse caso foi publicada em: DADALTO, Luciana. A judicialização do testamento vital: análise dos autos n. 1084405-21.2015.8.26.0100/TJSP Civilistica.com. Rio de Janeiro, a. 7, n. 2, 2018. Disponível em: [http://civilistica.com/a-judicializacao-do-testamento-vital/]. Acesso em: 01.07.2019.

No momento do ajuizamento da ação a autora não estava acometida com doença grave, incurável e/ou terminal; mesmo diante de seu perfeito estado de saúde, tinha medo de que, no futuro, caso estivesse em uma condição clínica grave, fosse submetida a tratamentos fúteis, definidos na inicial como "a prorrogação da vida a qualquer preço, mesmo que com perda volitiva irreversível constatada e havendo na medicina somente tratamento paliativo", razão pela qual desejava que o Poder Judiciário reconhecesse esse direito e a indicação de quatro médicos de sua confiança para atestar seu estado clínico.

Ab initio, a magistrada indeferiu a inicial e julgou extinto o feito sem resolução do mérito, por entender que o procedimento requerido é desnecessário, tendo em vista a possibilidade de manifestação de vontade da autora em prontuário médico (em conformidade com a resolução do Conselho Federal de Medicina 1.995/2012), a existência de diversos entendimentos acerca da validade do testamento vital e a possibilidade de lavratura de escritura pública desse documento em Cartório de Notas.

A autora interpôs apelação da sentença proferida e o Tribunal de Justiça de São Paulo julgou procedente, anulando a sentença e determinando a remessa dos autos para a primeira instância a fim de ter seu processamento regular, conforme ementa:

> Jurisdição voluntária – Pedido de reconhecimento judicial do direito à ortotanásia – Extinção sem julgamento do mérito – Remessa à via extrajudicial ou administrativa – Não cabimento – Garantia constitucional de acesso à justiça – Sentença anulada – Recurso provido.

Assim, foi dado processamento aos autos e, diante da manifestação de ausência de interesse do Ministério Público, realizou-se audiência a fim de colher o depoimento pessoal da autora. Nessa ocasião, a autora assim se manifestou:

Reitera seu desejo já manifestado na inicial, onde diz que os médicos indicados às fls. 14 são seus conhecidos e com eles faz acompanhamentos de rotina. Tem 3 (três) filhos e 4 (quatro) netos. Tem ciência de que poderia ter feito o procedimento via cartório extrajudicial e tem receio de que tal declaração pudesse ser contestada. Na ausência dos médicos indicados, a declaração poderá ser efetuada por dois médicos responsáveis pelo tratamento.

Em sentença, a magistrada reconhece a validade do testamento vital no ordenamento jurídico brasileiro, afirma que "a função jurisdicional vai além de apenas conceder o provimento pleiteado, devendo ser analisada a real necessidade, e mais, a possibilidade de efetivação do direito". Nesse contexto, entende não ser possível acatar o pedido de nomeação dos médicos listados na exordial, uma vez que inexiste manifestação de aceite desse múnus pelos mesmos. Afirma ainda que mesmo que esses profissionais tivessem concordado com a nomeação, o procedimento judicial não poderia impor essa obrigação, vez que os mesmos não integram o polo passivo da lide.

A julgadora aponta que o pedido formulado tem "natureza absolutamente hipotética" pois a autora goza de boa saúde física e mental, conforme relatórios médicos juntados aos autos, razão pela qual é impossível acolher o pedido tal qual formulado. Conclui a magistrada pela homologação da vontade da autora "quanto ao desejo de não se submeter a tratamentos médicos fúteis ou cruéis, a partir do fim da vida funcional cognitiva, desde que atestado por dois médicos, ainda que não especificados na inicial", deixando claro que a referida homologação trata-se apenas de um ato formal.

6.6. A INEXISTÊNCIA DE REGRAS IMPEDE A VALIDADE DO TESTAMENTO VITAL NO ORDENAMENTO JURÍDICO BRASILEIRO?

Não obstante a inexistência de norma jurídica específica acerca do testamento vital no Brasil, uma interpretação integrativa das normas constitucionais e infraconstitucionais concede aparato para a defesa da validade do testamento vital no ordenamento jurídico brasileiro, posição já aceita nos tribunais brasileiros.

Os princípios constitucionais da dignidade da pessoa humana (art. 1º, III) e da autonomia (princípio implícito no art. 5º), bem como a proibição de tratamento desumano (art. 5º, III) são arcabouços suficientes para a defesa do testamento vital, vez que o objetivo desse instrumento é possibilitar ao indivíduo dispor sobre a aceitação ou recusa de tratamentos em caso fim de vida.

Isso porque o testamento vital é expressão de autonomia do sujeito,[31] garantidor da dignidade deste, pois ao garantir ao indivíduo o direito de decidir sobre os cuidados, tratamentos e procedimentos que deseja ou não ser submetido quando estiver com uma doença grave, incurável e terminal, preserva sua vontade e evita que ele seja submetido ao esforço terapêutico – prática médica que visa manter a vida mesmo que não haja condição de reversibilidade da doença – que é considerado pela presente pesquisa um tratamento desumano, já que está comprovado que esse esforço não causará nenhuma vantagem objetiva ao paciente, vez que não impedirá a morte deste.

O artigo 15 do Código Civil preceitua que ninguém pode ser constrangido a submeter-se, com risco de vida, a tratamento médico ou intervenção cirúrgica, e esse artigo deve ser lido à luz da Constituição, leitura esta que, segundo Ribeiro (2005) é:

> [...] ninguém, nem com risco de vida, será constrangido a tratamento ou a intervenção cirúrgica, em respeito à sua autonomia, um destacado direito desta Era dos Direitos que não concebeu, contudo, um direito fundamental à imortalidade.[32]

---

31. Sobre este assunto ver: PENALVA, Luciana Dadalto; TEIXEIRA, Ana Carolina Brochado. Terminalidade e Autonomia: uma abordagem do testamento vital no Direito brasileiro. In: BARBOZA, Heloisa Helena; MENEZES, Rachel Aisengart; PEREIRA, Tânia da Silva. *Vida, Morte e Dignidade Humana*. São Paulo: GZ Editora, 2010. p. 57-82.
32. RIBEIRO, Diaulas Costa. A eterna busca da imortalidade humana: a terminalidade da vida e a autonomia. *Bioética*, Brasília, v. 13, n. 2, p. 112-120, DEZ. 2005.

Assim, o testamento vital é um instrumento garantidor desse dispositivo legal, nas situações de fim de vida, vez que evita o constrangimento do paciente ser submetido a tratamentos médicos fúteis, que apenas potencializam o risco de vida, e os procedimentos médico-hospitalares sempre representam risco.

No Estado de São Paulo há a Lei 10.241/1999, popularmente conhecida como "Lei Mário Covas", por ter sido promulgada pelo então governador Mário Covas, que dispõe sobre os direitos dos usuários de serviços e das ações de saúde. O inciso XXIII do artigo 2º desta lei assegura aos usuários do serviço de saúde do Estado de São Paulo o direito a recusar tratamentos dolorosos ou extraordinários para tentar prolongar a vida, direito este também assegurado pelas Leis 16.279, do Estado de Minas Gerais,[33] e 14.254 do Estado do Paraná.[34]

Apesar de serem legislações estaduais, representam grande avanço no respeito aos direitos dos pacientes terminais, vez que conferem a eles o poder de decisão sobre seus tratamentos. Todavia, essa disposição não terá efeito quando o paciente estiver inconsciente, pois, nessa situação, estará impossibilitado de manifestar sua vontade. Por essa razão, é necessária a feitura de um testamento vital, a fim de que a vontade do indivíduo seja respeitada mesmo quando este estiver impossibilitado de manifestá-la em determinado momento.

Posto isso, percebe-se que a essas normas somam-se as resoluções do CFM já mencionadas, bem como as decisões judiciais que reconheceram a constitucionalidade das DAV e, até mesmo ao Enunciado 37 da I Jornada de Direito da Saúde do CNJ, pois apesar de algumas atecnias, parece claro que há um movimento dos operadores do direito para aceitar a validade do testamento vital no Brasil, mesmo ante a inexistência de norma específica.

Como visto, o testamento vital é um instrumento lícito de manifestação de vontade para cuidados, tratamentos e procedimentos em fim de vida. Igual certeza não há quanto às inúmeras questões adjacentes a esse instrumento, notadamente quanto à efetividade prática dessa vontade manifestada.

Daí advém a necessidade de uma lei específica sobre o tema, com o único propósito de dar segurança jurídica sobre aspectos formais, amparada na experiência estrangeiras, como será visto na sessão seguinte. Todavia, a inexistência dessa não pode ser usada como justificativa para pedidos judiciais de validação do testamento vital, uma vez que, conforme visto, trata-se de negócio jurídico unilateral de caráter existencial e, desde que cumpra os requisitos de validade dos negócios jurídicos, será válido.

Aceitar a judicialização do testamento vital a fim de que o Poder Judiciário declare o direito é realizar uma interpretação *contra legem* do Código Civil, o que acarreta num enorme abalo na segurança jurídica existente e abre margem para que

33. "Art. 2º São direitos do usuário dos serviços de saúde no Estado: [...] XX – recusar tratamento doloroso ou extraordinário."
34. "Art. 2º São direitos dos usuários dos serviços de saúde no Estado do Paraná: [...] XXIX – recusar tratamento doloroso ou extraordinário para tentar prolongar a vida; [...]"

inúmeras ações declaratórias de negócios jurídicos existenciais sejam ajuizadas, aumentando a judicialização das relações sociais e sedimentando o Poder Judiciário como superego da sociedade.[35]

6.7. O CONTEÚDO DO TESTAMENTO VITAL VÁLIDO NO BRASIL

Em linhas gerais, o testamento vital nos ordenamentos jurídicos estrangeiros tem como conteúdo disposições de recusa e/ou aceitação de cuidados e tratamentos que prolonguem a vida artificialmente, disposição sobre doação de órgãos e a nomeação de um representante.

Quanto às disposições de recusa e/ou aceitação de cuidados, tratamentos e procedimentos, entende-se qualquer disposição pode ser feita, desde que não afronte as leis brasileiras. Se outrora entendíamos que a recusa de Cuidados Paliativos é ilícita, atualmente não temos mais esse posicionamento, pois o que molda o conceito de cuidado digno é a condição subjetiva do sujeito e impor a ele o conceito do que seja uma *morte digna* é perdurar o paternalismo que há tanto tempo alicerça a relação médico-paciente.

Todavia, como a prática da obstinação terapêutica é naturalizada nos países ocidentais, o conteúdo mais comum do testamento vital é de recusa de tratamentos fúteis ou pedido de suspensão de suporte artificial de vida, como por exemplo, extubação paliativa, traqueostomia, hemodiálise, ordem de não reanimação, entre outros; e a definição da futilidade deve ter em conta a inexistência de benefícios que esse tratamento trará ao paciente, sendo aferida no caso concreto.

Quanto a disposições sobre doação de órgãos, apesar de não serem o foco do documento, entende-se atualmente que é razoável que o paciente manifeste desejo sobre esse assunto no testamento vital. Contudo, a doação de órgãos no Brasil já está regulada pela Lei 9.434/1997, alterada pela Lei 10.211/2001, bastando que, para a efetivação da doação, sigam-se seus ditames.[36] Entre eles, está a autorização do cônjuge ou de parente maior de idade, obedecida a linha sucessória, o que não seria admissível no testamento vital, vez que ele expressa a vontade autônoma do paciente. Portanto, entende-se atualmente ser contrária ao ordenamento jurídico brasileiro, a disposição acerca de doação de órgãos no testamento vital,[37] sendo necessária uma alteração legislativa para validar essa disposição.

---

35. Maus, Ingeborg. *Judiciário como superego da sociedade: o papel da atividade jurisprudencial na "sociedade órfã"*. Tradução: Martonio Lima e Paulo Albuquerque. Disponível em: [www.direitocivilcontemporaneo.com]. Acesso em: 06.07.2018.

36. Acerca do tema, recomenda-se a leitura de SÁ, Maria de Fátima Freire de. *Biodireito e direito ao próprio corpo:* doação de órgãos incluindo o estudo da Lei n. 9.434/97 com as alterações introduzidas pela Lei 10.211/01. Belo Horizonte: Del Rey, 2003.

37. Poder-se-ia destrinchar mais esse assunto, pois sabe-se que alguns intérpretes da lei 10.211/01 entendem que quando o paciente manifestar expressamente a vontade de doar órgãos, essa vontade prevalece, contudo, a prática nos serviços de transplante demonstra que nenhum profissional de saúde retira órgãos de um paciente quando a família não autoriza. Dessa forma, é preciso rever a legislação para aclará-la, de modo que fique explícito a supremacia da vontade do paciente sobre a família.

A análise da validade da nomeação de um representante é, na verdade, a análise da validade da junção do testamento vital e da procuração para cuidados de saúde, ou seja, a disposição que nomeia um representante não é, em verdade, uma disposição de conteúdo do testamento vital e, sim, a inclusão da procuração para cuidados de saúde neste instituto. Situação que, *a priori,*[38] é válida no ordenamento jurídico brasileiro e foi respaldada pela Resolução 1.995/2012 do CFM. Ressalte-se, contudo, que se tratam de institutos díspares, conforme observado no segundo capítulo desta pesquisa, e, como a procuração para cuidados de saúde é mais abrangente do que o testamento vital, melhor seria que a pessoa que optasse por redigir as duas modalidades de diretivas antecipadas, a fizesse separadamente, ainda que seja desejável a existência do mandado duradouro no testamento vital.

O testamento vital no Brasil também não poderá conter disposições contrárias ao ordenamento jurídico brasileiro, o que torna ineficaz as disposições que prevejam a eutanásia, por exemplo.

6.8. PROPOSIÇÕES FORMAIS ACERCA DO TESTAMENTO VITAL VÁLIDO NO BRASIL

6.8.1. Forma

Em países com tradição jurídica semelhante ao Brasil, como a Espanha, por exemplo, o testamento vital pode ser feito por documento público ou privado. Na primeira modalidade, o documento é registrado em um cartório, por meio de escritura pública, sem a presença de testemunhas. Na segunda, o documento deve ser assinado por testemunhas, contudo, não há previsão legal do número de testemunhas necessário.

Nesse país, a lei que instituiu o testamento vital criou um Registro Nacional de Instruções Prévias subordinado ao Ministério da *Sanidad y Consumo* totalmente informatizado.[39]

Posto isso, entende-se ser importante no Brasil que o testamento vital tenha forma prevista em lei, havendo a possibilidade legal de lavratura por escritura pública perante um notário,[40] a fim de garantir a segurança jurídica. A criação de um banco nacional de testamentos vitais também é recomendada, para que possibilite uma maior efetividade no cumprimento da vontade do paciente, de modo a não correr risco de que declaração se torne inócua. Assim, existindo tais disposições formais, o

38. *A priori* pois não é objetivo deste trabalho estudar com profundidade a validade da procuração para cuidados de saúde no ordenamento jurídico brasileiro, tema que, *per se*, daria uma dissertação de mestrado.
39. Acerca deste tema ler SÁNCHEZ, Cristina López. *Testamento vital y voluntad del paciente:* conforme a la Ley 41/2002, de 14 de noviembre. Madrid: Dykinson, 2003.
40. Os tabeliães de notas, segundo a Lei n. 8.935/94, possuem competência exclusiva para lavrar escritura pública.

cartório ou o particular deverá encaminhar o testamento vital ao Registro Nacional, em um prazo exíguo, a fim de garantir a efetividade da desta.

Esse procedimento poderá seguir as recomendações do Registro Central de Testamentos, do Colégio Notarial do Brasil, seção de São Paulo, dispostas no provimento CG 06/94, que objetiva implantar um registro único de testamentos em São Paulo. Modelo que tem se estendido para outros estados do Brasil, como Minas Gerais, no qual o registro único ainda está em fase de implantação.

Do ponto de vista médico, na Espanha e nos EUA o testamento vital é anexado à história clínica do paciente. No Brasil, essa história clínica é denominada anamnese[41] e está contida no prontuário médico que, segundo o artigo 1º da Resolução 1.638/2002 do CFM,[42] é

> [...] o documento único constituído de um conjunto de informações, sinais e imagens registradas, geradas a partir de fatos, acontecimentos e situações sobre a saúde do paciente e a assistência a ele prestada, de caráter legal, sigiloso e científico, que possibilita a comunicação entre membros da equipe multiprofissional e a continuidade da assistência prestada ao indivíduo.[43]

O prontuário médico é constituído por

> Identificação do paciente – nome completo, data de nascimento (dia, mês e ano com quatro dígitos), sexo, nome da mãe, naturalidade (indicando o município e o estado de nascimento), endereço completo (nome da via pública, número, complemento, bairro/distrito, município, estado e CEP);
>
> Anamnese, exame físico, exames complementares solicitados e seus respectivos resultados, hipóteses diagnósticas, diagnóstico definitivo e tratamento efetuado;
>
> Evolução diária do paciente, com data e hora, discriminação de todos os procedimentos aos quais o mesmo foi submetido e identificação dos profissionais que os realizaram, assinados eletronicamente quando elaborados e/ou armazenados em meio eletrônico.[44]

Assim, é recomendável que, no Brasil, o testamento vital seja anexado ao prontuário, com o escopo de informar à equipe médica que o paciente possui esse documento. Como o preenchimento do prontuário é de competência exclusiva do médico, este ao ser informado pelo paciente da existência e do conteúdo dessa declaração, deverá proceder à anotação da existência de tal instrumento no prontuário do paciente, anexando-a a este.

---

41. Barros (2004) afirma, em linhas gerais, que anamnese é uma entrevista feita pelo médico cujo objetivo é coletar o máximo de dados sobre o paciente, focando-se na obtenção de dados sobre os sintomas atuais, pretéritos, tensões familiares, financeiras, profissionais, medos, anseios e expectativas quanto à doença e aos tratamentos. O objetivo primevo da anamnese é ajudar o médico a tomar uma decisão sobre a patologia e sobre o tratamento balizado pela história de vida do paciente.
42. Esta resolução torna obrigatória a criação de uma Comissão de Revisão de Prontuários nas instituições de saúde e determina que o médico e a hierarquia médica da instituição são responsáveis pelo prontuário médico.
43. CONSELHO FEDERAL DE MEDICINA. *Resolução n. 1.638/2002a*. Disponível em: [http://www.portalmedico.org.br/resolucoes/cfm/2002/1638_2002.htm]. Acesso em: 11.01.2018.
44. Op. Cit.

6.8.2. Discernimento

Como já mencionado anteriormente, o discernimento – e não a capacidade de fato – é requisito essencial para que a pessoa possa fazer um testamento vital. Assim, entende-se que os limites objetivos de fixação de idade utilizados pelo Código Civil devem ser flexibilizados, de modo que

> A declaração de incapacidade não pode, de maneira apriorística, comprometer integralmente a autonomia privada conferida pelo ordenamento jurídico ao ser humano, ainda que acometido de enfermidade ou deficiência física ou mental que afete seu discernimento. [...]
>
> Flexibilizar os institutos da incapacidade e da curatela consiste em um novo mecanismo hermenêutico hábil a viabilizar a vontade do incapaz, sempre que for possível compatibilizar sua vontade psicológica com a vontade jurídica, revestindo-a, portanto, de juridicidade.[45]

Isso porque, segundo Rodrigues e Teixeira,[46] os critérios predefinidos pela lei muitas vezes impossibilitam o incapaz de exercer seus direitos de personalidade e de desenvolver sua dignidade. Por isso, essas autoras defendem que apenas diante do caso concreto será possível averiguar para quais atos de vontade o indivíduo – categorizado pela lei como incapaz – possui discernimento, que deve ser reconhecido pelo Poder Judiciário.

Significa dizer que, caso um menor de idade queira redigir um testamento vital, deverá primeiramente requerer autorização judicial, que somente poderá negá-la se restar provado a falta de discernimento deste para praticar tal ato. Entretanto, caso não haja esse requerimento, entende-se que, após adquirida a maioridade civil, o documento deve ser ratificado pelo próprio outorgante.

> O menor com capacidade suficiente intelectual e volitiva poderá redigir um documento com estas características, vez que ninguém melhor que ele sabe quais são seus desejos, até porque, uma vez escritos não se convertem em irrevogáveis, sendo passíveis de modificação e de revisão periódica.[47]

Ressalte-se que a defesa que aqui se faz não é para um elastecimento do critério quantitativo de definição de capacidade de fato no Código Civil brasileiro, ou seja, não se pretende reduzir a idade para 16 anos, como por exemplo, sugere Sánchez,[48] vez que tal diminuição não resolve o problema, pois continua trabalhando com critérios quantitativos. O que se quer aqui é defender que o discernimento não está

45. RODRIGUES, Renata de Lima. *Incapacidade, curatela e autonomia privada*: estudos no marco do Estado Democrático de Direito. 2005. 200f. Dissertação (Mestrado) Pontifícia Universidade Católica de Minas Gerais, Faculdade Mineira de Direito, Belo Horizonte, p. 169-170.
46. RODRIGUES, Renata de Lima; TEIXEIRA, Ana Carolina Brochado. *O Direito das Famílias entre a Norma e a Realidade*. São Paulo: Atlas, 2010.
47. Defendemos que el menor de edad con suficiente capacidad intelectiva y volitiva podría redactar un documento de estas características, puesto que nadie mejor que él sabrá cuáles son sus deseos que, además, una vez plasmados por escrito no se convierten en irrevocables, sino que no sólo podrán ser modificados sino que, además, resulta sumamente conveniente su revisión periódica. SÁNCHEZ, Cristina López. *Testamento vital y voluntad del paciente*: conforme a la Ley 41/2002, de 14 de noviembre. Madrid: Dykinson, 2003.
48. SÁNCHEZ, Cristina López. *Testamento vital y voluntad del paciente*: conforme a la Ley 41/2002, de 14 de noviembre. Madrid: Dykinson, 2003.

diretamente atrelado à idade, que a liberdade de autodeterminação do indivíduo não pode ser averiguada aprioristicamente, razão pela qual cabe ao juiz analisar se, por exemplo, um adolescente de 15 anos tem discernimento suficiente para manifestar sua vontade acerca de tratamentos ou não tratamentos a que deseja ser submetido caso se torne um paciente fora de possibilidades terapêuticas.

Nessa perspectiva, é preciso perquirir acerca da possibilidade de um paciente demenciado fazer um testamento vital. A geriatra Cláudia Burlá debruçou-se sobre o assunto em sua tese de doutorado e concluiu que "nas demências, não há possibilidade, durante o curso evolutivo da doença, de se obterem, de forma confiável, as informações das vontades da pessoa, uma vez que a sua capacidade cognitiva já se encontra comprometida",[49] evidenciando a impossibilidade de feitura de qualquer modalidade de DAV no curso da demência.

Percebe-se, enfim, que o critério mais adequado para feitura do testamento vital, seja dos menores de 16 anos, seja dos maiores de 18 anos, é a capacidade para consentir, afinal, se o testamento vital é instrumento máximo de manifestação de vontade, o sujeito que o faz deve ter conduções de expressar livre e autonomamente sua própria vontade.

6.8.3. Prazo de validade

Doutrinadores como Sánchez[50] defendem que o testamento vital deve ter prazo de validade, sob o argumento de que são documentos dinâmicos que não podem ser esquecidos depois de elaborados, e que a Medicina avança constantemente, portanto, seria possível que determinada enfermidade considerada incurável na data da elaboração do documento tenha se tornado curável na data de sua aplicação. Este argumento foi adotado pelo legislador português que prevê, na Lei 25/2012, um prazo de validade de cinco anos para as DAV.

Conforme já mencionado, o testamento vital é, por essência, revogável, razão pela qual discorda-se da fixação de prazo de validade nestes documentos, pela total desnecessidade, vez que a qualquer tempo o outorgante pode revogar a manifestação anterior. Aqui, vale uma comparação com o instituto do testamento, que, como instrumento de manifestação de vontade do indivíduo, pode ser revogado a qualquer tempo pelo testador.

Quanto ao argumento do avanço da Medicina, esse cai por terra com a simples verificação dos limites do testamento vital, quais sejam, a inaplicabilidade de disposições contrárias ao ordenamento jurídico brasileiro, de disposições contraindicadas para a patologia do paciente e recusa de tratamentos que já tenham sido modificados pela ciência médica. Dessa feita, a simples verificação de que a Medicina avançou e

49. BURLÁ, Cláudia. *A aplicação das Diretivas Antecipadas de Vontade na pessoa com demência*. Tese de Doutorado. Tese (Doutorado), Universidade do Porto, Faculdade de Medicina, 2015. p. 114
50. Op. Cit.

que determinado tratamento ou não tratamento disposto no testamento vital não é mais utilizado/recomendado, revoga tacitamente a disposição, não havendo, portanto, razão em se prever prazo de validade para o instituto.

6.8.4. Eficácia

Nos Estados Unidos, o testamento vital só se torna eficaz após 14 dias de sua feitura, período em que o legislador norte-americano considerou necessário para que o outorgante se arrependa da manifestação de vontade. Já na Espanha, não existe esse prazo, o que se considera razoável, já que, a qualquer momento, o outorgante poderá revogar sua vontade.

Sendo assim, pelo já proposto, defende-se que no Brasil o testamento vital torna-se eficaz a partir de sua inscrição do prontuário médico, pois ainda que ele seja oponível *erga omnes* a partir da lavratura de escritura pública pelo notário, sua eficácia médica apenas se perfaz com a inscrição no prontuário, inscrição essa que deve ser providenciada pelo médico, após ser informado, preferencialmente pelo Registro Nacional de Testamento Vital, da feitura desse documento pelo paciente, não havendo óbice que o outorgante se encarregue de prestar essa informação, entregando uma cópia para o médico. Neste caso, entretanto, o outorgante deve estar ciente da importância do Registro Nacional, a fim de garantir maior efetividade no cumprimento da vontade do paciente.

Insta salientar, neste tópico, que o cônjuge, companheiro e demais parentes do paciente, bem como o eventual procurador nomeado estão atrelados ao testamento vital, ou seja, devem respeitar a vontade do paciente. Vincula ainda as instituições de saúde e os médicos, contudo, estes podem valer-se da objeção de consciência, com fulcro no artigo 5º, VI, da Constituição da República, caso tenham fundado motivo para não realizarem a vontade do paciente. Ressalte-se que, neste caso, o paciente deve ser encaminhado para outro profissional, a fim de que sua vontade seja respeitada.

6.9. Análise do substitutivo do Projeto de Lei do Senado 149/2018

Nas edições passadas desta obra, foi apresentado uma proposta de projeto de lei sobre o tema, contudo, tendo em vista a tramitação atual no Senado Federal do substitutivo do Projeto de Lei 149/2018,[51] optou-se nessa edição por comentá-lo, artigo por artigo:

> Art. 1º Toda pessoa civilmente capaz tem o direito de, livre e conscientemente, manifestar sua vontade documentada acerca dos cuidados, tratamentos e procedimentos de saúde aos quais deseja ou não se submeter, e que terão validade apenas nas seguintes situações, atestadas por dois médicos diferentes:

51. SENADO FEDERAL. Projeto de Lei do Senado Federal 149/2018. Disponível em: [https://www25.senado.leg.br/web/atividade/materias/-/materia/132773]. Acesso em: 08.08.2019.

I – doença terminal;

II – doenças crônicas e/ou neurodegenerativas em fase avançada;

III – estado vegetativo persistente.

§ 1º O maior de 16 (dezesseis) anos e menor de 18 (dezoito) anos poderá manifestar sua vontade acerca do disposto no *caput* deste artigo por uma das formas explicitadas no art. 2º, mediante autorização judicial, pautada no devido processo legal, em que seja possível verificar o seu discernimento por meio de assistência psicossocial.

§ 2º Não será válida a manifestação de vontade, para efeito do disposto no *caput* deste artigo, realizada pelo portador de doenças psíquicas ou demência, ainda que em estado inicial.

§ 3º A manifestação de vontade acerca do disposto no *caput* deste artigo prevalecerá frente à vontade das demais pessoas envolvidas nos cuidados, inclusive familiares e equipe de saúde.

Percebe-se aqui que a opção legislativa brasileira se assemelha à opção francesa de entender da as DAV são gênero de documentos apenas com aplicação para situações de fim de vida.

Tendo em vista a amplitude de documentos que compõem o gênero das DAV, seria interessante que esse projeto tratasse também das ordens de não reanimação e das diretivas antecipadas para demência e que tramitasse em paralelo uma lei sobre o plano de parto e as DAV psiquiátricas.

De toda forma, o substitutivo avançou nas discussões ao reconhecer a possibilidade do menor entre 16 e 18 anos manifestar vontade sobre fim de vida e ao reconhecer explicitamente que a vontade manifestada nestes documentos é oponível *erga omnes*.

O § 2º é bastante controverso pois, em que pese parecer proteger pacientes vulneráveis, pode acabar por engessar a manifestação de vontade de pacientes com doenças psíquicas e/ou com demência, mas ainda com a capacidade cognitiva preservada. Assim, é importante que organizações como o Conselho Federal de Medicina, a Academia Nacional de Cuidados Paliativos, a Sociedade Brasileira de Geriatria e Gerontologia e a Sociedade Brasileira de Psiquiatria participem desses debates.

Art. 2º As diretivas antecipadas de vontade se constituem em um gênero de documentos de manifestação de vontade acerca de cuidados, tratamentos e procedimentos de saúde aos quais a pessoa deseja ou não se submeter quando estiver com uma doença grave ou incurável, seja ela terminal, crônica em fase avançada ou degenerativa em fase avançada.

§ 1º São espécies de diretivas antecipadas de vontade:

I – testamento vital, assim considerado o documento no qual uma pessoa manifesta sua vontade, explicitando os cuidados, tratamentos e procedimentos aos quais deseja ou não ser submetida nas situações previstas no *caput* deste artigo.

II – a procuração para cuidados de saúde, assim considerado o documento no qual uma pessoa designa uma ou mais pessoas, em ordem de preferência, para decidir por ele sobre os cuidados à sua saúde, caso venha a se encontrar impossibilitado de expressar livre e autonomamente a sua vontade nas situações previstas no *caput* deste artigo.

§ 2º O procurador para cuidados de saúde terá poderes para esclarecer a vontade do paciente e decidir diante de eventual lacuna quanto aos cuidados à saúde do paciente, devendo a sua vontade prevalecer sobre a vontade de familiares e equipe de saúde, caso haja dissenso entre eles.

> § 3º O procurador para cuidados de saúde não poderá ser o médico assistente ou que tenha prestado assistência técnica na elaboração das diretivas antecipadas de vontade, tampouco qualquer pessoa que tenha interesse econômico na preservação ou na abreviação da vida do outorgante, notadamente os herdeiros, legatários e beneficiários de seguros ou de assistência social.

O art. 2º evidencia a utilização das espécies clássicas de DAV, conforme a lei americana de 1990. Todavia, tendo em vista que quase 30 anos se passaram da elaboração dessa lei e que os EUA já criaram outras espécies de DAV, seria interessante que uma lei brasileira abarcasse essas novas espécies.

É preocupante a limitação de nomeação do procurador para cuidados de saúde para herdeiros, legatórios e beneficiários de seguros ou de assistência social no § 3º, porque parece que sobrarão poucas pessoas de confiança do procurador que não se enquadram nesses critérios. Assim, na prática, essa questão pode dificultar a consolidação da procuração para cuidados de saúde no Brasil, o que, deveras, não é desejado.

Contudo, esse artigo torna-se relevante pois ao não dispor sobre remuneração para o procurador reconhece, ainda que implicitamente, o caráter altruísta da procuração para cuidados de saúde, em consonância com a legislação e a literatura internacional.

> Art. 3º A manifestação de vontade do declarante, ao elaborar as suas diretivas antecipadas de vontade, deverá explicitar os cuidados, tratamentos e procedimentos que aceita, sendo-lhe, porém, vedado:
>
> I – recusar cuidados paliativos, notadamente quanto ao controle de sintomas;
>
> II – realizar pedido de morte assistida;
>
> III – realizar disposições de caráter patrimonial;
>
> IV – manifestar-se acerca da autocuratela e da tomada de decisão apoiada.
>
> § 1º No âmbito das diretivas antecipadas de vontade, o declarante poderá recusar cuidados, tratamentos e procedimentos de saúde que tenham o objetivo de prolongar sua vida biológica, dentre outros, os seguintes:
>
> I – reanimação cardiopulmonar;
>
> II – respiração artificial;
>
> III – nutrição e hidratação artificiais;
>
> IV – internação em Unidade de Terapia Intensiva;
>
> V – cirurgias que não tenham potencial curativo;
>
> VI – diálise;
>
> VII – quimioterapia e radioterapia;
>
> VIII – antibióticos;
>
> IX – demais cuidados, procedimentos e tratamentos sem potencial curativo.
>
> § 2º O declarante, em suas diretivas antecipadas de vontade, poderá:
>
> I – manifestar-se acerca da doação de órgãos *post mortem*, com caráter vinculante.
>
> II – solicitar alta hospitalar e assistência domiciliar para que possa chegar ao fim da sua vida no lugar que julgar mais adequado, podendo inclusive, escolher ir para sua casa.
>
> III – dispor acerca de ritos fúnebres, cremação e enterro.
>
> § 3º No caso de gravidez, ficarão suspensos até o momento do parto os efeitos das diretivas antecipadas de vontade que conflitarem com o interesse de preservação da vida do nascituro.

O artigo 3º é tecnicamente bem feito e resolve muitas dúvidas atuais ao deixar claro a proibição de disposição sobre questões patrimoniais, ao reconhecer a supremacia da vontade do paciente frente aos familiares na doação de órgãos e a facultar a tomada de decisão sobre ritos fúnebres no testamento vital, contudo, quanto a esse último ponto, inexiste norma coercitiva, o que na prática significará, *a priori*, que essa disposição não poderá ser exigida da família.

Tendo em vista que esse artigo trata de procedimentos médicos, é importante que organizações como o Conselho Federal de Medicina, a Academia Nacional de Cuidados Paliativos, a Sociedade Brasileira de Geriatria e Gerontologia e a Sociedade Brasileira de Psiquiatria se manifestem sobre ele e proponham eventuais ajustes.

> Art. 4º Os documentos previstos no art. 1º podem ser feitos por escritura pública ou por instrumento particular, caso em que deverá ter duas testemunhas.
>
> § 1º Em nenhuma das formas previstas no *caput* deste artigo será necessário laudo médico ou psicológico acerca do discernimento do declarante, bastando que seja plenamente capaz, segundo os termos da lei civil, ressalvada a exigência de autorização judicial prevista no art. 1º, § 1º desta Lei.
>
> § 2º O declarante deve informar a seu médico de confiança, e a seu procurador, quando houver, acerca da elaboração desses documentos e solicitar que os anexe junto ao seu prontuário, por ocasião de eventual internação ou atendimento médico.

O artigo 4º trata da forma das diretivas e reconhece a autonomia da pessoa em decidir por fazer uma escritura pública ou instrumento particular. Avança de forma importante ao reconhecer que existe no ordenamento jurídico brasileiro presunção de capacidade e discernimento de todos os maiores, evidenciando a desnecessidade de laudo médico para atestar as condições psíquicas do paciente.

> Art. 5º Ficará a cargo do Ministério da Saúde criar e regular o Registro Nacional de Diretivas Antecipadas de Vontade (RENTEV), no prazo de 2 anos após a entrada em vigor desta Lei.
>
> § 1º O RENTEV deve ser interligado aos arquivos do Colégio Notarial do Brasil.
>
> § 2º As instituições e profissionais de saúde terão acesso ao RENTEV mediante *login* e senha específicos e responderão nos termos da lei brasileira pelo uso indevido desses dados.
>
> § 3º O acesso ao RENTEV deve ser gratuito.
>
> § 4º As diretivas antecipadas de vontade realizadas antes desta Lei deverão, caso ainda não usadas, ser adaptadas às regras aqui previstas.

O 5º quinto se atém à eficácia desses documentos, criando um registro nacional nos moldes da lei espanhola e portuguesa. Oxalá que consigamos implementá-lo no Brasil.

> Art. 6º São deveres dos profissionais de saúde:
>
> I – obedecer a vontade do paciente manifestada em suas diretivas antecipadas de vontade, quando as conhecer;
>
> II – prestar informações técnicas aos declarantes, afim de muni-los de conhecimento acerca dos cuidados, procedimentos e tratamentos de saúde para que a decisão sobre as suas diretivas antecipadas de vontade seja livre e esclarecida;

III – utilizar a abordagem dos cuidados paliativos em todos os pacientes em fim de vida;

IV – prestar assistência emocional à família, auxiliando os familiares no reconhecimento do respeito à vontade do paciente;

V – reportar ao Ministério Público qualquer violação à vontade do paciente, seja ela resultante da família, do procurador, de seus colegas ou da instituição hospitalar;

VI – não realizar a obstinação terapêutica, entendida aqui como qualquer procedimento não curativo que viole a manifestação de vontade do paciente.

O artigo 6º trata dos deveres dos profissionais de saúde, evidenciando a vinculação destes à manifestação de vontade, e o papel informativo para que o paciente possa fazer os referidos documentos. Em consonância com os princípios dos Cuidados Paliativos, reconhece a necessidade de assistência à família e a vedação à obstinação terapêutica.

É preciso, contudo, entender que se trata de mais um artigo que necessita de posicionamento de organizações como os conselhos de classe das profissões de saúde e a Academia Nacional de Cuidados Paliativos.

Art. 7º São direitos dos profissionais de saúde:

I – utilizar-se da objeção de consciência quando não concordar com os pedidos do paciente, devendo, nesse caso, encaminhá-lo para outro profissional;

II – fazer constar seu nome nas diretivas antecipadas de vontade quando prestar esclarecimentos prévios ao paciente para a elaboração desses documentos.

Parágrafo único. É lícito aos profissionais de saúde a não observância das diretivas antecipadas de vontade nas seguintes situações, com o devido registro no prontuário do paciente:

I – quando justificadamente não houver conhecimento de sua existência;

II – em situações de urgência ou de perigo imediato para a vida do paciente, quando o acesso a elas implicar demora no atendimento e, consequentemente, risco para a saúde ou a vida do declarante;

III – quando estiverem em evidente desatualização em relação ao progresso dos meios terapêuticos.

O artigo 7º trata dos direitos dos profissionais de saúde, evidenciando aa objeção de consciência médicas e trazendo taxativamente as exceções da vinculação do profissional à vontade do paciente. Aqui também há a necessidade de posicionamento de organizações como os conselhos de classe das profissões de saúde e a Academia Nacional de Cuidados Paliativos.

Art. 8º As diretivas antecipadas de vontade não deverão ser cumpridas quando:

I – o paciente as tiver revogado, de forma escrita ou verbal, desde que tenha discernimento para fazê-lo;

II – as disposições estiverem em desacordo com as normas éticas das diversas profissões de saúde que fazem parte da assistência ao paciente em fim de vida;

III – as disposições forem contrárias ao ordenamento jurídico vigente.

Parágrafo único. Caso as hipóteses descritas nos incisos deste artigo apliquem-se apenas a determinadas cláusulas das diretivas, as demais permanecerão válidas.

O artigo 8º apresenta um rol taxativo de hipóteses em que a vontade do paciente pode ser descumprida, em plena concordância com a literatura internacional.

Art. 9º Esta Lei entra em vigor na data de sua publicação oficial.

Nos resta no artigo nono que a entrada em vigor se dê no tempo necessário para que sejam feitas as adequações necessárias a esse projeto.

6.10. Um modelo em permanente construção: as linhas mestras do testamento vital

Nas edições anteriores, esse livro apresentou um modelo de DAV para o Brasil, seguindo o modelo clássico americano, ou seja, a conjugação de testamento vital e procuração para cuidados de saúde. Todavia, a autora não acredita mais que esse modelo é aplicável, pois acaba por reduzir as DAV às discussões sobre fim de vida. Por essa razão, será apresentado aqui apenas os modelos atualizados dos documentos separados, quais sejam, testamento vital e procuração para cuidados de saúde, evoluções dos produtos da tese de doutorado da autora, defendida no programa de Pós Graduação em Infectologia e Medicina Tropical da faculdade de Medicina da Universidade Federal de Minas Gerais, sob orientação dos professores doutores Dirceu Bartolomeu Greco e Unai Tupinambás, em dezembro de 2013.[52]

Sabe-se que a adoção de modelos sofre críticas em razão da tendência de transformar estes em formulários, a exemplo do que aconteceu em todo o mundo com os termos de consentimento livre e esclarecido.

Ocorre que a experiência estrangeira nos mostra também que a adoção de um modelo, ou de vários, dependendo da situação, é inexorável. Além dos EUA e Espanha, há um modelo oficial em Portugal, disponibilizado pelo Ministério da Saúde português e, mais recentemente, a França trouxe dois modelos no bojo da lei aprovada em 2016.

É preciso, contudo, que os modelos sejam vistos como instruções e não como formas preestabelecidas, sob pena de perder-se o que os documentos tem de mais interessante: o caráter personalíssimo, ainda pouco entendido no Brasil.

A verdade é que não se pode esquecer que o Brasil começou de forma inversa a discutir os documentos de manifestação de vontade do paciente. A maior parte dos países que os implementaram começaram com uma discussão social e não com uma regulamentação de uma classe (no nosso caso, a regulamentação aconteceu na classe médica, com a resolução CFM 1995/2012). Essa inversão parece que apossou os médicos de um certo poder sobre a feitura das DAV, quando na verdade ela deve ser única e exclusiva do paciente.

52. DADALTO, Luciana; GRECO, Dirceu Bartolomeu; TUPINAMBÁS, Unai. Diretivas Antecipadas de Vontade: um modelo brasileiro. In: Revista Bioética, v. 21, n. 3, 2013, p. 463-476.

Repita-se o já mencionado: o médico – e os demais profissionais de saúde – tem suma importância na feitura de todas as espécies de DAV, contudo, essa importância restringe-se à orientação ao paciente que tiver dúvidas sobre questões técnicas. Sendo perfeitamente possível, mas não obrigatório, que um indivíduo faça um documento de manifestação de vontade sem procurar um profissional de saúde.

6.10.1. Testamento vital

A conjugação dos modelos norte-americano, espanhol, português e francês, e da revisão de literatura, possibilitou concluir pela necessidade de trabalhar cinco pontos na formulação de um modelo de Testamento Vital:

a) Valores e desejos: cujo objetivo é deixar claro quais são os valores que fundam a vida do paciente e quais são os desejos destes, afim de nortear as decisões da equipe médica e do procurador nomeado.

b) Decisões sobre o fim de vida: para quais são os estados clínicos nos quais o paciente deseja recusar tratamentos/procedimentos e quais os tratamentos/procedimentos recusados pelo outorgante.

c) Outras disposições: disposições gerais acerca do local aonde o outorgante gostaria de passar seus últimos momentos de vida, do enterro ou cremação, e do reconhecimento da função do documento.

d) Diretrizes para a equipe médica: informar a equipe se o paciente possui um médico de confiança e esclarecer sobre o objetivo do documento e da plena consciência do paciente acerca do papel da equipe e das limitações.

e) Revogação: manifestação de ciência da possibilidade de revogação do documento a qualquer tempo.

A discussão foi alicerçada na verificação de que o modelo proposto distancia-se formalmente dos modelos oficiais dos estados norte-americanos e das comunidades autônomas espanholas, pois estes são formalizados como formulários em que o paciente apenas assinala os tipos de procedimentos e medicamentos aos quais não deseja se submeter, sem possibilidade de discorrer sobre suas vontades e de adaptar o testamento vital à sua especificidade.

Estes formulários, embasados nos TCLE utilizados amplamente na área assistencial dos EUA e importados para o Brasil, podem ser comparados a um contrato de adesão, especialmente pela predisposição de cláusulas a serem aderidas pelo paciente,[53] o que vai de encontro com a essência dos documentos dos documentos de manifestação de vontade.

53. FERNANDES, Carolina Fernandéz; PITHAN, Lívia Haygert. O consentimento informado na assistência médica e o contrato de adesão: uma perspectiva jurídica e bioética. *Revista do Hospital das Clinicas de Porto Alegre*, Porto Alegre, v. 27, n. 2, p. 78-82, 2007.

Pelo todo o exposto, entende-se de suma importância social a existência de um modelo científico de Testamento vital no Brasil, a fim de orientar as pessoas que desejam fazê-lo, razão pela qual o anexo A o apresenta. Ressalte-se, contudo, que este deve, sempre, ser adaptado às necessidades específicas do outorgante e é importante que seja feito com ajuda de um advogado especializado e do médico de confiança do outorgante.

6.10.2. Procuração para Cuidados de Saúde

Como já visto no capítulo 2, a Procuração para Cuidados de Saúde pode ser utilizado em situações de incapacidade temporária ou permanente. Assim, o modelo ora proposto (apêndice B), também se baseia nessa premissa.

Partindo do pressuposto de que o mandatário deve decidir com base nas vontades do mandante, é imperioso que haja, também no procuração para cuidados de saúde, uma exposição dos valores e desejos do paciente.

Assim, seguindo os modelos de *durable power of attonhey*, sugere a nomeação de um procurador principal e dois substitutos, afim de resguardar que caso o procurador principal não for localizado ou estiver impossibilitado de tomar decisões outro o faça.

7
CONSIDERAÇÕES FINAIS

Constatou-se aqui, que o testamento vital é ainda tema pouco debatido no Brasil, a despeito da importância cada vez maior deste instituto como garantidor da autonomia privada do paciente em fim da vida.

O paciente em fim da vida é sujeito de direito no ordenamento jurídico brasileiro e, portanto, deverá ter sua autonomia privada respeitada, a fim de que se garanta a coexistência dos projetos individuais de vida, conforme preceitua o modelo democrático adotado pela Constituição da República de 1988.

É nesse contexto que o testamento vital faz sentido, ou seja, é a partir da verificação da necessidade de se efetivar o respeito à autonomia privada do paciente em fim de vida que essa declaração desponta como instrumento válido no ordenamento jurídico brasileiro, amparada pelos fundamentos éticos que regem a ciência médica – da qual não se pode olvidar –, tendo em vista as implicações da validade do Testamento vital na prática diária dos médicos que lidam com situações de fim de vida.

O testamento vital é realidade normativa em várias ordens jurídicas, e tal fato serviu de base para a verificação de que esse instituto é válido no Brasil, todavia, os modelos estrangeiros não atendem por completo à realidade brasileira, razão pela qual foi preciso estabelecer restrições à forma e ao conteúdo deste e propor um modelo para o Brasil.

Concluiu-se que o testamento vital é válido no Brasil, mesmo com a inexistência de legislação específica, a partir de uma interpretação principiológica do ordenamento jurídico pátrio. Entretanto, devido às especificidades formais e materiais que permeiam esse instituto, avaliou-se ser necessária a aprovação de uma lei que o regulamentasse, a fim de evitar controvérsias e de possibilitar a eficácia deste, entendendo que o substitutivo do Projeto de Lei do Senado 149/2018 é um passo, mas que precisa ser melhorado antes que vire uma lei.

Tal conclusão está fincada nas seguintes premissas:

1. O testamento vital deverá ser feito por uma pessoa com discernimento;

2. Esse documento poderá ser feito por instrumento particular ou público;

3. O Ministério da Saúde deverá criar e gerir o Registro Nacional de Testamento Vital;

4. O testamento vital deverá estar contido no prontuário médico do paciente, e cabe ao médico deste proceder a essa inclusão;

5. O testamento vital vincula médicos e demais profissionais de saúde, bem como os parentes e amigos do declarante;

6. O conteúdo deve moldar-se à lei vigente;

7. O testamento vital é revogável a qualquer tempo e não possui prazo de validade;

8. O médico tem direito à objeção de consciência médica;

9. É facultado ao declarante nomear um representante para que expresse vontade em nome do declarante quando este não puder fazê-lo;

10. Testamento vital, no Brasil, é garantidor da ortotanásia.

Em apertada síntese, o Testamento vital é válido no Brasil, desde que respeite as normas vigentes e estando o conteúdo adstrito ao conceito de morte digna para o paciente, desde que não haja disposição diretamente ilícita como, por exemplo, um pedido de eutanásia.

Propiciar ao cidadão o direito a elaborar um testamento vital é reconhecer que há autonomia do sujeito, é garantir a todos o exercício do direito de ser condutor de sua própria existência.

REFERÊNCIAS

ABBOT, BA, et.al. *Families looking back:* One year after discussion of withdrawal or withholding of life-sustaining support. Critical Care Medicine: 2001: 29 (1).

ACADEMIA BRASILEIRA DE CUIDADOS PALIATIVOS. *Definição de Cuidados Paliativos*. Disponível em: [https://paliativo.org.br/wp-content/uploads/2019/02/Defini%C3%A7%C3%A3o-de-Cuidados-Paliativos-da-IAHPC-traduzido-Portugu%C3%AAs-BR.pdf]. Acesso em: 30.05.2019.

ALEMANHA. *Die gesetzlichen Grundlagen der PatVerfü im Bürgerlichen Gesetzbuch (BGB)*. Disponível em: [http://www.patverfue.de/handbuch/pv-gesetz]. Acesso em: 10.01.2018.

ALLISON, S.P. Basics in clinical nutrition: ethical and legal aspects. *E-SPEN, The European e-journal of Clinical Nutrition and Metabolism*. n.3, p. 298-302, 2008.

ALEXY, Robert. *Teoria dos direitos fundamentais*. Trad. Virgílio Afonso da Silva. São Paulo: Malheiros, 2008.

ALMADA, Hugo Rodríguez. La Legislacion Urugaya sobre las Directivas de Voluntad Anticipada. In: DADALTO, Luciana. *Bioética e diretivas antecipadas de vontade*. Curitiba: Editora Prismas, 2014.

ALMEIDA, José Luiz Telles de. *Respeito à autonomia do paciente e consentimento livre e esclarecido:* uma abordagem principialista da relação médico-paciente. [Doutorado] Fundação Oswaldo Cruz, Escola Nacional de Saúde Pública; 1999.

AMARAL, Francisco. *Direito civil*: introdução. 6 ed. Rio de Janeiro: Renovar, 2006.

AMERICAN MEDICAL ASSOCIATION. Standards for cardiopulmonary resuscitation (CPR) and emergency cardiac care (ECC). V. Medicolegal considerations and recommendations. *JAMA* 1974; 227: Suppl: 864-8.

AMPUERO, Felipe Pou. Testamento vital: declaración de voluntades anticipadas. *Revista Jurídica del Notariado*, Madrid, n.42, p. 299-314, 2002.

ANDREWS, Maria E; DRUYAN, Mary Ellen: GEPPERT, Cynthia MA. Ethical issues in artificial nutrition and hydration: a review. *Journal of Parenteral and Enteral Nutrition*, v. 34, n. 1, p. 79-88, 2010.

ANDRUET, Armando. *Breve exégesis del llamado "testamento vital"*. Derecho y Salud, Santiago de Compostela, v. 10, n. 2, p. 183-196, 2002.

ANTOLIN, A; AMBRÓS, À; ALVES, D. et. al. *Conocimientos acerca de su enfermedad y de los documentos de voluntades antecipadas em los pacientes com enfermedad crônicas evolutivas descompensadas que consultan em urgências*. Emergências, Madrid, v. 19, p. 245-250, 2007.

ANTUNES, João Lobo; CARNEIRO, António Vaz; FREITAS, António Falcão de Freitas. I. Conselho Nacional de Ética para as Ciências da Vida, Lisboa, PT. Disponível em: [http://www.cnecv.pt/pareceres.php?p=1]. Acesso em: 10.01. 2018.

ANZILIERO, Dinéia Largo; LOPES NETO, Antônio dos Reis. Considerações acerca da (i)legalidade da ortotanásia no Brasil. *Revista Jurídica*, Porto Alegre, Ano 55, n. 359, p. 103-114, set. 2007.

ARGENTINA. *Constitución de La Nación Argentina*. Comentada por Alberto Ricardo Dalla Via. Buenos Aires: Abeledo Perrot, 2003.

ARGENTINA. *Ley 4263 de 19 dezembro de 2007*. Voluntad Anticipada de Río Negro. 19 dez. 05 jul. 2007. Buenos Aires, 2007.

ARGENTINA. Código Civil y Comercial de la Nación. Disponível em: [www.saij.gob.ar/docs-f/codigo/Codigo_Civil_y_Comercial_de_la_Nacion.pdf]. Acesso em: 18.01.2018.

ARGENTINA. Suprema Corte de Justicia. *Fallo c85627*. Buenos Aires, 2002. Disponível em: [http://www.scba.gov.ar/busqueda/oop/fallos.htw?CiWebHitsFile=%2Ffalloscompl%2FSCBA%2F2005%2F02%-2D09%2Fc85627%2Edoc&CiRestriction=85627&CiUserParam3=c85627&CiHiliteType=Full&-CiLocale=ES-AR#CiTag0]. Acesso em: 10.01.2018.

ARGENTINA. Ley n. 26.529 de 19 de noviembre de 2009. Disponível em: [http://servicios.infoleg.gob.ar/infolegInternet/anexos/160000-164999/160432/norma.htm]. Acesso em: 18.01.2018.

ARGENTINA. Ley n. 26.742 de 24 de mayo de 2012. Disponível em: [http://www.ms.gba.gov.ar/sitios/tocoginecologia/files/2014/01/Ley-26.742-Muerte-Digna.pdf]. Acesso em: 18.01.2018.

ARNOLD, Robert M; DEGENHOLTZ, Howard B.; RHEE, YongJoo. Brief communication: the relationship between having a living Will and dying in place. *Annals of Internal Medicine*. v. 141, n. 2, p. 113-117, 2004.

ASCENCION HEALTH. *Karen Ann Quinlan*. Disponível em [http://www.ascensionhealth.org/ethics/public/cases/case21.asp]. Acesso em: 13.01.2018.

ASCENSÃO, José de Oliveira. A terminalidade da vida. In: FACHIN, Luiz Edson; TEPEDINO, Gustavo (Coord.). *O direito e o tempo*: embates jurídicos e utopias contemporâneas: estudos em homenagem ao Professor Ricardo Pereira Lira. Rio de Janeiro: Renovar, 2008.

ASSOCIAÇÃO MÉDICA MUNDIAL. *Declaração de Helsink V*. Disponível em: [http://www.ufrgs.br/bioetica/helsin5.htm]. Acesso em: 13.01.2018.

ASSOCIAÇÃO PORTUGUESA DE BIOÉTICA. Projecto no. P/06/APB/06. *Regula o exercício do direito a formular directivas antecipadas de vontade no âmbito da prestação de cuidados de saúde e cria o correspondente registro nacional*. Relatores: Helena Melo, Rui Nunes. 20 dezembro de 2007. Disponível em: [http://www.apbioetica.org/fotos/gca/1200319873p_06_apb_06_testamento_vital.pdf.pdf]. Acesso em: 13.01.2018.

ASSOCIAZIONE LUCAS COSCONI. Testamento biológico. Disponível em: [http://www.associazionelucacoscioni.it/campagna/testamento-biologico]. Acesso em: 18.01.2018.

AUSTRALIA DO SUL. Consent to Medical Treatment and Palliative Care Act 1995. Disponível em: [http://www.legislation.sa.gov.au/lz/c/a/consent%20to%20medical%20treatment%20and%20palliative%20care%20act%201995/current/1995.26.un.pdf]. Acesso em: 13.01.2018.

AZEVEDO, Antônio Junqueira. *Negócio jurídico*: existência, validade e eficácia. 4. ed. São Paulo: Saraiva, 2008.

AZEVEDO, Daniel Lima; BURLÁ, Cláudia; PY, Ligia. Cuidados Paliativos. In: DADALTO, Luciana; TEIXEIRA, Ana Carolina Brochado. *Dos hospitais aos tribunais*. Belo Horizonte, 2013.

AZEVEDO, Marco Antônio Oliveira de. *Bioética fundamental*. Porto Alegre: Tomo Editorial, 2002.

BALESTRA, Luigi. Efficacia del testamentobiológico e ruolo del medico. *Rivista di Diritto della Familia e delle Sucessioni in Europa*. v. 3, p..435-448, May/jun. 2006.

BALLARINO, Tito. Eutanásia e testamentobiológico nel conflitto di leggi. *Rivista di Diritto Civile*. Milano, Ano 54, n. 1, p. 69-85, gen./feb. 2008.

BARBOSA, Rogério Monteiro. *O poder familiar e a legitimidade da educação domiciliar*: uma necessária releitura da autonomia privada no marco do estado democrático de direito. 2008. Projeto Tese (Doutorado), Pontifícia Universidade Católica de Minas Gerais, Faculdade Mineira de Direito, Belo Horizonte.

BARBOZA, Heloisa Helena. Princípios da bioética e do biodireito. *Revista Bioética*. Brasília, v. 8, n. 2, p. 209-216, 2000.

BARRETO, Vicente de Paulo; BRAGA, Renata. Consentimento informado. In: BARRETO, Vicente de Paulo (Coord.) *Dicionário de filosofia do direito*. Rio de Janeiro: Renovar, 2006.

BARROCAS, Albert, et. al. Ethical and Legal issues in nutrition support of the geriatric patient: the can, should, and must of Nutrition Suport. *Nutrition in Clinical Practice*, v. 18, p. 27-47, 2003.

BARROS, Ivan da Costa. *Examinando pacientes*: a anmnese. 15 abr. 2004. Disponível em: [http://www.uff.br/semiologia/conteudo/textos_complementares/ anamnese.pdf]. Acesso em: 13.01.2018.

BARROSO, Luís Roberto; MARTEL, Letícia de Campos Velho. A morte como ela é: dignidade e autonomia individual no final da vida. *Revista da EMERJ*, v. 13, n. 50, 2010, p. 15.

BATISTA, Kátia Tôrres; TORRES, Rafael Villela Silva Derré. A ordem de não ressuscitar no Brasil, considerações éticas. *Com. Ciências Saúde*. 2008;19(4):343-351.

BÉLGICA. *Act on Patients Rights*. Disponível em: [http://www.health.belgium.be/internet2Prd/groups/public/@public/@dg1/@legalmanagement/documents/ie2divers/19081113.pdf]. Acesso em: 10.01.2018.

BETANCOR, Juana Tereza. Testamento vital. *Eguzkilore*: Cuaderno del Instituto Vasco de Criminologia, n. 9, p. 97-112, 1995.

BEAUCHAMP, Tom L; CHILDRESS, James F. *Princípios de ética biomédica*. Trad. Luciana Pudenzi. São Paulo: Loyola, 2002.

BEIER, Monica. Algumas considerações sobre o Paternalismo Hipocrático. *Rev Med Minas Gerais* 2010; 20(2): 246-254.

BORGES, Janice Silveira; RODRIGUES JUNIOR, Walsir Edson. A alteração da vontade na utilização das técnicas de reprodução humana assistida. In: RIBEIRO, Gustavo Pereira Leite; TEIXEIRA, Ana Carolina Brochado (Coord). *Manual de direito das famílias e das sucessões*. Belo Horizonte: Del Rey, 2008.

BONAMIGO, Elcio Luiz. PAZINI, Andréia Martini; PUTZEL, Elzio Luiz. O papel dos profissionais de saúde nas Diretivas Antecipadas de Vontade. In: DADALTO, Luciana. *Bioética e diretivas antecipadas de vontade*. Curitiba: Editora Prismas, 2014.

BORTOLUSSI, Roberto. Aspetti Médici. In: TUROLDO, Fabrizio; VAZZOLER, Gianfranco. *Il testamentobiológico*. Venezia: Libreria Editrice Cafoscarina, 2005.

BOSSLET GT et al. An official ATS/AACN/ACCP/ESICM/SCCM policy statement: responding to requests for potentially inappropriate treatments in intensive care units. *Am J Respir Crit Care Med* 2015; 191: 1318-30.

BOSTIANCIC, Maria Carla. *Las directivas anticipadas del paciente para tratamentos biomédicos: validez ético-jurídica y responsabilidade civil de los profissionales de salud*. Mar del Plata: Secretaria de Ciencia y Tecnica, Universidad Nacional de Mar del Plata, 2008.

BOSTIANCIC, Maria Carla. Os testamentos vitais no direito argentino. Congresso Brasileiro de Bioética, 7; Congresso Mundial Extraordinário da Sociedade Internacional de Bioética, 1; Congresso da Rede Bioética, 1, 2007, São Paulo. *Bioética*: construção social e paz. São Paulo, Sociedade de Bioética de São Paulo, 2007.

BOSTIANCIC, Maria Carla; DADALTO, Luciana. *Diretivas Antecipdas para tratamentos médicos:* um estudo comparado entre o direito brasileiro e o argentino. Mar del Plata: Universidad Nacional de Mal del Plata, 2010.

BOSTIANCIC, Maria Carla; DADALTO, Luciana . As diretivas antecipadas no caso M.D.C.S.: análise das contribuições deste hard case argentino para o Brasil. In: César Fiuza; Maria de Fátima Freire de Sá; Bruno Torquato de Oliveira Naves. (Org.). *Direito Civil*: atualidades IV. Belo Horizonte: Del Rey, 2010, v. IV.

BRAGA, Paula Sarno. Aplicação do devido processo legal (formal e material) ao processo de formação dos contratos e prestação de serviços médicos: com enfoque no consentimento informado. *Revista Trimestral de Direito Civil*. Rio de Janeiro, Ano 9, v.35, p. 121-149, jul./set. 2008.

BRANCO, Gerson Luiz Carlos; COSTA, Judith Martins. *Diretrizes teóricas do novo Código Civil Brasileiro*. São Paulo: Saraiva, 2002.

BRANDI, Nelly A. Taiana de; LLORENS, Luis Rogelio. La creación del registro de actos de autoprotección. *Revista Notarial de La Plata*, La Plata, v. 948, p. 419-428, 2004.

BRASIL. Congresso Nacional. *Manual de redação oficial e parlamentar*. Disponível em: [http://www2.camara.gov.br/internet/publicacoes/manualredacao]. Acesso em: 20.01.2018.

BRASIL. *Constituição da República Federativa do Brasil*. Disponível em: [http://www.planalto.gov.br/ccivil_03/Constituicao/Constituicao.htm]. Acesso em: 20.01.2018.

BRASIL. Justiça Federal do Estado de Goiás. *Decisão Liminar em Ação civil pública n.* 0001039-86.2013.4.01.3500. Disponível em: [http://processual.trf1.jus.br/consultaProcessual/processo.php?trf1_captcha_id=c15a36d043d11f05e27321dd3fbf227d&trf1_captcha=gjqt&enviar=Pesquisar&secao=GO&proc=10398620134013500]. Acesso em: 18.01.2018.

BRASIL. Lei 10.406 de 10 de janeiro de 2002. Disponível em: [http://www.planalto.gov.br/ccivil_03/Leis/2002/L10406.htm]. Acesso em: 20.01.2018.

BRASIL. Decreto-lei 2.848 de 7 de dezembro de 1940. Disponível em: [http://www.planalto.gov.br/ccivil_03/Decreto-Lei/Del2848.htm]. Acesso em: 20.01.2018.

BRASIL. Ministério da Saúde. *Portaria 2.529, de 19 de outubro de 2006*. Institui a internação hospitalar no âmbito do SUS. Disponível em: [http://www.ciape.org.br/ AtenDom2529.pdf]. Acesso em: 20.01.2018.

BRASIL. Ministério da Saúde. Portaria GM 19/2002. Institui no âmbito do Sistema Único de Saúde o Programa Nacional de Assistência à Dor e Cuidados Paliativos. Disponível em: [http://dtr2001.saude.gov.br/sas/PORTARIAS/Port2002/Gm/GM-19.htm]. Acesso em: 20.01.2018.

BRASIL. Ministério Público Federal. *Ação civil pública c/c requerimento de tutela antecipada*. Disponível em: [http://noticias.pgr.mpf.gov.br/noticias-do-site/pdfs/ACP %20Ortotanasia.pdf]. Acesso em: 20.01.2018.

BRASIL. Presidência da República. *Lei Federal 8.935, de 18 de novembro de 1994*. Regula o art. 236 da Constituição Federal, dispondo sobre Serviços Notariais e de Registro. Diário Oficial da União, Brasília, 21 nov. 1994. Disponível em: [http://www.planalto.gov.br/ccivil_03/Leis/L8935.htm]. Acesso em: 20.01.2018.

BRASIL. Presidência da República. *Lei n.8.078, de 11 de setembro de 1990*. Dispõe sobre a proteção do consumidor e dá outras providências. Diário Oficial da União, Brasília, 19 set. 1990. Disponível em: [http://www.planalto.gov.br/ccivil_03/leis/ l8078.htm]. Acesso em: 20.01.2018.

BRASIL. Presidência da República. *Lei n.8.935, de 18 de novembro de 1994*. Regulamenta o art. 236 da Constituição Federal, dispondo sobre serviços notariais e de registro. (Lei dos cartórios). Diário Oficial da União, 21 de nov. 1994.

BRICOLO, Federico. Aspetti legali. In: TUROLDO, Fabrizio; VAZZOLER, Gianfranco. *Il testamentobiológico*. Venezia: Libreria Editrice Cafoscarina, 2005.

BROWN, B. A. The history of advance directives: A literature review. *Journal of Gerontological Nursing*, v. 29, n. 9, p. 4-14, 2003.

BRUERA, Eduardo, et. al. Association Between a Name Change from Palliative to Supportive Care and the Timing of Patient Referrals at a Comprehensive Cancer Center. *The Oncologist*, 2011;16:105–111.

BRUM, Eliana. Testamento vital. Disponível em: <http://revistaepoca.globo.com/Revista/Epoca/0,,EMI154190-15230,00.html>. Acesso em: 10.01.2018.

BRUTOCO, Sheila. *The Barber Decision:* A questionable approach to termination of life-support systems for the patient in a persistente vegetative state, 15 *Golden Gate University Law Review*, v. 15, n.2, p. 371-405, 1985.

BUENOS AIRES. Câmara de Diputados. Proyecto de ley "Declaración de voluntad vital anticipada". In: TINANT, Eduardo Luis. *Los derechos personalísimos del paciente y las directivas anticipadas para tratamientos medicos*. La Plata: HCD-PBA, 2005.

BUENOS AIRES. *El caso "M". Juzgado en lo Criminal y Correccional de Transición Nº 1 De Mar Del Plata (Buenos Aires)*. 25/07/2005. Disponível em: [http://www. muerte.bioetica.org/juris/juris14.htm]. Acesso em: 13.03.2013.

BUONICORE, Giovana Palimieiri, et. al. Declaração prévia de vontade do paciente terminal: uma reflexão bioética. *Revista Bioética*, v. 21, n. 1, 2013, p. 84-95.

BURLÁ, Claudia, et. al. Envelhecimento e Doença de Alzheimer. *Revista Bioética*, 22 (1), 2014, p. 85-93.

BURLÁ, Claudia and PY, Ligia. Cuidados paliativos: ciência e proteção ao fim da vida. *Cad. Saúde Pública* [online]. 2014, v.30, n.6, p. 1139-1141.

BURLÁ, Cláudia. *A aplicação das Diretivas Antecipadas de Vontade na pessoa com demência*. Tese de Doutorado. Tese (Doutorado), Universidade do Porto, Faculdade de Medicina, 2015.

BURNS, J.P; TRUOG, R. D. The DNR Order after 40 Years. *New England Journal of Medicine*, 2016. 375(6), 504-506.

BVA OPINION. *Les directives anticipées en mai 2019:* situation générale et dans les EHPAD en particulier. Disponível em: [https://www.parlons-fin-de-vie.fr/je-minteresse-a-la-fin-de-vie/les-directives-anticipees/]. Acesso em: 05.08.2019.

CAMPBELL, Margaret L. How to Withdraw Mechanical Ventilation: A Systematic Review of the Literature. *AACN Advanced Critical Care*. v. 18, n. 4, p. 397-403.

CAMPOS, Diogo Leite de. *Nós. Estudos sobre os direitos das pessoas*. Coimbra: Almedina, 2004.

CANOTILHO, José Jorge Gomes. *Direito Constitucional*. 6. ed. Coimbra: Almeida, 1995.

CARVALHO, Carla Vasconcelos; DADALTO, Luciana. A autonomia em face do direito ao próprio corpo do paciente: em busca de harmonização. In: CARDOSO, Renato C., e.t. al. *Livre-arbítrio*: uma abordagem interdisciplinar. Belo Horizonte, Artesã, 2017.

CASABONA, Carlos María Romeo. Libertad de conciencia y actividad biomédica. In: SÁ, Maria de Fátima Freire de (Coord). *Biodireito*. Belo Horizonte: Del Rey, 2002.

CASABONA, Carlos María Romeo. O consentimento informado na relação entre médico e paciente: aspectos jurídicos. In: CASABONA, Carlos María Romeo; QUEIROZ, Juliane Fernandes (Coord.). *Biotecnologia e suas implicações ético-jurídicas*. Belo Horizonte: Del Rey, 2005.

CASTRO, Torquato. *Teoria da situação jurídica em direito privado nacional*: estrutura, causa e título legitimário do sujeito. São Paulo: Saraiva, 1985.

CHAMON JÚNIOR, Lúcio Antônio. *Teoria da argumentação jurídica*: constitucionalismo e democracia em uma reconstrução das fontes no direito moderno. Rio de Janeiro: Lumen Juris, 2008.

CLOTET, Joaquim. Reconhecimento e institucionalização da autonomia do paciente: um estudo da *the patient self-determination act*. *Revista Bioética*, Brasília, v. 1, n.2, p. 157-164, 1993.

COELHO, Cristina Bueno Terzi; YANKASKAS, James R. Novos conceitos em cuidados paliativos na unidade de terapia intensiva. *Rev Bras Ter Intensiva*. 2017;29(2):222-230.

COELHO, Thais Câmara Maia Fernandes. *Autocuratela*. Rio de Janeiro: Lumen Juris, 2016.

CÓDIGO de Nuremberg. *Tribunal Internacional de Nuremberg, 1947*. Disponível em: [http://www.ufcspa.edu.br/pesquisa/cep/pdf/nuremberg.pdf]. Acesso em: 18.01.2018.

COLÔMBIA. *Resolución 2665/2018*. Por médio de la cual se reglamenta parcialmente la Ley 1733 de 2014 em cuanto al derecho a suscribir el Documento de Voluntad Anticipada. Disponível em: [https://www.minsalud.gov.co/Paginas/Definidos-requisitos-del-Documento-de-Voluntad-Anticipada-DVA.aspx]. Acesso em: 01.07.2019.

COMITÉ CONSULTATIF NATIONAL D'ÉTHIQUE. *Avis 121. Fin de vie, autonomie de la personne, volonté de mourir*. Disponível em: [http://www.ccne-ethique.fr/fr/publications/fin-de-vie-autonomie-de-la-personne-volonte-de-mourir#.UvEQUXnGKQs]. Acesso em: 18.01.2018.

Comitato Nazionale per la Bioetica. *Dichiarazioni anticipate di trattamento*. 2003. Disponível em: [http://www.governo.it/bioetica/testi/ Dichiarazioni_anticipate_trattamento.pdf]. Acesso em: 13.01.2018.

CONSELHO FEDERAL DE MEDICINA. *O Conselho Federal de Medicina*. Disponível em: [http://www.portalmedico.org.br/novoportal/index5.asp#]. Acesso em: 11.01.2018.

CONSELHO FEDERAL DE MEDICINA. *Resolução n. 1.154, de 13 de abril de 1984*. Revista do CFM, v. 12, dez. 1981/out. 1984. Disponível em: [http://www.portal medico.org.br/novoportal/index5.asp]. Acesso em: 11.01.2018.

CONSELHO FEDERAL DE MEDICINA. *Resolução n. 1.246/1988*. Disponível em: [http://www.portalmedico.org.br/resolucoes/cfm/1988/1246_1988.htm]. Acesso em: 11.01.2018.

CONSELHO FEDERAL DE MEDICINA. *Resolução n. 1.544/1999*. Disponível em: [http://www.portalmedico.org.br/resolucoes/cfm/1999/1544_1999.htm]. Acesso em: 11.01.2018.

CONSELHO FEDERAL DE MEDICINA. *Resolução n. 1.622/2001*. Disponível em: [http://www.portalmedico.org.br/resolucoes/cfm/2005/1622_2005.htm]. Acesso em: 11.01.2018.

CONSELHO FEDERAL DE MEDICINA. *Resolução n. 671/1975*. Disponível em: [http://www.portalmedico.org.br/resolucoes/cfm/1975/671_1975.htm]. Acesso em: 11.01.2018.

CONSELHO FEDERAL DE MEDICINA. *Resolução n. 1.638/2002a*. Disponível em: [http://www.portalmedico.org.br/resolucoes/cfm/2002/1638_2002.htm]. Acesso em: 11.01.2018.

CONSELHO FEDERAL DE MEDICINA. *Resolução 1.640/2002b*. Disponível em: [http://www.portalmedico.org.br/resolucoes/cfm/2002/1640_2002.htm]. Acesso em: 11.01.2018.

CONSELHO FEDERAL DE MEDICINA. *Resolução 1.643/2002c*. Disponível em: [http://www.portalmedico.org.br/resolucoes/cfm/2002/1643_2002.htm]. Acesso em: 11.01.2018.

CONSELHO FEDERAL DE MEDICINA. *Resolução 1.653/2002d*. Disponível em: [http://www.portalmedico.org.br/resolucoes/cfm/2002/1653_2002.htm]. Acesso em: 11.01.2018.

CONSELHO FEDERAL DE MEDICINA. *Resolução 1.805/2006*. Disponível em: [http://www.portal medico.org.br/resolucoes/cfm/2007/111_2007.htm]. Acesso em: 11.01.2018.

CONSELHO FEDERAL DE MEDICINA. *Resolução 1.931/2009*. Disponível em: [http://www.portalmedico.org.br/resolucoes/CFM/2009/1931_2009.htm]. Acesso em: 11.01.2018.

CONSELHO FEDERAL DE MEDICINA. *Resolução 1995/2012*. Disponível em: [http://www.portalmedico.org.br/resolucoes/CFM/2012/1995_2012.pdf]. Acesso em: 11.01.2018.

CONSELHO FEDERAL DE MEDICINA. Resolução 2056/2013. Disponível em: [https://sistemas.cfm.org.br/normas/visualizar/resolucoes/BR/2013/2056]. Acesso em: 11.01.2018.

CONSELHO FEDERAL DE MEDICINA. Resolução 2057/2013. Disponível em: [https://sistemas.cfm.org.br/normas/visualizar/resolucoes/BR/2013/2057]. Acesso em: 11.01.2018.

CONSELHO FEDERAL DE MEDICINA. Resolução 2136/2015. Disponível em: [https://sistemas.cfm.org.br/normas/visualizar/resolucoes/BR/2015/2136]. Acesso em: 11.01.2018.

CONSELHO FEDERAL DE MEDICINA. Resolução 2.156/ 2016. Disponível em: [https://sistemas.cfm.org.br/normas/visualizar/resolucoes/BR/2016/2156]. Acesso em: 11.01.2018.

CONSELHO NACIONAL DE ÉTICA PARA AS CIÊNCIAS DA VIDA. *Parecer sobre o estado vegetativo persistente*. Disponível em: [http://www.cnecv.pt/admin/files/data/docs/1273055770_P045_PareccerEVP_versaoFinal.pdf]. Acesso em: 13.01.2018.

CONSELHO NACIONAL DE JUSTIÇA. Enunciados aprovados na I Jornada de Direito da Saúde do Conselho Nacional de Justiça em 15 de maio de 2014 – São Paulo/SP. Disponível em: [http://www.cnj.jus.br/images/eventos/I_jornada_forum_saude/_ENUNCIADOS%20APROVADOS%20NA%20JORNADA%20DE%20DIREITO%20DA%20SADE%20-%20PLENRIA%2015-5-14_revisado%20Carmem%203.pdf]. Acesso em: 18.01.2018.

CORREIA, Maria Isabel Toulson Davisson; MAURÍCIO, Sílvia Fernandes. Suspensão de Nutrição e Hidratação em Cuidados Paliativos. In: DADALTO, Luciana. *Bioética e diretivas antecipadas de vontade*. Curitiba: Editora Prismas, 2014.

COUNCIL OF EUROPE. *Convention for the protection of human rights and dignity of the human being with regard to the application of biology and medicine*: convention on human rights and biomedicine: ETS 164. Oviedo, 1997. Disponível em: [http://conventions.coe.int/treaty/en/Reports/Html/164.htm]. Acesso em: 13.01. 2018.

COUNCIL OF EUROPE. *Resolution 1859*. Disponível em: [http://assembly.coe.int/Main.asp?link=/Documents/AdoptedText/ta12/ERES1859.htm]. Acesso em 13.01.2018.

CRUZ, Álvaro Ricardo de Souza. *Hermenêutica jurídica e(m) debate:* o constitucionalismo brasileiro entre a teoria do discurso e a ontologia existencial. Belo Horizonte: Fórum, 2007.

CRUSE, D.; OWEN, A.M. Consciousness revealed: new insights into the vegetative and minimally conscious states. *Current Opinion in Neurology* v. 23, n. 6, p. 656-660, 2010.

DADALTO, Luciana. Responsabilidade civil do médico na distanásia. In: *Cadernos da Lex Medicinae:* Saúde, Novas Tecnologias e Responsabilidades, 2019, n. 4, v. II, p. 327-336.

DADALTO, Luciana. A judicialização do testamento vital: análise dos autos n. 1084405-21.2015.8.26.0100/TJSP. *Civilistica.com*. Rio de Janeiro, a. 7, n. 2, 2018. Disponível em: [http://civilistica.com/a-judicializacao-do-testamento-vital/]. Acesso em: 01.07.2019.

DADALTO, Luciana. Investir ou desistir: análise da responsabilidade civil do médico na distanásia. In: MILAGRES, Marcelo; ROSENVALD, Nelson (Coord.). *Responsabilidade Civil*: novas tendências. Indaiatuba: Foco, 2017.

DADALTO, Luciana. SAVOI, Cristiana. Distanásia: entre o real e o ideal. In: GODINHO, Adriano Marteleto; LEITE, George Salomão. *Tratado Brasileiro sobre o Direito Fundamental à Morte Digna*. São Paulo: Almedina, 2017.

DADALTO, Luciana. A necessidade de um modelo de Diretivas Antecipadas de Vontade para o Brasil: estudo comparativo dos modelos português e franceses. Revista M, v. 1, n. 2, p. 446-463, jul.-dez., 2016.

DADALTO, Luciana. Declarações previas de vontade em caso de terminalidade: estudos acerca da utilização do testamento vital como forma de prevenir demandas médicas e proteger a autonomía do paciente. In: DADALTO, Luciana; TEIXEIRA, Ana Carolina Brochado. *Dos Hospitais aos Tribunais.*. Belo Horizonte, 2013.

DADALTO, Luciana. Permissão para partir. In: LIMA, Taisa Maria Macena de; SÁ, Maria de Fátima Freire de; MOREIRA, Diogo Luna (Org.). *Direitos e Fundamentos entre Vida e Arte*. Rio de Janeiro: Lumen Juris, 2010.

DADALTO, Luciana. Reflexos jurídicos da Resolução CFM 1995/2012. *Revista Bioética*, v. 21, n. 1, 2013, p. 106-113.

DADALTO, Luciana. Capacidade *versus* Discernimento: quem pode fazer Diretivas Antecipadas de Vontade? In: DADALTO, Luciana. *Diretivas Antecipadas de Vontade:* ensaios sobre o direito à autodeterminação. Belo Horizonte: Letramento, 2013.

DADALTO, Luciana; GRECO, Dirceu Bartolomeu; TUPINAMBÁS, Unai. Diretivas Antecipadas de Vontade: um modelo brasileiro. *Revista Bioética*, v. 21, n. 3, 2013, p. 463-476.

DADALTO, Luciana. Decisão Liminar na Ação Civil Pública 0001039-86.2013.4.01.3500: Suspensão da Resolução 1.995/2012 (Direito do Paciente de Fazer suas Diretivas Antecipadas de Vontade, Independente da Vontade de seus Familiares e o Dever do Médico de Respeitar a Vontade Manifestada nessas Diretivas). *Revista Brasileira de Direito das Famílias e Sucessões*, v. abr/maio, p. 113-124, 2013.

DADALTO, Luciana. Aspectos registrais das Diretivas Antecipadas de Vontade. *Revista Civilistica*. Ano 2, n. 4, 2013. Disponível em: [http://civilistica.com/wp-content/uploads/2014/02/Aspectos-registrais-das-dav-civilistica.com-a.2.n.4.20131.pdf]. Acesso em: 13.06.2018.

DANIS, Marion, et. al. A Prosspective study of advance directives for life-sustaining care. *The New England Journal of Medicine*, v. 324(13), p. 882-888.

DANTAS, Eduardo. *Autonomia, direito à morte e dignidade humana*. Disponível em: [http://www.eduardo-dantas.adv.br/novo_site/index2.php?option=com_docman& task=doc_view&gid=17&Itemid=43]. Acesso em: 18.01.2018.

DANTAS, Marcus Eduardo de Carvalho. Princípios e regras: entre Alexy e Dworkin. In: MORAES, Maria Celina Bodin de (Coord.). *Princípios do direito civil contemporâneo*. Rio de Janeiro: Renovar, 2006.

DEMENTIA DIRECTIVE. *Health Care for Dementia*. Disponível em: [https://dementia-directive.org]. Acesso em: 26.07.2019.

DIÁRIO DE NOTÍCIAS. Só 6 mil têm testamento vital. Governo queria 20 mil em seis meses. Disponível em: [https://www.dn.pt/sociedade/interior/so-6-mil-tem-testamento-vital-e-preciso-dar-mais-informacao-5582702.html]. Acesso em: 15.02.2018.

DIAS, José de Aguiar. *Da responsabilidade civil*. 11. ed. Rio de Janeiro: Renovar, 2006.

DIAS, Maria Berenice. *Manual de direito das sucessões*. São Paulo: Revista dos Tribunais, 2008.

DIAS, Roberto. PIOVESAN, Flávia. Proteção jurídica da pessoa humana e o direito à morte digna. In: DADALTO, Luciana; GODINHO, Adriana Marteleto; LEITE, George Salomão. T*ratado Brasileiro sobre o Direito Fundamental à Morte Digna*. São Paulo: Almedina, 2017.

DIAS, Ronaldo Betas de Carvalho. *Responsabilidade do Estado pela função jurisdicional*. Belo Horizonte: Del Rey, 2004.

DISTRITO FEDERAL. *Processo n. 2007.34.00.014809-3*. Brasília, 23 out. 2007. Disponível em: [http://www.df.trf1.gov.br/inteiro_teor/doc_inteiro_teor/14vara/ 2007.34.00.014809-3_decisao_23-10-2007.doc]. Acesso em: 18.01.2018.

DRANE, James F. *El cuidado del enfermo terminal*: ética clínica y recomendaciones prácticas para instituciones de salud y servicios de cuidados domiciliarios. Washington: Organización Panamericana de la Salud, 1999.

DWORKIN, Ronald. *Domínio da vida: aborto, eutanásia e liberdades individuais*. São Paulo: Martins Fontes, 2003a.

DWORKIN, Ronald. *Levando os direitos a sério*. São Paulo: Martins Fontes, 2002.

DWORKIN, Ronald. *O império do direito*. São Paulo: Martins Fontes, 2003b.

EAGLEMAN, David. *Incógnito:* as vidas secretas do cérebro. Rio de Janeiro: Rocco, 2012.

EBERLE, Simone. *A capacidade entre o fato e o direito*. Porto Alegre: Sergio Antonio Fabris Editor, 2006.

EMANUEL, Ezekiel J.; EMANUEL, Linda L. Living wills: past, present, and future. *The Journal of Clinical Ethics*, Hagerstown, v. 1, n. 1, p. 1-19, 1990.

EUROPEAN SOCIETY FOR MEDICAL ONCOLOGY. ESMO Clinical Practice Guidelines for the management of refractory symptoms at the end of life and the use of palliative sedation. Annals of Oncology 25 (Supplement 3): iii143-iii152, 2014.

ESPANHA. Govierno. *LEY 41/2002, de 14 de noviembre*. Básica reguladora de la autonomía del paciente y de derechos y obligaciones en materia de información y documentación clínica. Boletín Oficial del Estado, Madrid, 15 nov. 2002.

FACULDADE DE MEDICINA DO PORTO. Serviço de Bioética e Ética Médica. *Guidelines sobre suspensão e abstenção de tratamento em doentes terminais*. Disponível em: [http://www.apbioetica.org/fotos/gca/1211800343guidelines_p_11_ apb_08.pdf]. Acesso em: 20.01.2018.

FARIA, Roberta Elzy Simiqueli de. Autonomia da vontade e autonomia privada: uma distinção necessária. In: FIUZA, César; NAVES; Bruno Torquato de Oliveira; SÁ, Maria de Fátima Freire. *Direito civil*: atualidades II. Belo Horizonte: Del Rey, 2007.

FARIA, Rui. Estado vegetativo persistente e reanimação. In: ARCHER, Luís; BISCAIA, Jorge; OSSWALD, Walter. *Bioética*. Lisboa: Verbo, 1996.

FARIAS, Cristiano Chaves; ROSENVALD, Nelson. *Curso de Direito Civil*: parte geral e LINDB. 17. ed. Salvador: Editora JusPodivm, 2019.

FARIAS, Edílson Pereira de. *Colisão de direitos*: a honra, a intimidade, a vida privada e a imagem, versus a liberdade de expressão e informação. 2. ed. Porto Alegre: Sérgio Antonio Fabris, 2000.

FEDERAZIONE CURA PALLIATIVE ONLUS. *La Legge 219/2017* Norme in materia di consenso informato e di disposizioni anticipate di trattamento. Il punto di vista di... Disponível em: [https://www.sicp.it/wp-content/.../159_LibroFCPLegge219.pdf]. Acesso em: 27.03.2019.

FERNANDES, Carolina Fernandéz; PITHAN, Lívia Haygert. O consentimento informado na assistência médica e o contrato de adesão: uma perspectiva jurídica e bioética. *Revista do Hospital das Clinicas de Porto Alegre*, Porto Alegre, v. 27, n. 2, p. 78-82, 2007.

FERREIRA, Nuno. A eutanásia: entre o debate jurídico e a evolução da opinião pública. *Lex Medicinae: Revista Portuguesa de Direito da Saúde*, Coimbra, Ano. 3, n. 6, p. 137-151, 2006.

FERRI, Luigi. *La autonomía privada*. Granada: Editora Comares, 2001.

FINLÂNDIA. *Act on the status and rights of patients*. Disponível em [http://www.finlex.fi/fi/laki/kaannokset/1992/en19920785.pdf]. Acesso em: 20.01.2018.

FLÓRIDA. *Health Care Advance Directives*. Disponível em: [http://ahca.myflorida.com/mchq/health_facility_regulation/hc_advance_directives/docs/adv_dir.pdf]. Acesso em 20.01.2018.

FRANÇA. Loi n. 2002-303 du 4 mars 2002 relative aux droits des malades et à la qualité du système de santé. Disponível em: [https://www.legifrance.gouv.fr/affichTexte.do?cidTexte=JORFTEXT000000227015&categorieLien=id]. Acesso em: 18.01.2018.

FRANÇA. *Loi 2005-370, relative aux droits des malades et à la fin de vie*. Disponível em: [https://www.legifrance.gouv.fr/affichTexte.do?cidTexte=JORFTEXT000000446240&categorieLien=id]. Acesso em: 20.01.2018.

FRANÇA. *Loi 2016-87*, créant de nouveaux droits en faveur des malades et des personnes en fin de vie. Disponível em: [https://www.legifrance.gouv.fr/eli/loi/2016/2/2/2016-87/jo/texte]. Acesso em: 17.01.2018.

FOURNIER, Véronique; TRARIEUX, Sophie. Les directives anticipées en France. *Médecine & Droit* 2005 (2005), p. 146-148.

GALUPPO, Marcelo Campos. *Igualdade e diferença*: estado democrático de direito a partir do pensamento de Habermas. Belo Horizonte: Mandamentos, 2002.

GALUPPO, Marcelo Campos. Os princípios jurídicos no estado democrático de direito: ensaio sobre o modo de sua aplicação. *Revista de Informação Legislativa*, Brasília, ano 36, n. 143, p. 191-209, jul./set. 1999.

GARAY, Oscar E. *Derechos fundamentales de los pacientes*. Buenos Aires: Ad-Hoc, 2003.

GASTER B, LARSON EB, CURTIS JR. Advance Directives for Dementia: Meeting a Unique Challenge. *JAMA*. 2017;318(22):2175-2176.

GODINHO, Adriano Marteleto . Ortotanásia e Cuidados Paliativos: o correto exercício da prática médica no fim da vida. In: DADALTO, Luciana; GODINHO, Adriano Marteleto; LEITE, George Salomão Leite. *Tratado Brasileiro sobre o Direito Fundamental à Morte Digna*. Rio de Janeiro: Almedina, 2017.

GODINHO, Adriano Marteleto. *Eutanásia, ortotanásia e diretivas antecipadas de vontade*: o sentido de viver e morrer com dignidade. Curitiba, Juruá, 2016.

GOLDSTEIN, Mary Kane et. al. Durable Power of Attorney for Health Care: Are We Ready for It?. *The Western Journal of Medicine*. September 1991, v. 155, n. 3, p. 263.

GOLDIM, José Roberto. *Caso Nancy Cruzan:* retirada de tratamento. Porto Alegre: UFRGS, 2005. Disponível em: [http://www.ufrgs.br/bioetica/nancy.htm]. Acesso em: 20.01.2018.

GONÇALVES, José António Saraiva Ferraz. *A boa morte*: Ética no fim da vida. Dissertação de mestrado. Universidade do Porto. Disponível em [http://repositorioaberto.up.pt/bitstream/10216/22105/3/A%20Boa%20Morte%20%20tica%20no%20Fim%20da%20Vida.pdf]. Acesso em: 20.01.2018.

GONZÁLES, Miguel Angel Sánchez. *O novo testamento*: testamentos vitais e diretivas antecipadas. In: BASTOS, Eliene Ferreira Bastos; SOUSA, Asiel Henrique. *Família e jurisdição*. Belo Horizonte: Del Rey, 2006.

GONZÁLES, José Alberto. *Testamento vital e procuração de cuidados de saúde*. Lisboa: Quid Juris, 2013.

GORDON, Michael; LEVITT, Dan. Acting on a living Will: a physician's dilemma. *Canadian Medical Association*, Otawa, v. 155, n.7, p. 893-895, Oct. 1996.

GRINBERG, Alejandro R; TRIPODORO, Vilma A. Futilidad médica y obstinación familiar em terapia intensiva. ¿Hasta cuándo seguir y cuándo parar?. *Medicina* (Buenos Aires) 2017; 77: 491-496.

GUSTIN, Miracy B. S. *Das necessidades humanas aos direitos: ensaio de sociologia e filosofia do direito*. Belo Horizonte: Del Rey, 1999.

GUTIERREZ, Pilar L. O que é o paciente terminal? *Revista da Associação Médica Brasileira*, São Paulo, v. 47, n. 2, p. 92, abr./jun. 2001.

HABERMAS, Jünger. *Direito e democracia*: entre facticidade e validade. 2 ed. Rio de Janeiro: Tempo Brasileiro, 2003. v. 1.

HABERMAS, Jünger. *O futuro da natureza humana*. São Paulo: Martins Fontes, 2004.

HABERMAS, Jünger. Três modelos normativos de democrática. *Cadernos da Escola do Legislativo*, Belo Horizonte, v. 3, p. 107-121, jan./jun 1995.

HERAS, Durán. La calidad de muerte como componente de la calidad de vida; María Angeles. *Revista Española de Investigaciones Sociológicas*, Madrid, n. 106, p. 9-32, 2004.

HERBST, Nicole, et. al. *Approximately One In Three US Adults Completes Any Type Of Advance Health Affairs* 36, n. 7 (2017):1244-1251

HICKMAN, S. E. et al. Use of the Physician Orders for Life-Sustaining Treatment (POLST) Paradigm Program in the Hospice Setting. *Journal of Palliative Medicine*. v. 12, n. 2, p. 133-141, 2009.

HICKMAN, S. E. et al. Hope for the future: Achieving the original intent of advance directives. *The Hastings Cent Report*, v. 35, n.6, Special Report, p. 26-30, 2011.

HOLANDA. *Medical Treatment Contract Act*. Disponível em: [http://europatientrights.eu/countries/signed/netherlands/netherlands.html]. Acesso em: 18.01.2018.

HOUAISS, Antônio. *Dicionário Houaiss da língua portuguesa*. Rio de Janeiro: Objetiva, 2001.

HUNGRIA. *Health Care Act*. Disponível em: [http://www.lexadin.nl/wlg/legis/nofr/eur/lxwehun.htm]. Acesso em: 18.01.2018.

INGLATERRA. *Mental Capacity Law*. Disponível em: [http://www.legislation.gov.uk/ukpga/2005/9/contents]. Acesso em: 18.01.2018.

INSTITUTO NACIONAL DO CÂNCER. *Manual de cuidados paliativos oncológicos*: controle de sintomas. Rio de Janeiro: INCA, 2001. Disponível em: [http://www.inca.gov.br/publicacoes/manual_cuidados.pdf]. Acesso em: 18.01.2018.

ITÁLIA. Ministero della Salud. *Il códice di deontologia medica*. Roma, 1998.

ITÁLIA. Legge 2801. Disponível em: [www.senato.it/leg/17/BGT/Schede/FascicoloSchedeDDL/ebook/47964.pdf]. Acesso em: 17.01.2018.

JENNETT B., PLUM, F. Persistent vegetative state after brain damage. A syndrome in search of a name. *Lancet*. v. 1, p. 734-737, 1972.

JOÃO PAULO II, Papa. *Evangelium vitae*. Vaticano, 1995. Disponível em: [http://www.vatican.va/holy_father/john_paul_ii/encyclicals/documents/hf_jp-ii_enc_25031995_evangelium-vitae_po.html]. Acesso em: 13.01.2018.

JUÍZA italiana inocenta médico que ajudou paciente a morrer. O Estado de São Paulo, São Paulo, 19 de outubro de 2007. *Caderno Vida e Saúde*. Disponível em: [http://www.estadao.com.br/vidae/not_vid67650,0.htm]. Acesso em: 13.01.2018.

JUSTIÇA FEDERAL DO ESTADO DE GOIÁS. *Decisão liminar Ação Civil Pública n.* 0001039-86.2013.4.01.3500. Disponível em: [http://processual.trf1.jus.br/consultaProcessual/processo.php?trf1_captcha_id=776c1b3b3122047f40e7eb4a116dc9b4&trf1_captcha=hbm6&enviar=Pesquisar&secao=GO&proc=103986201340135 00]. Acesso em: 18.01.2018.

KAISER FOUNDATION. *Views and Experiences with End-of-Life Medical Care in Japan, Italy, the United States, and Brazil*: A Cross-Country Survey. Disponível em: [https://www.kff.org/other/report/views-and-experiences-with-end-of-life-medical-care-in-japan-italy-the-united-states-and-brazil-a-cross-country-survey/]. Acesso em: 16.01.2018.

KANT, Immanuel. *Fundamentos da metafísica dos costumes*. Rio de Janeiro: Ediouro, 1997.

KENNEDY, Ian McColl. *The Karen Quinlan case*: problems and proposals. Journal of Medical Ethics, v. 2, p. 3-7, 1976. Disponível em: [http://www.pubmedcentral. nih.gov/picrender.fcgi?artid=2495105&blobtype=pdf]. Acesso em: 18.01.2018.

Kielstein, Rita et al. *Directivas anticipadas*: la historia clínica orientada a valores y la aplicación del método narrativo en bioética. Münster: Lit Verlag, 2002. p. 1-10.

KIM, Scott Y. H.; LANGA, K. M; SILVEIRA, M. J. Advance Directives and Outcomes of Surrogate Decision Making before Death. *The New England Journal of Medicine*. v. 362, n. 13, p. 1211-1218, 2010.

KIPPER, Délio José. O problema das decisões médicas envolvendo o fim da vida e propostas para nossa realidade. *Revista Bioética*, Brasília, v. 7, n. 1, p. 59-70, 1999.

KNOBEL, Marcos; SILVA, Ana Lucia Martins da. O paciente terminal: vale a pena investir no tratamento? *Revista Einstein*, São Paulo, v. 2, p. 133-134, 2004.

KOVÁCS, Maria Júlia. Autonomia e o direito de morrer com dignidade. *Revista Bioética*, Brasília, v. 6, n. 1, p. 61-69, 1998.

KRESS, Hartmut. *Ética Médica*. São Paulo:Loyola, 2008.

KUTNER, L. Due process of Euthanasia: The Living Will, A Proposal. *Indiana Law Journal*. v. 44, p. 539-554,1969.

LAMM, Eleonora. *Directivas Médicas Anticipadas*. Disponível em: [www.salud.gob.ar/dels/printpdf/40]. Acesso em: 17.01.2018.

LEGAL ADVISORS COMMITEE CONCERN FOR DYING. The right to refuse treatment: a model act. *American Journal of Public Health*, Washington, v. 73, n. 8, p. 918-920, Aug. 1983.

LIMA, Taísa Maria Macena de. A nova contratualidade na reconstrução do direito privado nacional. *Revista Virtuajus*. Belo Horizonte, ano 3, n. 1, jul. 2004. Disponível em: [http://www.fmd.pucminas.br/Virtuajus/1_2004]. Acesso em: 10.01.2018.

LIN, C. P. et al. What influences patients' decisions regarding palliative care in advance care planning discussions? Perspectives from a qualitative study conducted with advanced cancer patients, families and healthcare professionals. In: *Palliat Med.* 2019 Aug 1:269216319866641. doi: 10.1177/0269216319866641. [Epub ahead of print].

MACEDO, João M.; SANTOS, Laura Ferreira dos. *Testamento vital*: um modelo confuso? Disponível em: [http://www.publico.pt/sociedade/noticia/testamento-vital-um-modelo-confuso-1661817?page=-1]. Acesso em: 10.01.2018.

MACIEL, Maria Goretti Sales. Uniformização de nomenclaturas em Cuidados Paliativos. In: DADALTO, Luciana. *Bioética e diretivas antecipadas de vontade*. Curitiba: Editora Prismas, 2014.

MADDOF, Ray D. Autonomy and end-of-life decision making: reflections of a lawyer and a daughter. *Buffalo Law Review*, Bufallo, v. 53, p. 963-971, 2005.

MAGNO, Helio Antonio. A responsabilidade civil do médico diante da autonomia do paciente. In: GUERRA, Arthur Magno e Silva (Coord.) *Biodireito e bioética*: uma introdução crítica. Rio de Janeiro: América Jurídica, 2005.

MANALO, MFC. End-of-Life Decisions about Withholding or Withdrawing Therapy: Medical, Ethical, and Religio-Cultural Considerations. *Palliative Care*. 2013; 7:1-5.

MANZINI, Jorge Luis. Las directivas anticipadas para tratamientos médicos. In: MARINO, Ignazio R. Testamentobiológico: i diretti dei malati e l'operato dei Médici. In: BORASCHI, Andrea; MANCONI, Luigi. *Il dolore e la política*. Milão: Bruno Mondadori, 2007.

MARCO CA, SCHEARS RM. Death, dying, and last wishes. IN: *Emerg Med Clin North Am*, 2006; 24(4):969-987.

MARTEL, Letícia de Campos Velho. Limitação de tratamento, cuidado paliativo, eutanásia e suicídio assistido: elementos para um diálogo sobre os reflexos jurídicos da categorização. In: BARROSO, Luis Roberto (Org.). *A reconstrução democrática do Direito Público no Brasil*. Rio de Janeiro: Renovar, 2007.

MARTIN, Leonard M. *A ética médica diante do paciente terminal*: leitura ético-teológica da relação médico-paciente terminal nos códigos brasileiros de ética médica. Aparecida: Editora Santuário, 1999.

MARTÍNEZ, Josefa Cantero. *La autonomía del paciente*: del consentimiento informado al testamento vital. Albacete: Bomarzo, 2005.

MATOS, Gilson Ely Chaves de. Aspectos jurídicos e bioéticos do consentimento informado na prática médica. *Revista Bioética*, Brasília, v. 15, n. 2, p. 196-213, 2007.

MCCOUGHLAN, Marie. A necessidade de cuidados paliativos. In: BERTACHINI, Luciana; PESSINI, Leo. *Humanização e cuidados paliativos*. 3. Ed. São Paulo: Loyola, 2004.

MEANA, Pablo Requena. *Doctor no haga todo lo possible: de la limitación a la prudência terapêutica*. Granada: Editora Colmares, 2017.

MEDINA, Graciela; RODRÍGUEZ, Hugo. *El reconocimento del testamentoo voluntades antecipadas por via judicial*. Disponível em: [http://www.graciela medina.com/archivos/articulos/pdf/000201.pdf]. Acesso em: 13.01.2018.

MELO, Austregésilo Ferreira. *A saúde do idoso em 2030*: uma análise prospectiva do gasto público na saúde no Brasil. Disponível em [http://www.cpqam.fiocruz.br/bibpdf/2011melo-af.pdf]. Acesso em: 18.01.2018.

MELO, Helena Pereira de. O direito a morrer com dignidade. *Lex Medicinae: Revista Portuguesa de Direito da Saúde*, Coimbra, Ano 3, n. 6, p. 69-79, 2006.

MELO, Nehemias Domingos de. O Direito de Morrer com Dignidade. In: DADALTO, Luciana; GODINHO, Adriano Marteleto; LEITE, George Salomão. *Tratado brasileiro sobre o direito fundamental à morte digna*. Rio de Janeiro: 2017.

MENEZES, Joyceanne Bezerra. O direito protetivo no Brasil após a Convenção sobre a Proteção da Pessoa com Deficiência: impactos do novo CPC e do Estatuto da Pessoa com Deficiência. Rio de Janeiro, a. 4, n. 1, jan.-jun./2015. Disponível em: [http://civilistica.com/o-direito-protetivo-no-brasil/]. Acesso em: 18.01.2018.

MENEZES, Joyceane Bezerra. Tomada de decisão apoiada: instrumento de apoio ao exercício da capacidade civil da pessoa com deficiência instituído pela lei brasileira de inclusão (lei n. 13.146/2015). *Revista Brasileira de Direito Civil*, v. 9, Jul /Set 2016.

MENEZES, Rose Melo de Venceslau. *Autonomia privada e dignidade humana*. Rio de Janeiro: Renovar, 2009.

MÉXICO. *Ley de Voluntad Anticipada para el Distrito Federal*. Disponível em: [http://cgservicios.df.gob.mx/prontuario/vigente/r171201.htm]. Acesso em: 01.07.2019.

MINAS GERAIS. Governo do Estado. *Lei n. 16.279, de 20 de julho de 2006*. Dispõe sobre os direitos dos usuários das ações e dos serviços públicos de saúde no Estado. Minas Gerais, Belo Horizonte, 21 jul. 2006. *Diário do Executivo*, p. 1. Disponível em: [http://hera.almg.gov.br/cgi-bin/nph-brs?d=NJMG&f=G&l=20&n=&p =1&r=1&u=http://www.almg.gov.br/njmg/chama_pesquisa.asp&SECT1=IMAGE&SECT2=THESOFF&SECT3=PLUROFF&SECT6=HITIMG&SECT7=LINKON&SECT8=DIRINJMG&SECT9=TODODOC&co1=E&co2=E&co3=E&s1=&s2=16279&s3=2006&s4=]. Acesso em: 18.01.2018.

MINISTÉRIO PÚBLICO FEDERAL. Ação Civil Pública n. 0001039-86.2013.4.01.3500. Disponível em: [http://www.prgo.mpf.gov.br/images/stories/ascom/ACP-CFM-ortotanasia.pdf]. Acesso em: 10.01.2018.

MIRANDA, Francisco Cavalcanti Pontes de. *Tratado de direito privado*. Rio de Janeiro: Borsoi, 1972. v. 56.

MOLLER, Letícia Ludwig. *Direito à morte com dignidade e autonomia*. Curitiba: Juruá, 2007.

MORÃO, Helena. Eutanásia passiva e dever médico de agir ou omitir em face do exercício da autonomia ética do paciente: resposta jurídico-penal a uma colisão de valores constitucionais. *Revista Portuguesa de Ciência Criminal*, Coimbra, v. 1, p. 35-84, 2006.

MORAES, Maria Celina Bodin de. *Danos à pessoa humana: uma leitura civil-constitucional dos danos morais*. Rio de Janeiro: Renovar, 2003.

MOTA, Joaquim Antônio César. Quanto um tratamento torna-se fútil? *Revista Bioética*. Brasília, v. 7, n. 1, p. 35-39, 1999.

MOTA, Sílvia. Testemunhas de Jeová e as transfusões de sangue: tradução ético-jurídica. In: GUERRA, Arthur Magno e Silva. *Biodireito e bioética*. Rio de Janeiro: América Jurídica, 2005.

MOUREIRA, Diogo Luna. O reconhecimento e a legitimação da autonomia privada: instrumento de afirmação da pessoalidade no direito privado. In: FIUZA, César; NAVES, Bruno Torquato de Oliveira; SÁ, Maria de Fátima Freire de. *Direito civil*: atualidades III. Belo Horizonte: Del Rey, 2009. 55-86.

NAVARRO, Sonia. Testamento vital: la nueva Ley estatal enfrentada a la normativa autonómica. *Iuris:* Actualidad y Práctica del Derecho, Madrid, n.70, p. 21-29, 2003.

NAVES, Bruno Torquato de Oliveira. *Relacionalidade e autonomia privada: o princípio da autonomia privada na pós-modernidade*. 2003. 138f. Dissertação (Mestrado), Pontifícia Universidade Católica de Minas Gerais, Faculdade Mineira de Direito, Belo Horizonte.

NAVES, Bruno Torquato de Oliveira; REZENDE, Danúbia Ferreira Coelho de. A autonomia privada do paciente em estado terminal. In: FIÚZA, César; NAVES, Bruno Torquato de Oliveira; SÁ, Maria de Fátima Freire de. *Direito civil:* atualidades II. Belo Horizonte: Del Rey, 2007. p 89-110.

NAVES, Bruno Torquato de Oliveira; SÁ, Maria de Fátima Freire de. Da relação jurídica médico-paciente: dignidade da pessoa humana e autonomia privada. In: SÁ, Maria de Fátima Freire de. (Org.). *Biodireito*. Belo Horizonte: Del Rey, 2002. v. 1, p. 101-140.

NAVES, Bruno Torquato de Oliveira; SÁ, Maria de Fátima Freire de. Relação médico-paciente e responsabilidade civil do médico. In: NAVES, Bruno Torquato de Oliveira; SÁ, Maria de Fátima Freire de. *Manual de Biodireito*. Belo Horizonte: Del Rey, 2009.

NEUROLOGY. Position of the American Academy of Neurology on certain aspects of the care and management of the persistent vegetative state patient. *Neurology*. v. 29, p. 125-126,1989.

NOGUEIRA, André Murilo Parente. A ortotanásia e a manifestação do representante legal: resolução n. 1.806/2006 do Conselho Federal de Medicina. *Ciência Jurídica*, Belo Horizonte, Ano 21, v. 134, p. 289-306, mar./abr. 2007.

OLIVEIRA, Eduardo de. O fim da arte silenciosa. In: OLIVEIRA, Eduardo de. *Temas de direito da medicina*. 2. ed. Coimbra: Coimbra Editora, 2005.

OLIVEIRA, José Ricardo de. *Bioética e atenção ao paciente sem perspectiva terapêutica convencional: estudo sobre o morrer com dignidade*. 2007. 147f.

Dissertação (Mestrado), Universidade Federal de Minas Gerais, Faculdade de Medicina, Belo Horizonte.

OLIVEIRA, Marcelo Andrade Cattoni de. *Devido processo legislativo*. 2. ed. Belo Horizonte: Mandamentos, 2006.

OLIVEIRA, Marcelo Andrade Cattoni. Discurso de aplicação e direitos fundamentais: autonomia pública e autonomia privada no estado democrático de direito. In: FIUZA, César; NAVES, Bruno Torquato de Oliveira; SÁ, Maria de Fátima Freire de. *Direito civil:* atualidades III. Belo Horizonte: Del Rey, 2009. p. 621-653.

ORDEM DOS MÉDICOS DE PORTUGAL. *Código Deontológico*. Disponível em:

[https://www.ordemdosmedicos.pt/?lop=conteudo&op=9c838d2e45b2ad1094d42f4ef36764f6&id=cc42acc8ce334185e0193753adb6cb77]. Acesso em: 13.01. 2018.

OSELKA G, Aspectos éticos da ressuscitação cardiopulmonar. In: *Rev. Assoc. Med. Bras*. v. 47 n. 1 São Paulo Jan./Mar. 2001.

OXFORD UNIVERSITY PRESS. *Dicionário Oxford escolar para estudantes brasileiros de inglês*. São Paulo: Oxford University, 2007.

PALECEK, Eric J. et al. Confort feeding only: A proposal to Bring Clarity to Decision-Making Regarding Difficulty with Eating for Persons with Advanced Dementia. *Journal of American Geriatric Society*. v. 58, n. 3, p. 580-584, 2010 March.

PARADA, Aída del Carmen San Vicente. Regulación legal de las Voluntades Anticipadas en México. In: *Revista Electrónica de la Facultad de Derecho*, v. 1, Número 2, Septiembre- Diciembre 2014, 3ra época.

PARANÁ. Governo do Estado. *Lei n. 14254, de 04 de dezembro de 2003*. Prestação de serviço e ações de saúde de qualquer natureza aos usuários do Sistema Único de Saúde – SUS e dá outras providências. Diário Oficial, Curitiba, n.6632, 23 dez. 2003. Disponível em: [http://www.alep.pr.gov.br/integras/leis/LEIO000014254.htm]. Acesso em: 18.01.2018.

PENALVA, Luciana Dadalto. Declaração Prévia de Vontade do Paciente Terminal. *Revista Bioética* (Impresso), v. 17, p. 523-543, 2009.

PENALVA, Luciana Dadalto; TEIXEIRA, Ana Carolina Brochado. Terminalidade e Autonomia: uma abordagem do Testamento vital no Direito brasileiro. In: BARBOZA, Heloisa Helena; MENEZES, Rachel Aisengart; PEREIRA, Tânia da Silva. *Vida, Morte e Dignidade Humana*. São Paulo: GZ Editora, 2010.

PEREIRA, André Gonçalo Dias. *O consentimento informado na relação médico-paciente*. Coimbra: Coimbra Editora, 2004.

PEREIRA, Caio Mário da Silva. *Instituições de direito civil*. 15 ed. Rio de Janeiro: Forense, 2004. v. 6.

PERLINGIERI, Pietro. *Perfis do direito civil:* introdução ao direito civil constitucional. 3. ed. Rio de Janeiro: Renovar, 2007.

PESSINI, Leo. A filosofia dos cuidados paliativos: uma resposta diante da obstinação terapêutica. In: BERTACHINI, Luciana; PESSINI, Leo. *Humanização e cuidados paliativos*. 3. ed. São Paulo: Loyola, 2004.

PESSINI, Leo. *Eutanásia:* por que abreviar a vida? São Paulo: Loyola, 2004.

PICO DELLA MIRANDOLA, Giovanni. *Discurso sobre a dignidade do homem*. Lisboa: Edições 70, 2008.

PONTES DE MIRANDA, Francisco Cavalcanti. *Tratado de direito privado*: parte especial. Atual. por Vilson Rodrigues Alves. São Paulo: Revista dos Tribunais, 1986. t. III.

PORTO RICO. *Ley n. 160 del año de 2001*. Ley de declaración previa de voluntad sobre tratamiento médico en caso de sufrir una condición de salud terminal o de estado vegetativo persistente. Disponível em: [http://www.lexjuris.com/LEXLEX/ Leyes2001/lex2001160.htm]. Acesso em: 10.01.2018.

PORTUGAL. *Lei 25/2012*. Disponível em: [http://dre.pt/pdf1sdip/2012/07/13600/0372803730.pdf]. Acesso em: 10.01.2018.

POST, S. G. (Ed.) *Encyclopedia of bioethics*. 3. ed. New York: Thomson, 2004. v. 3.

PRATA, Ana. *A tutela constitucional da autonomia privada*. Lisboa: Almedina, 1982.

RABKIN MT, GILLERMAN G, RICE NR. Orders not to resuscitate. IN: NEJM 1976; 295: 364-6.

REBELATTO, Gustavo. *Análise descritiva dos pacientes submetidos à extubação paliativa*. Dissertação de mestrado profissional, Universidade Federal de Santa Catarina, Centro de Ciências da Saúde. Programa de Pós-Graduação em Cuidados Intensivos e Paliativos. Florianópolis, 2015.

REGISTRO NACIONAL DE INSTRUÇÕES PRÉVIAS. *Numero inscripciones em el RENIP desde sicronizacion completa de los registros autonômicos*. Disponível em: [https://www.msssi.gob.es/ciudadanos/rnip/doc/Enero-2018/2018_Numero_inscripciones_en_el_Registro_Nacional_de_Instrucciones_Previas_desde_la_sincronizacion_completa_de_los_registros_autonomicos.pdf]. Acesso em: 15.02.2018.

REIS, Tereza Cristina da Silva dos; SILVA, Carlos Henrique Debenedito. A futilidade terapêutica nos cuidados ao fim da vida de pacientes oncológicos. In: BARBOZA, Heloisa Helena; MENEZES, Rachel Aisengart; PEREIRA, Tânia da Silva. *Vida, Morte e Dignidade Humana*. São Paulo: GZ Editora, 2010.

RENTEV. *Registro Nacional de Testamento vital*. Disponível em: https://servicos.min-saude.pt/utente/portal/paginas/RENTEVDestaque.aspx, em 02 jul. 2014.

RIBEIRO, Diaulas Costa. A eterna busca da imortalidade humana: a terminalidade da vida e a autonomia. *Bioética*, Brasília, v. 13, n. 2, p. 112-120, dez. 2005.

RIBEIRO, Diaulas Costa. Um novo testamento: testamentos vitais e diretivas antecipadas. In: CONGRESSO BRASILEIRO DE DIREITO DE FAMÍLIA, 5, 2006, São Paulo. *Família e dignidade*. São Paulo: IOB Thomson, 2006.

RIBEIRO, Diaulas Costa. Autonomia: viver a própria vida e morrer a própria morte. (Autonomy: to live one´s own life and to die one´s own death). *Cadernos de Saúde Pública*, Rio de Janeiro, v. 22, n. 1, p. 109-118, 2006.

RICOEUR, Paul. *O justo*. São Paulo: Martins Fontes, 2008a. v. 1.

RICOEUR, Paul. *O justo*. São Paulo: Martins Fontes, 2008b. v. 2.

RIISFELDT, Thomas David. Weakening the ethical distinction between euthanasia, palliative opioid use and palliative sedation. *J Med Ethics* 2018;0:1-7.

RODOTÁ, Stefano. *Politici, liberateci dalla vostra coscienza*. Disponível em: [http://daleggere.wordpress.com/2008/01/13/stefano-rodota-%C2%ABpolitici-liberateci-dalla-vostra-coscienza%C2%BB/]. Acesso em: 04.07.2019.

RODOTÀ, Stefano. La legge i dilemmi della libertà. In: BORASCHI, Andrea; MANCONI, Luigi. *Il dolore e la politica*. Milão: Bruno Mondadori, 2007.

RODRIGUES, Renata de Lima. *Incapacidade, curatela e autonomia privada: estudos no marco do Estado Democrático de Direito*. 2005. 200f. Dissertação (Mestrado) Pontifícia Universidade Católica de Minas Gerais, Faculdade Mineira de Direito, Belo Horizonte.

RODRIGUES, Renata de Lima. Diretivas antecipadas: planejamento preventivo para decisões futuras sobre o exercício do direito ao corpo, à saúde e à vida digna. In: DADALTO, Luciana; TEIXEIRA, Ana Carolina Brochado. *Dos Hospitais aos Tribunais*.. Belo Horizonte, *2013*, p. 341-365.

RODRIGUES, Renata de Lima; Rüger, André. Autonomia como princípio jurídico estrutural. In: FIUZA, César; NAVES; Bruno Torquato de Oliveira; SÁ, Maria de Fátima Freire. *Direito civil*: atualidades II. Belo Horizonte: Del Rey, 2007. p. 03-24.

RODRIGUES JÚNIOR, Walsir Edson. O exercício da autonomia privada na dissolução da sociedade conjugal. In: FIUZA, César; NAVES; Bruno Torquato de Oliveira; SÁ, Maria de Fátima Freire. *Direito civil*: atualidades II. Belo Horizonte: Del Rey, 2007.

RODRÍGUEZ, Sonia Navarro. Testamento vital: la nueva ley estatal enfrentada a las normas autonômicas. *Iuris*: Actualidad y Práctica del Derecho. n. 70, p. 21-29, 2003.

Rüger, André. *Conflitos familiares em genética humana: o profissional da saúde diante do direito de saber e do direito de não saber*. Belo Horizonte, 2007. Disponível em: [http://www.biblioteca.pucminas.br/teses/Direito_RugerA_1.pdf]. Acesso em: 13.08.2008.

RUGGIO, Adriana. Dignidade do idoso: construindo uma nova hermenêutica. In: DADALTO, Luciana; TEIXEIRA, Ana Carolina Brochado. *Dos hospitais aos tribunais*. Belo Horizonte, *2013*, p. 450.

RUIZ-CALDERÓN, José Miguel Serrano. La alimentación artificial de personas en situación de fuerte dependencia: nota sobre un debate juridico estadunidense. *Boletín Mexicano de Derecho Comparado*, v. XLIV, n. 130, enero-abril 2011, p- 237-282.

SÁ, Maria de Fátima Freire de. *Direito de morrer*: eutanásia, suicídio assistido. 2 ed. Belo Horizonte: Del Rey, 2005.

SÁ, Maria de Fátima Freire de. *Biodireito e direito ao próprio corpo*: doação de órgãos incluindo o estudo da Lei n. 9.434/97 com as alterações introduzidas pela Lei 10.211/01. Belo Horizonte: Del Rey, 2003.

SÁ, Maria de Fátima Freire de; TEIXEIRA, Ana Carolina Brochado. Envelhecendo com autonomia. In: FIUZA, César; NAVES; Bruno Torquato de Oliveira; SÁ, Maria de Fátima Freire. *Direito civil*: atualidades II. Belo Horizonte: Del Rey, 2007.

SÁ, Maria de Fátima Freire de; TEIXEIRA, Ana Carolina Brochado. *Filiação e biotecnologia*. Belo Horizonte: Mandamentos, 2005.

SAGRADA CONGREGAÇÃO PARA A DOUTRINA DA FÉ. *Declaração sobre a Eutanásia*. Roma, 05 de maio de 1980. Disponível em: [http://www.vatican.va/ roman_curia/congregations/cfaith/documents/rc_con_cfaith_doc_19800505_euthanasia_po.html]. Acesso em: 10.01.2018.

SALARIS, M. Giuseppina. *Corpo umano e diritto civile*. Milano: Giuffrè, 2007.

SALERNO, Giulio. *Testamento biológico*: um punto d'incontro tra visione diverse. Famiglia e Minori, Roma, n. 2, feb. 2007.

SALES, Ana Amélia Ribeiro; SOUZA, Maria Aparecida Freitas de; TEIXEIRA, Ana Carolina Brochado. Autonomia privada da criança e do adolescente: uma reflexão sobre o regime das incapacidades. *Revista Brasileira de Direito das Famílias*, Belo Horizonte, v.00, p. 57-73, out./nov. 2007.

SALLORT, José Carlos Abellán. Directrices Anticipadas de Voluntad em España: contextos y perspectivas. In: DADALTO, Luciana. *Bioética e Diretivas Antecipadas de Vontade*. Curitiba: Editora Prismas, 2014.

SAMBRIZZI, Eduardo A. Las directivas previas emitidas con la finalidad de rehusar la pratica futura de ciertos actos médicos. *La Ley*, Buenos Aires, v. 2005-1, p. 451-461, 2005.

SAMPEDRO, Ramón. *Cartas do inferno*. São Paulo: Planeta, 2005.

SÁNCHEZ, Cristina López. *Testamento vital y voluntad del paciente*: conforme a la Ley 41/2002, de 14 de noviembre. Madrid: Dykinson, 2003.

SANTOS, Laura Ferreira dos. Ajudas-me a morrer? *A morte assistida na cultura ocidental no século XXI*. Lisboa: Sextante editora, 2009.

SÃO PAULO. Assembleia Legislativa. *Lei 10.241, de 17 de março de 1999*. Dispõe sobre os direitos dos usuários dos serviços e das ações de saúde no Estado e dá outras providências. Diário Oficial, São Paulo, 18 mar. 1999. Disponível em: [http://portal.saude.sp.gov.br/resources/profissional/acesso_rapido/gtae/saude_da_mulher/lei_10241_direitos_usuarios.pdf]. Acesso em: 10 .01.2018.

SÃO PAULO. Governo do Estado. Lei n. 10.241, de 17 de março de 1999. Dispõe sobre os direitos dos usuários dos serviços e das ações de saúde no Estado e dá outras providências. *Diário Oficial do Estado*, São Paulo, n. 51, 18 mar. 1999.

SARLET, Ingo Wolfgan. *A eficácia dos direitos fundamentais*. 7 ed. Porto Alegre: Livraria do Advogado, 2007.

SAWICKI, Nadia. *Birth plans as Advance Directives*. Disponível em: [http://blog.petrieflom.law.harvard.edu/2017/05/01/birth-plans-as-advance-directives/]. Acesso em: 26.07.2019.

SCAZUFCA, M. et. el. Investigações epidemiológicas sobre demência nos países em desenvolvimento. *Rev. Saúde Pública* [online]. 2002, v. 36, n. 6, p. 773-778. Disponível em [http://www.scielo.br/scielo.php?pid=S0034-89102002000700018&script=sci_arttext]. Acesso em: 10.01.2018.

SCHREIBER, Anderson. *Direitos de Personalidade*. 3. ed. São Paulo: Atlas, 2014.

SENADO FEDERAL. Projeto de Lei do Senado Federal 149/2018. Disponível em: [https://www25.senado.leg.br/web/atividade/materias/-/materia/132773]. Acesso em: 08.08.2019.

SEVA, José María Rives Seva.Testamento vital y objeción de conciencia. *Diario La Ley*, Madrid, n.6898, 2008.

SIQUEIRA, José Eduardo. Considerações éticas sobre a relação médico-paciente. In: BRAGA, Reinaldo; SOUSA, Filipe. (Org). Compliance *na saúde*: Presente e futuro de um mercado em brusca da autorregulação. Salvador, Sanar, 2016.

SOCIEDADE ESPANHOLA DE CUIDADOS PALIATIVOS. *Definición de enfermidad terminal*. Disponível em: [http://www.secpal.com/guiacp/index.php?acc=dos]. Acesso em: 10.01.2018.

SOUZA, Iara Antunes de. As Diretivas Antecipadas de Vontade diante da curatela: (Im)possibilidade de exercício da autonomia privada do incapaz. DADALTO, Luciana. *Diretivas antecipadas de vontade*: ensaios sobre o direito à autodeterminação. Belo Horizonte: Letramento, 2013.

STANCIOLI, Brunello Souza. *Relação jurídica médico-paciente*. Belo Horizonte: Del Rey, 2004.

STANFORD SCHOOL OF MEDICINE. Ethical Framework of Palliative Sedation: The Principle of Double Effect. Disponível em: [https://palliative.stanford.edu/palliative-sedation/ethical-framework-of-palliative-sedation-the-principle-of-double-effect/]. Acesso em: 17.01.2018.

SUMMER, L. W. *Physician-Assisted Death*: what everyone needs to know. Oxford Press, 2017.

SMEDIRA, Nicholas G. Withholding and Withdrawal of Life Support from the Critically Ill. *N Engl J Med* 1990; 322:309-315.

SPRUNG, CL et. al; End-of-Life Practices in European Intensive Care UnitsThe Ethicus Study. *JAMA*. 2003;290(6):790–797.

SREBNIK, Debra; et. al. The content and clinical utility of psychiatric advance directives. *Psychiatric services*. May 2005, v. 56, n. 5, p. 592-598.

SUPREMA CORTE DA ÍNDIA. *Writ Petition (Civil) n. 215 of 2005, on 9 March, 2018.*

SWANSON, Jeffrey et. al. Psiquiatric advance directives and reduction of coercive crises interventions. *Journal of Mental Health*, june 2018; 17(3): 255-267.

TEIXEIRA, Ana Carolina Brochado. *Família, guarda e autoridade parental*. Rio de Janeiro: Renovar, 2005.

TEPEDINO, Gustavo; OLIVA, Milena Donato. Notas sobre a representação voluntária e o contrato de mandato. In: *Revista Brasileira de Direito Civil – RBDCivil*, Belo Horizonte, v. 12, p. 17-36, abr./jun. 2017.

TEPEDINO, Gustavo. Premissas metodológicas para a constitucionalização do direito civil. In: TEPEDINO, Gustavo. *Temas de direito civil*. 4. ed. Rio de Janeiro: Renovar, 2008.

THE MULTI-SOCIETY TASK FORCE ON PVS. Medical aspects of the persistente vegetative state (first of two parts). *The New England Journal of Medicine*. v. 330, n. 21, p. 1499-1508,1994.

THE MULTI-SOCIETY TASK FORCE ON PVS. Medical aspects of the persistente vegetative state (second of two parts). *The New England Journal of Medicine*. v. 330, n. 22, p. 1572-1579,1994.

THE NATIONAL COMMISSION FOR THE PROTECTION OF HUMAN SUBJECTS OF BIOMEDICAL AND BEHAVIORAL RESEARCH. *The Belmont Report*: ethical principles and guidelines for the protection of human subjects of research. April 1979. Disponível em: [http://www.hhs.gov/ohrp/humansubjects/guidance/belmont.htm]. Acesso em: 18.01.2018.

THOMPSON, AE. Advanced Directives. JAMA. 2015;313(8):868.

TUROLDO, Fabrizio. Aspetti etico filosofici. In: TUROLDO, Fabrizio; VAZZOLER, Gianfranco. *Il testamentobiológico*. Venezia: Libreria Editrice Cafoscarina, 2005.

UNIÃO EUROPÉIA. *Carta dos Direitos Fundamentais da União Européia*. Disponível em: [http://www.europarl.europa.eu/charter/pdf/text_pt.pdf]. Acesso em: 10.01.2018.

UNITED STATES DEPARTMENT OF HEALTH & HUMAN SERVICE. *Belmont Report*. Disponível em: [http://www.hhs.gov/ohrp/humansubjects/guidance /belmont.htm]. Acesso em: 10.01.2018.

UNIVERSIDADE DE SÃO PAULO. *Hospital das Clínicas da Faculdade de Medicina Serviço de eletroconvulsoterapia: ECT*. Disponivel em: [http://www.hcnet.usp.br/ ipq/eletroconvulsoterapia.html]. Acesso em: 13.01.2018.

UNIVERSITY OF CALIFORNIA. *California natural death act*: medical staff conference. The Western Journal of Medicine, San Francisco, v. 128, p. 318-330, abr. 1978.

URIONABARRENETXEA, K. Martinez. *Reflexiones sobre el testamento vital (I)*. Atención Primaria, v. 31, n. 1, p. 52-54, 2003.

URIONABARRENETXEA, K. Martinez. *Reflexiones sobre el testamento vital (II)*. Atención Primaria: v. 31, n. 1, p. 52-54, 2003.

VALLE, Gabriel. *Dicionário de expressões jurídicas latim-português*. 3 ed. Campinas: Komedi, 2007.

VILANI, Maria Cristina Seixas. Cidadania moderna: fundamentos doutrinários e desdobramentos históricos. *Cadernos de Ciências Sociais*, Belo Horizonte, v. 8, n. 11, p. 47-64, dez. 2002.

VILLAS-BÔAS, Maria Elisa. Eutanásia passiva e ortotanásia: uma distinção necessária. In: DADALTO, Luciana. *Bioética e diretivas antecipadas de vontade*. Curitiba: Editora Prismas, 2014.

VILLAS-BOÂS, Maria Elisa. Eutanásia. IN: DADALTO, Luciana; GODINHO, Adriano Marteleto; LEITE, George Salomão. *Tratado brasileiro sobre o direito fundamental à morte digna*. Rio de Janeiro: 2017.

VÍTOR, Paula Távora. Procurador para cuidados de saúde: importância de um novo decisor. *Lex Medicinae: Revista Portuguesa de Direito da Saúde*, Coimbra, Ano 1, n. 1, p. 121-134, 2004.

WELBY, Piergiorgio. *Lasciatemi morire*. Milano: Situdio Editoriale Littera, 2006.

WHITE, B, et. al. Prevalence and predictors of advance directives in Australia. *Intern Med J*. 2014 Oct;44(10):975-80.

WORLD HEALTH ORGANIZATION. *Deffinition of chronic disease*. Disponível em: [http://www.who.int/topics/chronic_diseases/en/]. Acesso em: 16.01.2018.

WORLD HEALTH ORGANIZATION. Paliative care. Disponível: [http://www.who.int/mediacentre/factsheets/fs402/en/]. Acesso em: 16.01.2018.

ZABALA BLANCO, *Jaime Autonomía e instrucciones previas: un análisis comparativo de lãs legislaciones autonômicas del Estado Español*. 2007. Tesis (Doctoral), Universidad de Cantabria, Departamento de Fisiología y Farmacología Disponível em: [http://www.tesisenred.net/TDX/TDR_UC/TESIS/AVAILABLE/TDR-0123108-125532//TesisJZB.pdf]. Acesso em: 16.01.2018.

ZELLE H, KEMP K, BONNIE RJ. Advanced directives in mental health care: evidence, challenges and promise. *World Psychiatry*, 2015; 14(3):278-280.

APÊNDICE A
MODELO DE TESTAMENTO VITAL

TESTAMENTO VITAL

Eu, ____ (nome completo), ______________________ (nacionalidade), ______________________ (estado civil), ________________ (data de nascimento), ________________ (profissão), ______________________ (CPF), ____

______________________________ (endereço completo), venho, de livre e espontânea vontade, no pleno gozo das minhas capacidades civis, respaldado pelos os princípios constitucionais da dignidade da pessoa humana (art. 1º III) e da autonomia (princípio implícito no art. 5º) bem como a proibição de tratamento desumano (art. 5º III) e pelo o artigo 15 do Código Civil brasileiro, expressar as instruções que devem ser levadas em consideração sobre meus cuidados médicos quando, por diferentes circunstâncias derivadas de um quadro irreversível de minhas saúde física e/ou psíquica, eu não possa manifestar minha vontade:

I – VALORES E DESEJOS:

Eu quero que todos saibam sobre meus valores e meus desejos, especialmente sobre o que é mais importante pra mim durante a última parte da minha vida:

____

____

____

____

____

____

II – DECISÕES SOBRE O FIM DA VIDA:

II.1 Caso dois médicos entendam que padeço de:

i) uma doença terminal, incurável e irreversível;

ii) ou uma doença neurodegenerativa;

iii) ou ainda me encontro em estado vegetativo persistente

E que, portanto, não tem nenhuma perspectiva de cura ou de melhora, manifesto aqui os procedimentos e medicamentos aos quais não desejo que sejam administrados ou realizados:

Ressuscitação cardiopulmonar, entendida como a abstenção da equipe de saúde em me reanimar caso meu coração pare de bater e eu pare de respirar.

Respiração artificial

Grandes procedimentos cirúrgicos

Diálise

Quimioterapia

Radioterapia

Pequenas cirurgias que não servirão para me dar conforto ou aliviar minha dor

Exames invasivos

Antibióticos

Nutrição e hidratação artificiais, pois reconheço que a Medicina já comprovou que em grau avançados de doenças terminais, o paciente não sente fome nem sede e, mais, muitas vezes estes procedimentos podem trazer mais desconforto.

Outros:

____

____

____

____

____

____

II.2 Autorizo expressamente a realização de quaisquer dos procedimentos acima listados se, na análise do caso concreto pela equipe de saúde que esteja cuidando de mim, evidenciar-se que a recusa implicará em violação dos meus valores e desejos aqui listados.

III – OUTRAS DISPOSIÇÕES:

III.1 Manifesto expressamente meu desejo de que sejam realizados todos e quaisquer procedimentos cuja finalidade seja, exclusivamente, prover meu conforto e amenizar minha dor e/ou angústia, garantindo um final digno de vida, mesmo quando tais procedimentos possam prolongar minha vida.

III.2 Não desejo a realização de nenhum procedimento para tirar minha vida, desejo apenas que ela não seja desarrazoadamente prolongada.

III.3 Se eu estiver grávida, essa diretiva antecipada ficará suspensa até o final da gravidez.

III.4 Tenho plena consciência que este documento vincula meus familiares, meus amigos e a equipe de saúde, que devem seguir todas as disposições aqui inscritas.

III.5 Desejo que, diante da irreversibilidade do quadro médico, eu seja levado para minha casa a fim de que desfrute dos últimos momentos de vida junto com a minha família e no meu lar.

IV – DIRETRIZES PARA A EQUIPE DE SAÚDE QUE ME ATENDERÁ

IV.1 Durante a feitura desse documento fui orientado pelo meu médico de confiança, Dr. ______________________________________, portador do CRM n. ______________________________, que me instruiu acerca dos termos técnicos aqui escritos, bem como das consequências de todos os procedimentos aos quais estou me recusando.

IV. 2 Esse documento autoriza a suspensão ou não realização de procedimentos apenas quando dois médicos atestarem a irreversibilidade da condição de terminalidade, de demência avançada ou de estado vegetativo.

IV.3 Este documento foi feito por uma pessoa em pleno gozo de sua capacidade civil que, de acordo com as leis brasileiras e a Resolução 1.995/2012 do Conselho Federal de Medicina, tem a faculdade de recusar procedimentos médicos que tenham a finalidade apenas de prolongar a vida biológica, sem garantir-lhe qualidade de vida.

IV.4 Se algum membro da equipe se utilizar de seu direito à objeção de consciência, e, portanto, não puder cumprir as disposições aqui previstas por razão moral ou religiosa, vocês devem me encaminhar para outro profissional afim de que minha vontade seja cumprida.

V – REVOGAÇÃO

Tenho ciência de que eu posso revogar essa diretiva antecipada de vontade a qualquer tempo, fazendo uma nova diretiva ou apenas uma declaração de vontade revocatória. Em ambos os casos, posso revogar minhas decisões sobre o fim de vida e/ou a nomeação do(s) procuradores para cuidados de saúde no fim de vida.

Cidade, data completa

____

Assinatura outorgante

APÊNDICE B
MODELO DE PROCURAÇÃO PARA CUIDADOS DE SAÚDE

PROCURAÇÃO PARA CUIDADOS DE SAÚDE

Eu, ______________________________ (nome completo), ______________________(nacionalidade), ______________________

(estado civil), ________________(data de nascimento), ________________

(profissão), ______________________(CPF), ____________________

____

__________________________(endereço completo), venho, de livre e espontânea vontade, no pleno gozo das minhas capacidades civis, respaldado pelos os princípios constitucionais da dignidade da pessoa humana (art. 1º III) e da autonomia (princípio implícito no art. 5º) bem como a proibição de tratamento desumano (art. 5º III) e pelo o artigo 15 do Código Civil brasileiro, expressar as instruções que devem ser levadas em consideração sobre meus cuidados médicos quando, por diferentes circunstâncias derivadas de um quadro irreversível de minhas saúde física e/ou psíquica, eu não possa manifestar minha vontade:

<u>I – VALORES E DESEJOS:</u>

Eu quero que todos saibam sobre meus valores e meus desejos, especialmente sobre o que é mais importante pra mim durante a última parte da minha vida:

____

____

____

____

____

____

II – PROCURADOR PARA CUIDADOS DE SAÚDE PARA O FIM DA VIDA:

II.1 Caso, no momento em que for constatado alguma das três situações clínicas acima expressadas, seja necessário decidir acerca de situações não expressadas por mim em minhas decisões sobre o fim da vida, nomeio:

Nome:

____

CPF:

____

Endereço completo:

____

____

Telefones de contato:

____

OPCIONAL: Se esta pessoa, no momento em que for procurada, não for localizada ou estiver incapacitada de tomar decisões, eu designo um procurador substituto, que terá os mesmos poderes do procurador principal:

Nome:

____

CPF:

____

Endereço completo:

____

____

Telefones de contato:

____

OPCIONAL: Se esta pessoa, no momento em que for procurada, também não for localizada ou estiver incapacitada de tomar decisões, eu designo outro procurador substituto, que terá os mesmos poderes do procurador principal e do primeiro substituto:

Nome:

____

CPF:

____

Endereço completo:

____

____

Telefones de contato:

____

II.2 Meus procuradores não podem revogar minha vontade aqui manifestada. Devem apenas sanar dúvidas que por ventura existirem e tomar qualquer decisão relativa à suspensão de esforço terapêutico, não explicitadas neste documento, exceto as seguintes:

____

____

____

____

____

____

Cidade, data completa

____

Assinatura outorgante

____

Assinatura procurador principal

____

Assinatura procurador substituto 1

____

Assinatura procurador substituto

ANEXO A
MODELO PORTUGUÊS (RENTEV)

RENTEV
TESTAMENTO VITAL

Rubrica do
Outorgante

DIRETIVA ANTECIPADA DE VONTADE (DAV)

Ao abrigo e para os efeitos previstos na Lei n.º 25/2012, de 16 de julho, o presente documento traduz a minha manifestação antecipada da vontade consciente, livre e esclarecida, no que concerne aos cuidados de saúde que desejo receber, ou que não desejo receber, no caso de, por qualquer razão, me encontrar incapaz de expressar a minha vontade pessoal e autonomamente.

Este documento, que subscrevo sendo maior de idade e capaz e não me encontrando interdito ou inabilitado por anomalia psíquica, é por mim unilateral e livremente revogável a qualquer momento.

IDENTIFICAÇÃO DO OUTORGANTE

Nome

Doc. Identificação N.º Val.

Nacionalidade / Naturalidade

N.º Utente Data de nascimento

Morada

C. Postal País Tel.

Correio eletrónico

☐ **Pretendo nomear meu Procurador de Cuidados de Saúde**

Nome

Doc. Identificação N.º Val.

Nacionalidade / Naturalidade

N.º Utente Data de nascimento

Morada

C. Postal País Tel.

Correio eletrónico

RENTEU
TESTAMENTO VITAL

Rubrica do
Outorgante

☐ **Pretendo nomear meu Procurador de Cuidados de Saúde suplente**

Nome

Doc. Identificação Nº Val.

Nacionalidade / Naturalidade

Nº Utente Data de nascimento

Morada

C. Postal País Tel.

Correio eletrónico

SITUAÇÃO CLÍNICA EM QUE A DAV PRODUZ EFEITOS

Quando me encontrar incapaz para expressar a minha vontade autonomamente, em consequência do meu estado de saúde física e/ou mental, e se verificarem uma ou mais das seguintes hipóteses:

(assinalar com um X as hipóteses aplicáveis)

- ☐ Me ter sido diagnosticada doença incurável em fase terminal
- ☐ Não existirem expectativas de recuperação na avaliação clínica feita pelos membros da equipa médica responsável pelos cuidados, de acordo com o estado da arte
- ☐ Inconsciência por doença neurológica ou psiquiátrica irreversível, complicada por intercorrência respiratória, renal ou cardíaca
- ☐ Outras:

CUIDADOS DE SAÚDE A RECEBER/NÃO RECEBER

Assim, manifesto a minha vontade clara e inequívoca de:

(assinalar com um X as hipóteses aplicáveis)

- ☐ Não ser submetido a reanimação cardiorrespiratória

RENTEV
TESTAMENTO VITAL

Rubrica do
Outorgante

- [ ] Não ser submetido a meios invasivos de suporte artificial de funções vitais
- [ ] Não ser submetido a medidas de alimentação e hidratação artificiais que apenas visem retardar o processo natural de morte
- [ ] Participar em estudos de fase experimental, investigação científica ou ensaios clínicos
- [ ] Não ser submetido a tratamentos que se encontrem em fase experimental
- [ ] Recusar a participação em programas de investigação científica ou ensaios clínicos
- [ ] Interromper tratamentos que se encontrem em fase experimental ou a participação em programas de investigação científica ou ensaios clínicos, para os quais tenha dado prévio consentimento
- [ ] Não autorizar administração de sangue ou derivados
- [ ] Receber medidas paliativas, hidratação oral mínima ou subcutânea
- [ ] Serem administrados os fármacos necessários para controlar, com efetividade, dores e outros sintomas que possam causar-me padecimento, angústia ou malestar
- [ ] Receber assistência religiosa quando se decida interromper meios artificiais de vida (crença: ____________)
- [ ] Ter junto de mim, por tempo adequado e quando se decida interromper meios artificiais de vida, a pessoa que aqui designo: ____________________(nome), ____________ (contacto).
- [ ] Outras:

- [ ] Outras considerações pessoais ou eventuais motivações das minhas decisões.

VALIDADE

1. Esta declaração é eficaz durante 5 anos a contar da data da sua assinatura, podendo ser renovada nos termos da Lei n.º 25/2012, de 16 de julho.

2. Caso seja solicitado o registo no RENTEV, o mesmo só produz efeitos após receção pelo outorgante da informação de conclusão do processo.

RENTEV
TESTAMENTO VITAL

Rubrica do
Outorgante

OUTORGANTE

Local Data Hora h m

Assinatura conforme
doc. de identificação civil

MÉDICO (opcional)

Declaro que prestei as explicações que me foram solicitadas pelo Outorgante relativas a este documento e ao seu estado de saúde.

Nome Cédula

Assinatura conforme
doc. de identificação civil

NOTÁRIO / FUNCIONÁRIO DO RENTEV
(perante o qual a DAV foi assinada)

Nome Id. Civil

Assinatura conforme
doc. de identificação civil

(é favor carimbar/selar)

NOTAS

1. Antes de subscrever este documento, recomenda-se que debata previamente o assunto com um profissional de saúde da sua confiança, ou com a equipa de saúde que o cuida.
2. Pode optar pela subscrição da Declaração Antecipada de Vontade, pela designação de um procurador de cuidados de saúde, ou por ambos.

SPMS EPE Serviços Partilhados do Ministério da Saúde

GOVERNO DE PORTUGAL | MINISTÉRIO DA SAÚDE

ANEXO B
MODELOS FRANCESES

5 août 2016 JOURNAL OFFICIEL DE LA RÉPUBLIQUE FRANÇAISE Texte 49 sur 167

Décrets, arrêtés, circulaires

TEXTES GÉNÉRAUX

MINISTÈRE DES AFFAIRES SOCIALES ET DE LA SANTÉ

Arrêté du 3 août 2016 relatif au modèle de directives anticipées prévu à l'article L. 1111-11 du code de la santé publique

NOR : *AFSP1618427A*

La ministre des affaires sociales et de la santé,

Vu le code de la santé publique, notamment ses articles L. 1111-11 et R. 1111-18,

Arrête :

Art. 1er. – Le modèle de directives anticipées, défini à l'article R.1111-18 du code de la santé publique, figure en annexe du présent arrêté.

Conformément aux dispositions de l'article L. 1111-11 du même code, ce modèle comporte deux versions prévoyant deux situations : celle des personnes ayant une maladie grave ou qui sont en fin de vie au moment où elles rédigent leurs directives anticipées et celle des personnes qui pensent être en bonne santé au moment où elles les rédigent.

Art. 2. – Le directeur général de la santé est chargé de l'exécution du présent arrêté, qui sera publié au *Journal officiel* de la République française.

Fait le 3 août 2016

MARISOL TOURAINE

ANNEXE

1

Présentation[1]

- ***Des directives anticipées, pour quoi faire ?***

Toute personne majeure peut rédiger ses « directives anticipées » concernant sa fin de vie. C'est une possibilité qui vous est donnée. Il s'agit pour vous d'exprimer vos volontés par écrit sur les décisions médicales à prendre lorsque vous serez en fin de vie, sur les traitements ou actes médicaux qui seront ou ne seront pas engagés, limités ou arrêtés.

La fin de vie peut arriver après un accident ou à l'issue d'une maladie grave. Dans ces circonstances, vous serez peut-être dans l'incapacité de vous exprimer. Si vous avez rédigé des directives anticipées, votre médecin et vos proches sauront quelles sont vos volontés, même si vous ne pouvez plus vous exprimer.

Bien sûr, envisager à l'avance cette situation est difficile, voire angoissant. Mais il est important d'y réfléchir.

Rédiger des directives anticipées n'est pas une obligation.

- ***Deux modèles sont proposés, selon que vous êtes actuellement bien portant ou atteint d'une grave maladie :***

Il n'est pas obligatoire de remplir tous les items du modèle et de désigner une personne de confiance. Il est possible de joindre d'autres pages si le document n'offre pas assez d'espace.

- un modèle A pour les personnes en fin de vie ou ayant une maladie grave

- un modèle B pour les personnes en bonne santé ou n'ayant pas de maladie grave.

L'utilisation d'un de ces modèles n'est pas obligatoire. Mais elle vous est recommandée afin de vous aider à exprimer clairement vos volontés.

- ***Est-il possible d'exprimer des souhaits ou des volontés autres que les volontés de nature médicale qui sont mentionnées dans les modèles A et B ?***

Oui et la fiche numéro 3 vous est proposée à cet effet. Mais sachez que la loi a prévu que seules vos volontés de nature médicale constitueront des directives obligatoires pour les médecins qui s'occuperont de vous à la fin de votre vie. Par conséquent, ce que vous

[1] Si vous souhaitez prendre connaissance des textes légaux à ce sujet, ils figurent aux articles L. 1111-11 et R. 1111-18 et R. 1111-19 du code de la santé publique. Ils sont accessibles sur le site internet : *www.legifrance.gouv.fr*

écrirez dans la fiche numéro 3 pourra être une information utile pour le médecin, mais ce ne sera pas une directive au sens de la loi.

- *Avec qui en parler ?*

Vous pouvez en parler avec votre médecin pour qu'il vous conseille dans la rédaction de vos directives. Il pourra vous aider à envisager les diverses situations qui peuvent se présenter en fin de vie. Il pourra vous expliquer les traitements possibles, leur efficacité, leurs limites ou leurs désagréments. Cela pourra éclairer votre choix.

Vous pouvez aussi vous rendre sur le site de la Haute Autorité de Santé qui donne des informations et des conseils pour rédiger vos directives anticipées : *www.has-sante.fr*

Vous pouvez également en parler avec votre personne de confiance, personne qui est en mesure de témoigner de vos volontés, avec d'autres professionnels de santé, avec des associations ou avec des proches en qui vous avez confiance.

- ***Le médecin devra-t-il respecter vos directives ?***

Oui, c'est la loi : le médecin de même que tout autre professionnel de santé devra respecter les volontés exprimées dans vos directives anticipées, s'il arrive un jour que vous ne soyez plus en état de vous exprimer. Il ne pourra passer outre vos directives que dans les cas exceptionnels prévus par la loi[2].

- ***Après avoir rédigé des directives, est-il possible de les modifier ?***

Oui. Les directives anticipées sont valables sans limite de temps mais vous pourrez toujours, à tout moment, les modifier dans le sens que vous souhaitez. En présence de plusieurs directives anticipées, le document le plus récent fera foi.

- ***Où conserver vos directives ?***

Il est important qu'elles soient facilement accessibles.

Quel que soit votre choix, informez votre médecin et vos proches de leur existence et de leur lieu de conservation. Ainsi, le jour venu, le médecin qui vous accompagnera lors de la fin de votre vie saura où trouver vos directives afin de les mettre en œuvre.

---

[2] La loi prévoit deux cas :

- Le cas d'urgence vitale. Le médecin peut alors ne pas mettre en œuvre vos directives pendant le temps nécessaire à une évaluation complète de la situation
- Le cas où les directives paraissent manifestement inappropriées ou non-conformes à votre situation médicale.

Si un « dossier médical partagé »[3] a été créé à votre nom, il vous est recommandé d'y faire enregistrer vos directives anticipées car elles seront ainsi aisément consultables en cas de besoin. Parlez-en à votre médecin.

Si vous ne disposez pas d'un « dossier médical partagé », vous pouvez confier vos directives anticipées à votre médecin qui les conservera dans le dossier qu'il a constitué à votre nom.

Dans le cas où vous seriez hospitalisé pour une maladie grave ou dans le cas où vous seriez admis dans un établissement pour personnes âgées, vous pouvez confier vos directives à cet hôpital ou à cet établissement. Il les intégrera dans le dossier ouvert à votre nom.

Enfin, vous pouvez également confier vos directives à votre « personne de confiance », à un membre de votre famille ou à un proche. Vous pouvez aussi les conserver chez vous et/ou avoir sur vous une indication du lieu de leur conservation.

Dans le cas où vous choisissez de conserver vos directives dans votre « dossier médical partagé » ou dans un dossier médical, n'oubliez pas d'informer les proches concernés (votre « personne de confiance » ou, dans le cas particulier prévu par la fiche n° 5 ci-après, vos témoins) que leurs noms et coordonnées personnelles y sont inscrits. De même, si ces dossiers mentionnent qu'une personne est détentrice de vos directives anticipées, n'oubliez pas de l'informer que ses noms et coordonnées personnelles y sont inscrits.

L'essentiel, répétons-le, est que vous informiez votre médecin et vos proches que vous avez rédigé des directives anticipées en leur indiquant où elles sont conservées. Ainsi vous serez assuré que, lors de votre fin de vie, vos volontés seront respectées.

Bien entendu, dans tous les cas, même si vous n'avez pas rédigé de directives anticipées, le médecin qui s'occupera de vous lors de votre fin de vie aura le devoir de faire tout son possible pour vous éviter de souffrir.

*****

Les fiches ci-jointes vous proposent aussi de désigner votre « personne de confiance », si vous ne l'avez pas déjà fait. (Cf. point 5 ci-après).

[3] Le dossier médical partagé est un dossier numérisé qui peut être créé, avec votre consentement, afin de recueillir les informations médicales vous concernant. Si vous avez décidé de le créer, il est géré par l'assurance maladie. Pour plus de précisions, parlez-en à votre médecin.

2

Mon identité

Nom et prénoms : --

Né(e) le : ------------------------------ **à :** -----------------------------------

Domicilié(e) à : --

Si je bénéficie d'une mesure de tutelle au sens du Chapitre II du titre XI du livre Ier du code civil :

- j'ai l'autorisation du juge ☐ Oui ☐ Non
- du conseil de famille ☐ Oui ☐ Non

Veuillez joindre la copie de l'autorisation.

3

Informations ou souhaits que je veux exprimer en dehors de mes directives anticipées figurant sur la fiche 4 ci-après

Si je pense que, pour bien comprendre mes volontés exprimées dans l'un des modèles ci-après, le médecin qui s'occupera de moi lors de ma fin de vie doit connaître :

- certaines informations (par exemple sur ma situation personnelle, ma famille ou mes proches)
- certaines de mes craintes, de mes attentes ou de mes convictions (par exemple sur la solitude et la douleur en fin de vie ou sur le lieu où je souhaite finir mes jours),

Je les écris ici :

……………………………………………………………………
……………………………………………………………………
……………………………………………………………………

Fait le…………… à ………;

Signature

4

Mes directives anticipées

Modèle A

- *Je suis atteint d'une maladie grave*
- *Je pense être proche de la fin de ma vie*

Je rédige les présentes directives anticipées **pour le cas où je ne serais plus en mesure de m'exprimer au moment de la fin de ma vie**.

Mes volontés sont les suivantes :

1° à propos des situations dans lesquelles je risque de me trouver (par exemple, situation de coma en phase terminale d'une maladie).

J'indique ici notamment si j'accepte ou si je refuse que l'on me maintienne artificiellement en vie dans le cas où j'aurais définitivement perdu conscience et où je ne pourrais plus communiquer avec mes proches :
………………………
………………………..

2° à propos des actes et des traitements médicaux dont je pourrais faire l'objet.

La loi prévoit qu'au titre du refus de l'obstination déraisonnable, ils peuvent ne pas être entrepris ou être arrêtés s'ils apparaissent inutiles, disproportionnés ou n'ayant d'autre effet que le seul maintien artificiel de la vie.

- J'indique donc ici si j'accepte ou si je refuse qu'ils soient entrepris, notamment :
  - Une réanimation cardiaque et respiratoire (tube pour respirer) : ………………………………
  - Le branchement de mon corps sur un appareil à dialyse rénale : ……………
  - Une intervention chirurgicale : …………………
  - Autre :………………
- Si ces actes ou traitements ont déjà été entrepris, j'indique ici si j'accepte ou si je refuse qu'ils soient arrêtés notamment :
  - Assistance respiratoire (tube pour respirer) :……..
  - Dialyse rénale : ……….
  - Alimentation et hydratation artificielles : ………
  - Autre : ……………

- Enfin, si mon médecin m'a parlé de manière plus précise d'autres actes ou traitements qui pourraient être entrepris ou maintenus compte tenu de la maladie dont je suis atteint, j'indique ici ceux dont j'accepte ou ceux dont je refuse la mise en œuvre ou la poursuite :

……………………………………………
……………………………………………

3° à propos de la sédation profonde et continue associée à un traitement de la douleur

En cas d'arrêt des traitements qui me maintiennent artificiellement en vie, j'indique ici si je veux ou non bénéficier d'une sédation profonde et continue associée à un traitement de la douleur, c'est-à-dire d'un traitement qui m'endort et a pour objectif la perte de conscience jusqu'à mon décès :

…………………………
…………………………

Fait le………………………. à …………………

Signature

5 août 2016 JOURNAL OFFICIEL DE LA RÉPUBLIQUE FRANÇAISE Texte 49 sur 167

Mes directives anticipées

Modèle B

- *Je pense être en bonne santé*
- *Je ne suis pas atteint d'une maladie grave*

Je rédige les présentes directives anticipées **pour le cas où je ne serais plus en mesure de m'exprimer au moment de la fin de ma vie**.

Mes volontés sont les suivantes :

1° à propos des situations dans lesquelles je veux ou je ne veux pas que l'on continue à me maintenir artificiellement en vie (par exemple traumatisme crânien, accident vasculaire cérébral, etc.. entrainant un « état de coma prolongé » jugé irréversible).

J'indique ici notamment si j'accepte ou si je refuse que l'on me maintienne artificiellement en vie dans le cas où j'aurais définitivement perdu conscience et où je ne pourrais plus communiquer avec mes proches :
………………………
……………………….

2° à propos des actes et des traitements médicaux dont je pourrais faire l'objet.

La loi prévoit qu'au titre du refus de l'obstination déraisonnable, ils peuvent ne pas être entrepris ou être arrêtés s'ils apparaissent inutiles, disproportionnés ou n'ayant d'autre effet que le seul maintien artificiel de la vie.

J'indique donc ici si j'accepte ou si je refuse de tels actes (par exemple : réanimation cardio respiratoire, assistance respiratoire, alimentation et hydratation artificielles, etc...) :
………………………
……………………….

3° à propos de la sédation profonde et continue associée à un traitement de la douleur.

En cas d'arrêt des traitements qui me maintiennent en vie, j'indique ici si je veux ou non bénéficier d'une sédation profonde et continue associée à un traitement de la douleur, c'est-à-dire d'un traitement qui m'endort et a pour objectif la perte de conscience jusqu'à mon décès :

………………………
……………………….

Fait le……………………. à ……………….

Signature

5 août 2016 JOURNAL OFFICIEL DE LA RÉPUBLIQUE FRANÇAISE Texte 49 sur 167

5

CAS PARTICULIER

Si vous êtes dans l'impossibilité physique d'écrire seul(e) vos directives anticipées, quelqu'un peut le faire pour vous devant deux témoins désignés ci-dessous (dont l'un peut être votre personne de confiance si vous l'avez désignée).

Témoin 1 : *Je soussigné(e)*

Nom et prénoms
…………………………………………………………………………………………

Qualité :
…………………………………………………………………………………………

atteste que les directives anticipées décrites ci-avant sont bien l'expression de la volonté libre et éclairée de M ou Mme
………………………………………………………………………………………………

Fait à :…………………………………………………………………………………

Le : ………………………………………………………………………

Signature

Témoin 2 : *Je soussigné(e)*

Nom et prénoms
:…………………………………………………………………………………………

Qualité :
…………………………………………………………………………………………

atteste que les directives anticipées décrites ci-avant sont bien l'expression de la volonté libre et éclairée de M ou Mme
………………………………………………………………………………………………

Fait à :…………………………………………………………………………………

Le : ………………………………………………………………………

Signature

6

NOM ET COORDONNEES DE MA PERSONNE DE CONFIANCE[4]

Si vous ne l'avez pas déjà fait, et si vous le souhaitez, cette fiche vous permet de désigner votre « personne de confiance ». La loi prévoit que cette personne témoignera de vos volontés et parlera en votre nom si vous ne pouvez plus vous exprimer : elle sera consultée en premier si vous n'avez pas rédigé vos directives anticipées ou si vos directives se trouvaient difficilement accessibles au moment où votre médecin aurait besoin de les consulter.

Je soussigné(e) nom, prénoms, date et lieu de naissance
……………………………………………………………………………………………
……………………………………………………………………………………………

désigne la personne de confiance suivante :

Nom, prénoms : --

Adresse : --

Téléphone privé : ---------- professionnel :----------- portable :------------

E-mail :----------------------------

→Je lui ai fait part de mes directives anticipées ou de mes volontés si un jour je ne suis plus en état de m'exprimer :

☐ Oui ☐ Non

→Elle possède un exemplaire de mes directives anticipées :

Oui ☐ Non ☐

Fait à : ------------------------------

Le :----------------------------------

Votre signature :

Signature de la personne de confiance :

[4] au sens de l'article L.1111-6 du code de la santé publique

7

MODIFICATION OU ANNULATION DE MES DIRECTIVES ANTICIPEES

Je soussigné(e)

Nom et prénoms……………………………………………………

- *Si vous souhaitez modifier vos directives anticipées, vous pouvez en rédiger de nouvelles et demander à votre médecin, à l'hôpital ou à l'établissement médicosocial qui les a conservées de supprimer ou détruire les précédentes. Si elles ont été enregistrées sur votre dossier médical partagé, vous pouvez en enregistrer de nouvelles. Seul le document le plus récent fait foi.*

- ***Ou : Déclare annuler mes directives anticipées datées du……***

Fait à :

Le :

Signature :

Si vous êtes dans l'impossibilité d'écrire seul(e) ce document, quelqu'un peut le faire pour vous devant deux personnes désignées comme le prévoit le cas particulier décrit au 5